琉球の「自治」

松島泰勝

藤原書店

琉球の「自治」／目　次

琉球の「自治」

序論

琉球弧の大転換

一九五三年、一九七二年の「日本復帰」後、琉球弧は大転換を経験した。大転換とは、琉球の全域を対象にして労働、土地、貨幣の市場化が怒涛のように推し進められ、島を市場経済の網で覆おうとしたことを意味する。

「沖縄県」の誕生に際して、日本政府は琉球を統治するために沖縄開発庁を設置し、沖縄振興開発計画に基づいて島を改変しようとした。二〇〇二年に沖縄開発庁は内閣府沖縄担当部局と組織名を変更して、市場原理を琉球に対し本格的に導入しようとしている。琉球では、公共事業や観光開発等による土地の市場化が進んでいる。米軍基地に労働者が提供され、また低賃金・重労働を求める観光・通信関連企業の進出が顕著である。国際金融特区により貨幣の商品化が展開されようとしている。

日本政府は、「経済自立」というだれも否定できない言葉によって、島の住民の期待を煽ってきた。閉鎖空間の島嶼において無限成長路線が繰り広げられているのだ。島の開発は持続可能であろうか。公共事業によって島が削られ、赤土が海に流出したことで、沖縄島周辺の珊瑚礁の九〇%以上が破壊された。急激で多大な公共事業によって島生命が危機的状況に直面している。琉球が島嶼であることを忘却した開発であった。

膨大な補助金が投下されたが、共同体は衰退し、失業率も高いままであり、いつまでたっても経済自立を達成できない。日米両政府への従属度が増すだけに終わった。自然に補助金が増えたのではなく、琉球を自立させず、両政府に依存させることを目的にカネが投じられてきた。補助金をカードにして基地を押し付ける日本政府の国家意思を拒否することができないようになった。結果として日本政府による支配・管理体制が強化されたのであり、琉球を支配するための開発であったといえよう。

公共事業の経済効果は短期的であり、雇用や建設事業は期限付きでしかない。自然環境も破壊され、観光立県の「売り物」も損なわれる。建設された施設の管理・維持費等は基地所在市町村の負担となり、財政危機に陥るだろう。そうなるとますます日本政府に頼るようになる。

琉球弧で近代化、開発をこれ以上推し進めたら、琉球はどうなるのだろうか。日本政府がこれまで行ってきた琉球の経済振興策を検証し、琉球開発を後押ししてきた経済学を批判する時期にきている。

日本政府の経済振興策、経済自立策は琉球を支配するツールであり、琉球の自治を実現させるものではない。開発・基地・観光は相互に強く関連しており、基地によって琉球の開発が推し進められている。

琉球人、非琉球人の責任

琉球人は「日本復帰」後、「本土との格差是正」を正しいこととし、「近代化のレベルにおいて日本本土より劣っている」と考えて、「経済自立」のための開発を当然視してきた。琉球に住む人々、特に経済学者が開発を求めてきた。われわれ琉球人が琉球を食い物にしてきたという、自己批判が求められているように思われる。自分が所有している物をどう使おうが自由であるという、尊大な気持ちを持ってしまったのではないか。

琉球人は基地によってさまざまな被害を受けている。同時に、米国が戦争をしかけ、脅威を与えている国・地域にとっては、琉球人は加害者という立場に立つ。基地に依存しない生き方を実現しないと、「世界の平和を乱す拠点」という汚名をいつまでも背負うことになる。また、同じ島の中で基地により経済的恩恵を受ける人々とそうでない人々が存在する。同胞を犠牲にして他の琉球人が利益を受けるという不正義をこれ以上続けていいのだろうか。

確かに琉球では活発な基地反対運動がみられる。しかし、「島ぐるみ闘争」から現在まで、日米両政府による振興策、経済的妥協策が運動を沈静化させてきたのも事実である。琉球人自身が経済振興と引き換えに、基地の存続を許してきたのである。われわれ自身が変わらなければ基地はなくならない。自分たち（琉球）は善であるが、他者（日本や米国）は悪であると訴えただけでは、琉球の問題は解決されない。

振興策を通じて立派な施設が建設され、住民の周辺にもモノが溢れるようになった。モノに対する欲は尽きることなく、渇望感が増している。基地をカードにして手に入れた経済振興は、琉球人を本当に豊かにしたといえるのだろうか。自然の破壊、金銭を巡る人や地域間の対立、金銭でしか幸せが手に入らないという錯覚、車への依存・外食・移入食料の摂取による健康障害等、現代文明の弊害が琉球の地にも現れるようになった。

開発、近代化の意味を問い直し、「本当の豊かさ」について考え、これまでの生き方を改め、自らの力で外部からの誘惑を跳ね返し、基地と補助金との連鎖を断ち切らないと、基地はいつまでも琉球の地に存在し続けるだろう。

太平洋戦争において琉球は、「本土防衛」のための捨石となった。戦後、日本は琉球を切り捨て、米軍による基地拡大を認めることで、自国の経済成長を達成しようとした。琉球の犠牲の上に日本の経済成長があった。米軍統治下にあった琉球は、米軍人によって殺され、被害を受けても人間として扱われなかった。非戦の性格が濃い「日本国憲法」の下にある日本に「復帰」すれば、人間として生きることができると考えて、住民の大半が「基地も核もない」生活を希求して「復帰運動」に参加した。しかし、「復帰」後も日本国土の〇・六％しかない沖縄県に米軍専用施設の七五％が存在している。琉球を犠牲にした上での経済成長という日本政府の方針は現在も続いている。「平和憲法」は琉球に「平和」をもたらさなかったといえる。
一九四五年六月、沖縄戦の組織的戦闘が終了した。しかし、その後現在まで米軍が島の陸地、海域、空域を軍事占領しており、戦争状態は終わっていない。一九六五年、当時の首相佐藤栄作は「沖縄が復帰しないと日本の戦後は終わらない」といったが、琉球においては「戦後」は始まってもいない。(1)

日本において琉球では何事も起こっていないかのように日々が過ぎている。大部分の日本人は、琉球に軍事基地を押し付け、日米同盟を堅持することが日本の平和にとって必要不可欠であると考えている。琉球人の犠牲は補助金によって償われているとみなす人もいる。

日本国民である琉球人が、基地によって日常的に心身の被害をうけているにもかかわらず、日本政府は日米同盟の強化に邁進している。日米同盟といっているが、両者の関係は対等ではなく、日本は米国に従属している。日本の従属性を明示しているのが琉球の米軍基地である。

大半の日本国民は、琉球人の生活・生命を脅かす米軍基地や日米地位協定を認める政党を、投票によって支持している。日本の戦後民主主義とは何であったのかという疑問が湧いてくる。

琉球の米軍基地は、振興開発と交換される形で維持されてきた。つまり日本国民の税金によって基地が維持され、開発が行われているのである。琉球の基地・開発問題は、日本、日本人の関与を前提としている。

日本人、米国人等の非琉球人が自らだけの生存、経済的繁栄、軍事戦略のために、琉球を「捨石」にし続けることは、植民地としての処遇であるといえる。これ以上、琉球を植民地として扱うことに対して、琉球側から抵抗の意思も示されている[2]。

非琉球人の中には、自国政府による琉球支配に心を痛めている人もいるだろう。同じ人間としての琉球人に対する共感と、連帯の輪が拡がることは琉球の現状を変える一つの要因になろう。しかし、あくまで琉球人自身が琉球の開発、基地、自治、生き方をどのように考え、実践するかが琉球を変革する最大の規定要因になろう。

「琉球弧の経済学」の必要性

アダム・スミス以降、近代経済学、マルクス経済学等の主要な経済学は欧米を舞台に形成されてきた。琉球の文化、歴史、社会、自然とは全く異なる環境で経済理論がつくられ、それが琉球に無理やり当てはめられているのである。

琉球弧には琉球弧独自の経済学が必要ではないのか。琉球弧は島嶼から構成される。島嶼は次のような特徴をもっている。

第一に、島嶼は狭小性・拡散性・隔絶性という特徴を有し、高い輸送コスト、経済発展に必要な平地面積の狭さ（沖縄島の場合には基地が平地を占拠している）等により経済発展上の問題を抱えている。他方、琉球弧の都市部から離れるほど文化と共同体の仕組みが島社会に根付いており、島毎に独自の発展の可能性がみえてくる。

第二に、島嶼は大国の支配・戦略拠点になる。大国は島嶼を支配することにより周辺海域の制海権を掌握しようとして、島嶼を戦場、軍事基地、植民地にしてきた。グアムへの海兵隊移設計画に示されるように、琉球弧と太平洋諸島とは帝国（米国）の戦略の中で相互に関連し合っている。またパラオ、ミクロネシア連邦、マーシャル諸島が独立する際、米国はこれらの国々と自由連合協定を結び、西太平洋地域における軍事権を保持する代わりに膨大な援助金を島嶼国に提供している。琉球と同じような構造である。

第三に、独自な自然環境と文化が島毎に存在している。島嶼は閉鎖空間であり、陸地と珊瑚礁は一体化しており、開発によって島や海の環境が破壊されやすい。

第四に、島嶼は交易拠点となり人々の拡散と交流の場となる。琉球王国の大交易時代のように、海洋ネットワークをアジア各地と結び、島の自治や発展を可能とし、島外の文化を積極的に導入してきた。またアジア太平洋の島嶼は類似した政治経済的構造、「周辺性」、生態系を有しているため諸問題を共有し、その解決に向けて相互に協力することも可能であろう。

第五に、島嶼という限定された空間の中で、政治経済、軍事、歴史、社会、文化、生態系等が相互に関連し合っている。よって、経済現象だけを取り上げて島の経済を論じることはできない。島嶼に対し無限成長路線、画一的な開発手法を機械的に適用すると社会や自然に大きな歪が生じる。また琉球では基地経済が形成され、軍事基地と振興開発との交換関係が固定化されることで自治への侵害も著しい。

これまで琉球の島嶼性を考慮に入れず、外部で形成された経済理論が島嶼に適用されてきた。普遍的な経済理論や開発手法を琉球に当てはめる「狭義の経済学」は多くの問題を抱えている。島独自の発展の思想・方法があってしかるべきである。琉球人が諸問題に取り組み、持続可能な生活や発展の方法を実践していく中で、「琉球弧の経済学」が生まれてこよう。

「琉球弧の経済学」を構築するうえで参照にされるべき発展の考え方が、内発的発展論である。それは近代化論を再検討し、特定地域の自然環境、歴史、文化、諸制度等を踏まえつつ、他地域とのネットワーク構築という、開かれた形で形成された住民参加型の持続可能な発展のあり方である。

長期にわたり、琉球弧の経済は島嶼社会の中で発展してきた。豊かな自然、人間、神との共生関係がみられた。人間は珊瑚礁（イノー）で生かされ、御嶽《ウタキ》信仰や祭りが生活の中で重要な位置を占めていた。島の文化が人びとの生き甲斐となり、経済は生活の一部でしかなかった。競争や個人主義ではなく、人間の強い関係性を土台にした経済活動がみられた。島々の土地は、単に開発のための生産要素の一つではない。土地には神が住まい、島人の記憶が刻まれた場所でもある。世界の先住民族が自分たちの土地に特別な思いを寄せるのに似た感情を、琉球人はもっていた。

島が危機的状況に直面すると、八重山諸島では「島おこし運動」が青年を中心に行われ、島を救おうとした。島の人間が開発に抗してきたことにより島の共同体、自然が辛うじて残されているのである。

しかし、琉球弧に対する施政権が日本に委譲された後、経済が島嶼社会の全面に出てくるようになった。奄美群島振興開発特別措置法、沖縄振興開発特別措置法、という開発法が島嶼社会を主導してきた。「経済的に遅れた、貧しい」という烙印が押され、劣等感が植え付けられ、「遅れや貧しさ」を解消するために「格差是正」、「経済自立」を掲げて開発の道を邁進してきた。

開発によって自然環境が破壊され、補助金への依存度を深めて、島の自律度が低下した。琉球弧は本当に遅れていたのか、拠点開発主義、公共事業、近代化によって琉球は経済自立を達成したのか、「本当の豊かさ」とは何かという素朴な疑問をもう一度提起したい。

「本当の豊かさ」の基本は、自分自身で物事を決めることのできる自治であろう。経済振興は一時的な経済効果しかもたらさず、経済構造も不安定になり、日本政府への依存度を深め、その管理下におかれ、琉球人自身による決定権も失われよう。

現在、琉球では道州制に関する議論が盛んである。財政赤字を解消する手段としての道州制論もある。また東シナ海の海底資源採掘、島の開発、高率補助金の維持等、より一層の開発を前提とする道州制論も提示されている。このような道州制が琉球において実現した場合、島々の自然はさらに破壊され、琉球人は市場経済に翻弄されてしまうだろう。

本書における琉球の自治論は、島嶼という環境・文明・歴史を踏まえた琉球の根源的なあり方を考えるための議論である。琉球は無限成長が可能な真空の実験装置ではなく、空間的にも有限な生命体であることを前提としている。開発を際限なく進めると、これまで蓄積してきた琉球の環境・文明・歴史は消滅してしまうのではないかという、強い危機感が本書執筆の大きな動機である。

今求められているのは、琉球を救うための自治であるといえよう。近代機械文明から琉球人一人一人が独立する。市場原理主義を掲げ、島嶼社会の完全な市場化を目指し、琉球に米軍基地を押し付ける日本の国家体制から自立する。本書の自治論は、さらなる琉球の開発を志向する自治・独立論とは異なる位置に立つ。

自治とは、単に制度的な自治をいうのではない。琉球人が自らの島の文化、歴史、自然に根差した生き方を自らが主体になって実践していくことであり、島の将来を自分たちで決めることでもある。つまり、琉球人による自決権の行使である。現在のように琉球人の意志に反して、基地を押し付け、振興開発に依存する状況は自治から程遠いといえる。

全国と同一の法規制で琉球を縛り、空いた口に金をつぎ込み、体を肥らせ、さらに食べ物を欲しがらせているのが、琉球と日本との関係である。従属の構造が解消されないで道州制が適用されても、琉球に自治は実現しないだろう。自治とは他者から与えられるものではなく、琉球と日本との関係を根本から問い直し、住民一人一人、地域が自治を自らの手で獲得するものである。

「平和」についても考え直さなければならないだろう。イリイチは次のように述べている。「開発にかこつけて、民衆の平和にたいして世界的な戦争がしかけられてきたのだ。すでに開発ずみの地域には、民衆の平和はほとんど残っていない。民衆に平和を取り戻させるには、経済開発にたいして草の根からの民衆の手で制限を加えることが重要なことと考える[3]」。琉球では、「平和」を基地問題に限定して論じる傾向にある。基地を否定しても開発は容認する人が多い。しかしイリイチが指摘するように、「平和」と「開発」は強く結びついている。軍事基地とともに開発のあり方をも再検討することで、「琉球の平和」を実現する可能性がみえてこよう。米軍基地と補助金とのリンクを切断するためには、琉球人の生き方自体が問われてくる。

琉球、琉球弧、琉球人とは何か

本書では「沖縄」ではなく、「琉球」という名称に拘っている。琉球、琉球弧とは奄美諸島、沖縄諸島、先島諸島（宮古・八重山諸島）という、東アジアと西太平洋との狭間に連なる島々を指している。奄美諸島を北琉球、沖縄諸島と先島諸島を南琉球として記述する場合もある。

約四五〇年間、独立国家であったという記憶を、「琉球」という言葉は喚起する。十九世紀半ば、米国、仏国、オランダ等と琉球王国は修好条約を締結した。中国だけでなく、欧米諸国も琉球を独立国家と認知していたのである。琉球が日本に併合された後や、「日本復帰」後に、「沖縄県」という名称が日本政府から与えられたように、「沖縄」は日本への帰属性を象徴する言葉でもある。

また、沖縄島という単一の島の名前を採っていることから、沖縄島中心の見方になりかねない。現在、八重山諸島の人々は沖縄島に行く時に、「沖縄に行く」と言う場合が多い。沖縄島は琉球弧の中で最も面積が広く、国の主要機関、県庁、大学等が置かれ、また広大な米軍基地もあるが、琉球弧の中心ではなく、島々の中の一つでしかない。

琉球王国は武力を用いて奄美諸島、先島諸島を併合した。先島諸島には人頭税という重税が課せられた。沖縄島と奄美諸島・先島諸島との住民の間には差別構造もあった。琉球弧の言葉は言語学的に類似した構造を有しているが、奄美、沖縄、宮古、八重山の言葉はそれぞれ通じない程、多様である。

作家・島尾敏雄は奄美大島に定住して、日本を太平洋からとらえた「ヤポネシア論」を提唱した。ヤポネシア（ヤポン［日本］とネシア［島］の結合語）とは、日本は大陸ばかりをみてあこがれるのではなく、ミクロネシア、メラネシア、ポリネシア等の太平洋諸島のような、ゆるやかな社会との関係性を築くための地域概念である。(4) 日本列島、琉球弧はヤポネシアとして、太平洋のネシアに連なるというイメージである。ヤポネシアにはどこにも中心や周辺がない。

琉球弧も独自の文化圏として、東京中心の日本観から自由になれる。つまり東京の経済発展をモデルにして、「沖縄県」、「鹿児島県奄美群島」が経済的に遅れているという、ものの見方から脱却する。琉球弧という地域名には、日本との関係を問い直し、平等な島々の関係を再構築したいという思いが込められている。もちろん琉球弧内にも中心はない。大きい島であろうが、小さな島であろうが、それぞれの場所を拠点にして他の琉球弧とつながり、アジア太平洋の島々と連合することができる。

「日本復帰」という言葉も再考を要する。復帰とは「もとの地位・状態に帰ること」を意味する。琉球の戦前の地位は「沖縄県」であったが、琉球の「もとの地位・状態」をさらに遡ると「琉球国」、

「琉球文化圏」となる。「琉球国復帰」、「琉球文化圏復帰」、「日本の中で特別な自治権をもった地域」等の選択肢があってもよかったのではないか。日本を「祖国、母国」としたために、「日本復帰」後、琉球を日本に全面的に同化しようとする政治経済、文化体制が敷かれたように思われる。

私は石垣島で生まれ、南大東島、与那国島、沖縄島で育ち、三〇代にはグアムやパラオで生活をした。研究者となってからは琉球を含む、アジア太平洋の島々に赴き、人々の生き様をみてきた。島々を比較することにより、琉球弧の島々の多様性と共通性を肌身で感じることができた。

私にとっての琉球人とは沖縄人だけではなく、奄美人、沖永良部人、宮古人、八重山人等の人々をもさす。琉球文化圏という文化、歴史、自然環境、社会的条件を共有しながらも、それぞれが島ごとに自律した存在である。

琉球人とは単に琉球に住む人ではない。琉球人であるというアイデンティティを持つことが重要になる。アイデンティティとは、島の文化、歴史、自然、生活のあり方、政治経済状況等に強くこだわり、日本人（ヤマトンチュー、ナイチャー）とは異なる存在であるという自覚であろう。琉球人の中には、琉球から離れた場所に住んでいても、日本人社会に同化せず、琉球人を常に意識している人も含まれよう。

琉球は「癒しの島」として観光客に人気がある。しかし島の商品化が進み、基地に取り囲まれて生活している住民は癒されることはない。観光客は琉球弧にきて、気に入れば島々に定住して、土地と文化を侵食していく。琉球弧の自然が破壊され、文化が商品化され、陳腐化すれば、観光客や移住者は他の場所に行くだけである。

非琉球人の場合は、琉球から利益を得られなければ去っていくことができる。だが琉球人は利益に関わらず島の諸問題に悩み、それを解決する道を見つけるという課題を負い続けなければならない。

私は大学で学ぶために東京に出た。肌の色が黒く、イントネーションに特徴がある私に対し、多くの非琉球人からしばしば「あなたは何人ですか」と問いかけられ、「自分たちとは違う」という周りの視線を常に感じてきた。「自分とは何か、琉球とは何か」という問いが琉球を離れてから現在まで頭を離れたことはない。日本の植民地であったグアム、パラオで生活していた際にも、チャモロ人、パラオ人は琉球人を日本人とは異なる人間としてみなしていた。琉球、琉球人を意識せざるえない生活環境におかれたことは、私にとって幸せであったと思う。

王国時代、琉球はアジア諸国と交易をおこなってきた。一六〇九年に薩摩藩が王国に武力侵攻してのち、奄美諸島は薩摩藩の直轄領となった。それ以後、南琉球と北琉球は分断された。琉球文化圏が四〇〇年以上分断されていることは異常な事態である。奄美諸島から先島諸島までの島々が一体の存在であり、独自な歴史、文化を有する地域であることを明示するために、「琉球、琉球弧、琉球人」という言葉をあえて使うことにした。

本書によって、米軍基地を琉球に押し付け、開発しようとする日米両政府、日本企業、日本人、また近代化や開発に期待する琉球の行政機関、琉球人に対して問題提起をし、特に琉球人の目を覚まさせたい。

第一部　開発によって島々は自立したのか

治山・治水の「二級河川」の建設に対する、一般法、離島振興法（離振）の国庫補助率が二分の一であるのに対して、奄美群島振興開発特別措置法（奄振）が一〇分の六、沖縄振興開発特別措置法（沖振）が一〇分の八・五である。「地方港湾・外郭水路施設」の場合は、一般法が一〇分の四、離振が一〇分の八・五、奄振と沖振が一〇分の九である。補助率の高さだけでなく起債面での優遇措置もある（久岡［二〇〇五］、五〇九頁）。「日本復帰」後、高い補助率により琉球弧の開発が進められた。開発によって島は自立したのだろうか。

イバン・イリイチは開発を「囲い込み」と言い換えて次のように述べている。

「囲い込みがいったん受け入れられると、共同体が定義し直されます。というのも、囲い込みは、共同体の地域的な自立の基礎を掘りくずすことによって、資本家の利益になるだけでなく、専門家と国家官僚の利益になるからです。つまり、官僚は、囲い込みによって、地域共同体を、自己の生存のための物質を供給する能力のないものとして定義できるようになるのです」（イリイチ［一九九九］、四九頁）。

琉球の地域共同体は本来、人間が生きていける基本的物資を提供できる豊かさを有している。開発、囲い込みは島々を自立から遠ざける結果に終わるのではないか。琉球弧の中で特に、西表島、石垣島、奄美諸島の開発について検討してみたい。沖縄島の開発問題は米軍基地と深く結びついているが、この問題については第二部において詳論する。

第一章　石垣島の開発史

第一節　石垣島の農業開発

島の開発と米軍

本書では最初に、八重山《やえやま》諸島において、これまでの開発によって島々が自立したのかを検証してみたい。八重山諸島の開発は琉球王朝時代に遡ることができる。一七一一年から一七五二年まで琉球王府は他の島々の住民を八重山諸島に強制的に移住させ、新村を建設し、田を開くことで税収の増大を図ろうとした。一七三二年、王府は黒島《くろしま》の全人口約一三〇〇人のうち約四〇〇人を石垣島の

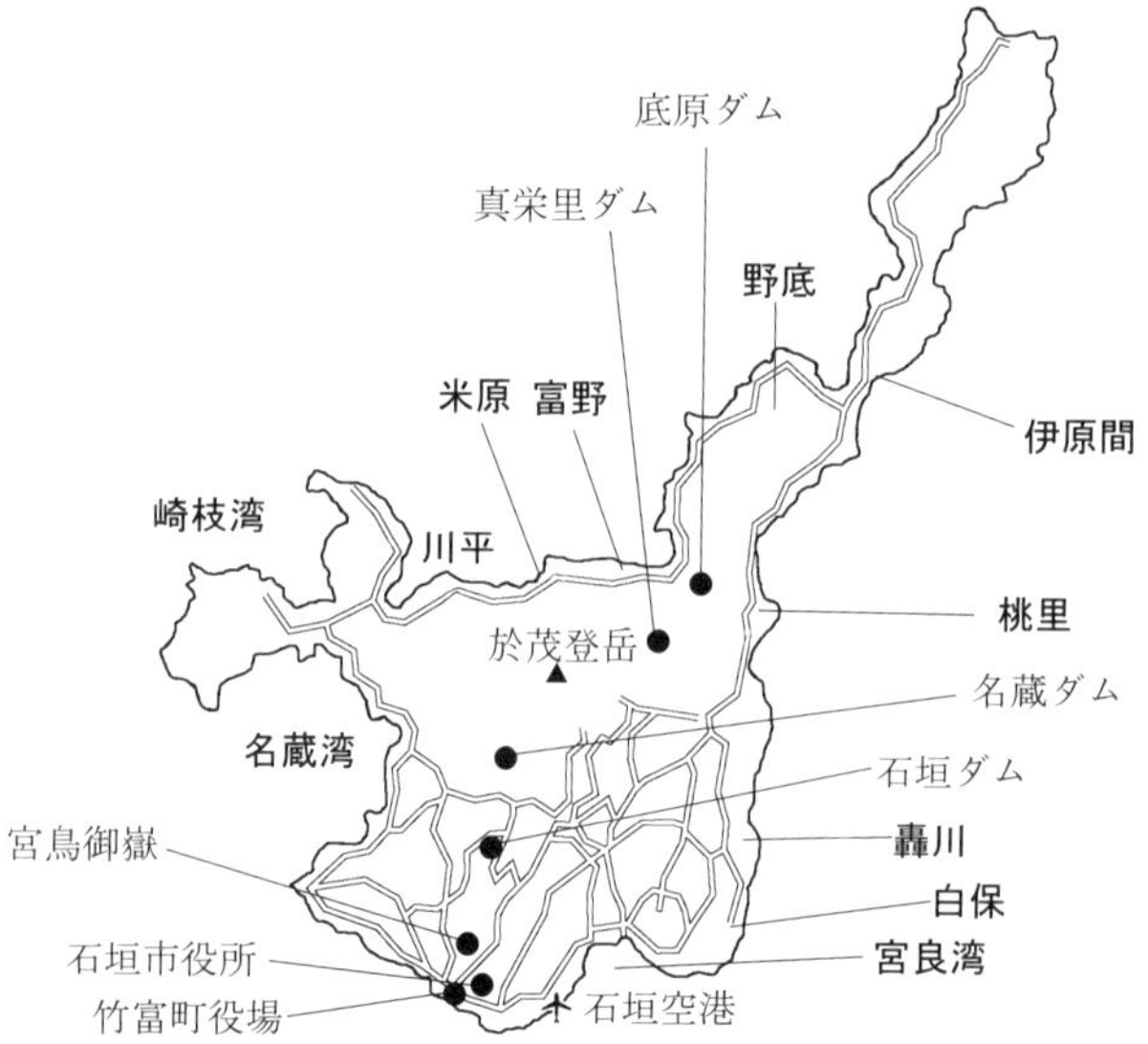

図１—１　石垣島

野底《のそこ》へ、一七三四年には波照間島《はてるまじま》の全人口約一四七〇人のうち約四〇〇人を西表島《いりおもてじま》の南風見《はえみ》に移住させた。しかし、八重山諸島はマラリア発生地帯であり、新村では忽ち多くの住民がマラリアに罹患して死亡し、廃村になった所も少なくない。[1]

太平洋戦争後、米軍もまた移民を利用して八重山諸島を開発しようとした。米軍は、基地建設によって土地を失った人々に、新しい居住場所や経済活動の機会を提供するために、石垣島への移住計画を推進した。一九五二年、琉球政府の創設にともない資源局八重山支局（後には八重山地方庁経済局八重山開発事務所となる）が設置され、食糧生産政策の一環として本格的な八重山開拓移住計画が実施されるようになった。[2]

琉球政府は、軍用地主の就農、人口密度

の調整、未開発地域における資源利用を促すために移住事業を重視し、移住地における農業施設の整備、開拓用地の買収、移住者の育成等を行った。一九六一年三月の時点で、石垣島には五九三戸、三三九一人、西表島には一六三戸、九二四人が入植していた。(3)

移住政策とともに進められたのが道路の建設である。米軍の統治機関である米国民政府は道路整備の予算をつけ、道路建設用の機材を無償貸与した。一九四七年、石垣島の桃里《とうざと》と伊原間《いばるま》とを結ぶ道路が、当時の南部琉球軍政官であったマクラム中佐の名前をとって「マクラム道路」と命名された。マクラム道路から川原に抜ける道路は、工事担当者の名前をとって「リースン道路」と名付けられた。一九五〇年には川平《かびら》―富野《とみの》間に「オグデン道路」が建設され、(4)一九五五年に石垣島一周道路が完成した。一九四九年に完成した与那国島《よなぐにじま》一周道路も、「ヘイズ道路」という名前になった。(5)琉球の統治者が、開発の証に自らの名前を道路名としたのである（**図1—2**参照）。

道路名になったオグデンとは米国民政府副長官であった。一九五四年三月、オグデン副長官は軍用地を長期的に利用するために、土地の所有権を地主に残したうえで、土地使用料の一括払いという政策を打ち出した。オグデン副長官は基地拡大を目的にして、三五〇〇人の住民を八重山諸島に移住させる計画を実施した。基地建設を理由に村を追われた人々は、マラリアが発生していた八重山諸島に移住した。米軍が土地使用料を一括払いにしようとしたのは、住民がまとまった資金を手に入れて、転業や移住をやり易くするためであった。(6)

一九五七年にマラリアがほぼ撲滅された後、耕地の拡大、農道の整備等、島の近代化がさらに進

図1—2　西表島の石碑

道路建設に貢献した、オグデン米国民政府副長官を称えている。基地建設と西表開発が連動していることが分かる。

められた。戦前における石垣島の県道距離は合計二万八二二七メートルであったが、一九六〇年には一五万九三二八メートルになった。八重山諸島の車両台数も一九五五年に九〇台であったが、一九六一年には四七八台に増えた。[7]

海上交通のスピード化も図られた。石垣島を拠点にして発動機船が他の島々を結ぶようになった後の一九二四年において、船は竹富島《たけとみじま》や小浜島《こはまじま》には毎日、西表島には三日に一度、黒島、新城島《あらぐすくじま》、鳩間島《はとまじま》には五、六日に一度、与那国島へは七、八日または一〇日に一度、波照間島は半月またはひと月に一度、就航していた。一九六一年になると、月平均の船舶運行回数は次のようになった。石垣島から与那国島までは八回、波照間島までは八回、西表島の大原地区までは一八回、竹富島までは五〇回、小浜島では三三回、黒島までは二二回、鳩間島までは五回である[8]。

八重山諸島における人口の推移をみてみよう。一九四〇年における石垣市の人口は二万八三七人、竹富町が八九七八人、与那国町が四五八〇人であった。二〇〇〇年になると、石垣市が四万三三〇二人、竹富町が三五五一人、与那国町が一八五二人となった[9]。石垣島を除いて他の島は大きく減少した。島嶼間の交通時間が短縮され、便利になるに従って島から人が出ていくようになった。

土地改良事業による環境破壊

「日本復帰」後、石垣島の開発は著しく、島社会は大きく変容した。「復帰」前に観光開発を当て込んだ本土企業による土地の買占めが顕著となるなかで、一九六九年に発生した台風、一九七一年の長期にわたった旱魃により、「農業では食っていけない」と考える農家が増えた[10]。

リゾート開発とともに島の様相を変えたのが土地改良事業である。島の人は同事業について次のように語っていた。「毎年のように襲いかかる台風、あるいは旱魃、病害虫の発生、こうした自然の挑戦に苦しみ、耐え、戦うことで本市〔石垣市〕の歴史は築かれてきた。それだけに天災を受けない農業を営むことは、本市永年の夢であった。複雑に入り組んだ耕地が整備され、不可耕地も切り開かれた。農道が網の目のように走り、灌漑排水施設が施された近代的な圃場へと生まれ変わる。そしておもと連山の麓の大型農業用ダムには水が満々とたたえられている。そこにはもはや昔日の面影はみられなくなった。復帰一〇年を迎えた〔昭和〕五十七年には、一部通水を開始し、降雨に左右されない計画的な営農、近代化農業がスタートした。〔中略〕耕地も順次拡大され、機械化農業も可能となり、前近代的な粗放農業を脱皮しつつ、土地の生産性を高め、農業経営の向上、安定を期す近代的集約的農業への胎動が続いている」[11]。天災を人間の力で押さえ込み、農業離れを食い止めるために土地改良事業が実施されたのである。

石垣島の宮良川《みやらがわ》土地改良区は、沖縄県で最も対象面積の広い土地改良事業である。同改良事業では、土地の基盤整備、農作業の機械化、水利用のコントロール等により農業生産性を高め、農業経営の向上と安定が目指された。農業機械を利用しやすいように農地は拡大され、四角形に造成された。人工的な光景が増え、近代化の進展が島人の目にも明らかになった。

石垣島では、土地改良区用の主水源として宮良川上流に底原《そこばる》ダム（貯水量は一三〇〇万立方メートル）、真栄里《まえざと》ダム（一三〇〇万立方メートル）が建設され、石垣ダム（四二万立方メートル）が改修された。一九七五年から一九九二年まで三八九億一二〇〇万円の事業費が投じられ、三四五六ヘクタールが土地改良の対象になった。ダムやパイプラインは、全額国庫補助の国営事業として建設された。沖縄県庁はパイプラインの末端、給水所、スプリンクラー、給水栓、畑地、排水路、農道等を整備した。農地、農道等は、受益農家から組織される土地改良区が管理することになった[12]。

二〇〇三年三月時点での宮良川土地改良区の区画整理等の進捗率は五八・六%、畑灌漑施設は六一・一%であり、目標値に達していない[13]。その原因は、受益農家の自己負担が大きく、農家による土地改良区の結成が進まないためであった。受益者の中には延滞金を支払う者もいた。パイプラインの補修等、大規模な補修は国や県が行うが、スプリンクラーの修繕等は農家の負担となる。改良区で栽培されている作物はサトウキビ、パイン、葉タバコ、マンゴー、花、野菜（かぼちゃ）等である。巨額の費用を投じて、どれだけの経済効果が生まれたのかは明確ではない。

土地改良事業によって石垣島の各地から赤土が海に流出するようになった。農地を四角く造成する過程で、土地の起伏をならす必要がある。樹木が伐採され表土がむき出しになり、雨を受けると侵食が始まり、赤土が珊瑚礁の海に流れ、珊瑚礁を破壊してしまう。太古から琉球弧の島々は珊瑚によって形成されてきた。土地改良事業によって島が溶け、島の形成が押し止められている。畑から流出する土壌には化学肥料や農薬が含まれており、これらも海に流れ生態系を破壊している。[14]

赤土流出の最大の原因は、亜熱帯の島嶼という独自な環境を考慮せず、全国標準の施工方法を琉球にも適用したことにある。例えば、畑地の勾配率は三～六％であるべしという全国標準が適用されてきた。道路のアスファルト化、側溝のコンクリート化により、赤土が海に流出しやすくなった。そして、赤土流出を防いでいた水田や湿地が畑地に転換されたことも、赤土の流出を促した。一九九五年からは赤土対策として沈砂池、浸透池の設置が始まった。また八重山農業改良普及センターはグリーンベルト等を畑の周りに設置して赤土流出を食い止めようとしている。しかし現在でも赤土は海に流れ続けている（図1―3参照）。

石垣島の白保村には、世界的にも貴重な青珊瑚の群落が生息している。しかし宮良川土地改良事

図１—３　グリーンベルト

グリーンベルトによって赤土流出を防いでいるが、琉球の島々では赤土汚染が現在も続いている。写真は小浜島。

業により、轟川《とどろきがわ》から海に大量の赤土が流れ、珊瑚や海洋生物が減少している。海と島の環境はひとつながりであり、島で大規模開発を行えば、海も簡単に壊れてしまう。轟川における土地改良事業により、下流の一部分を除いてコンクリート張りにされ、河川の形も直線化した[15]。轟川は、農地に溜まった水を海まで捨てる排水路として利用されたのである。遊水池や干潟も埋め立てられ、海は排水所としての機能が与えられた。近代的農業の形成という目標にそって利益を追求する人間の立場から、自然環境に特定の機能が付与され、自然環境は生産性に奉仕する役割だけが期待され、改変された。

土地改良が実施されるまえ、島や海

の生態系は生きていた。轟川の中流付近にある琉球石灰岩の断崖付近には、バギナーと呼ばれる、湧き水がたまる場所がいくつもあった。バギナーの水を利用して水田がつくられた。轟川の流域を囲む山々やその麓の緑やバギナーのおかげで、白保の水田は旱魃時でも水を湛えていた。[16]
バギナーの水は地下水であるため、夏の暑いときでも冷たい水が常に流れ、稲も順調に生育することができた。しかし、土地改良地区に設置された灌漑用配水池の水温は約四〇度程にも上昇し、稲の成長に悪いと言う住民もいる。[17]

土地改良事業により、渇水時の水不足問題はある程度解消されたといえよう。しかし自らの力で費用をかけずに水を確保していた状態から、県が管理するダムに水を依存するようになり、農家の自立度が著しく低下した。赤土の流出により珊瑚礁が破壊され、海の生物を減少させ、人が海の幸を得る機会も少なくなった。自然環境の人工化によって、農業が次から次に資金の投入が必要になる高コスト構造となり、農業の生産性を低下させている。

次のように土地改良事業は短期間で計画が策定され、実施された。一九七一年の三月から九月まで石垣島は大旱魃に見舞われ、連続干天日数が一九一日となった。同年七月二六日から八月一〇日まで、農林水産省の農地局計画部技術課長を団長とする石垣島農業開発調査団が来島し、同年一〇月には、次のような内容の名蔵川、宮良川流域灌漑計画の大要が作成された。人力を主体とする栽培技術体系を機械化の栽培技術体系に移行させ、管理作業についても省力化を図る。サトウキビ、水稲、及び牧草栽培等における機械化一貫作業体系の導入と協業化を推進する。[18] まず「ダムありき」

の発想があり、ダムの水量から開発面積が確定された。沖縄開発庁は予算取りを担当し、農林水産省の役人が計画の内容を決定した。現地の生態系に疎い、東京に生活の拠点を置く官僚等が島や海の生態的調査を十分に行うことなく、ダムを基準に島の開発を進めた。

他の八重山諸島でも赤土流出問題は深刻である。例えば、波照間島では土地改良事業により、赤土が流出し珊瑚礁が破壊された。かつて島に自生していたソテツの葉は肥料になり、その実も食されたが、土地改良事業の過程でソテツがほとんど無くなってしまった。山地がなく平らな地形の波照間島ではダムを造成できず、溜池が島のいたるところにある（図1―4参照）。溜池基盤整備事業により借金を抱えた農家もいる[19]。

小浜島でも土地改良事業により赤土の海洋汚染問題が発生している。かつて島には多くの水田があり、赤土の海への流出を防いでいた。しかし、水田を畑地に転換したため、赤土問題が深刻化するようになった[20]。

第二節　石垣島の観光開発

観光開発は島に何をもたらしたのか

石垣島の近代化、市場化を飛躍的に進める起爆剤とされているのが新空港建設である（図1―5参照）。滑走路が一五〇〇メートルの現空港に代えて、二五〇〇メートルの新空港を建設して、大型

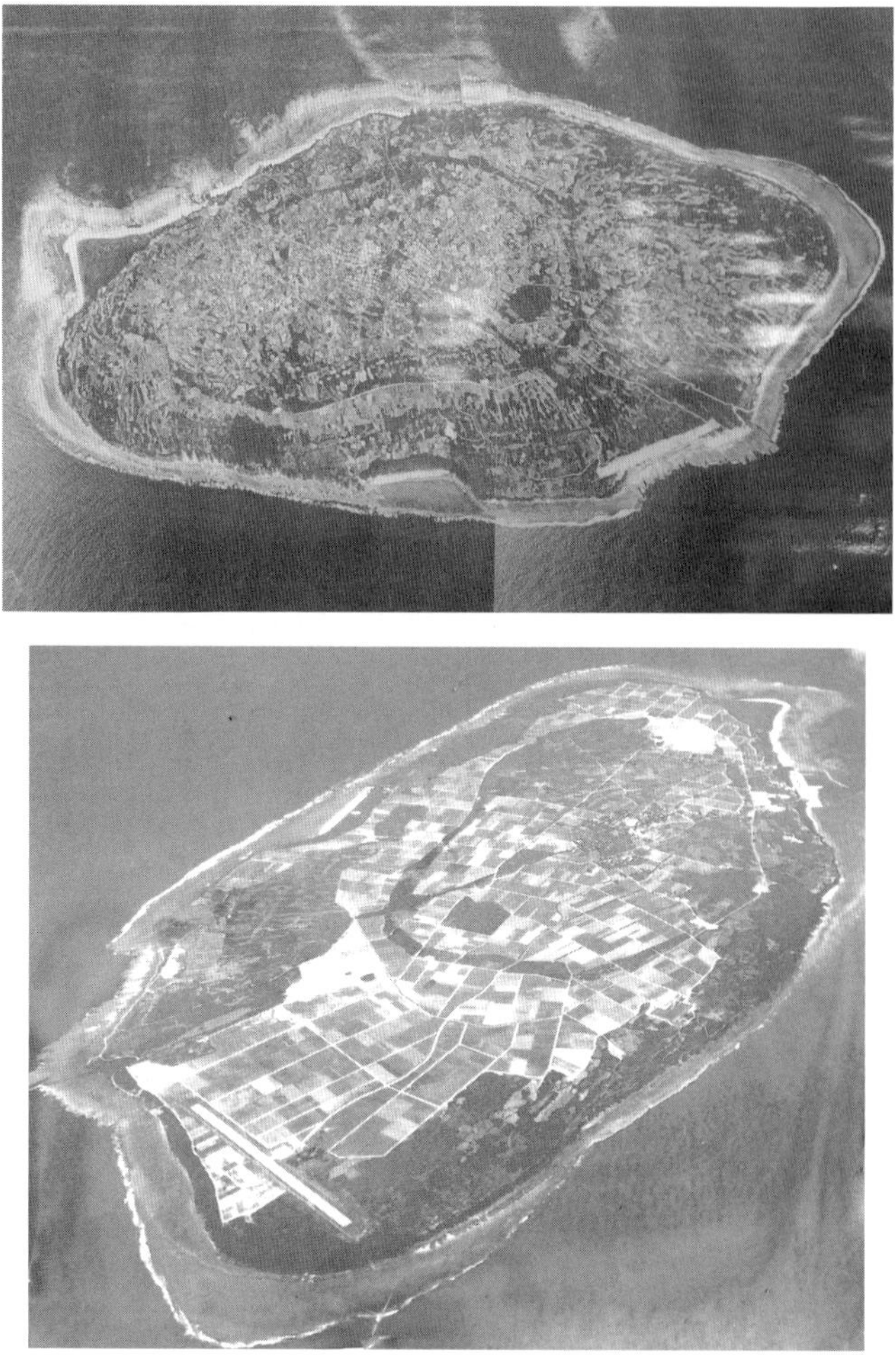

図１—４　土地改良事業前（上）と事業後（下）の波照間島

上の写真は1970年、下は近年の撮影。2000年において、波照間島の全就業者数335人のうち、農業に従事している人は185人に及んだ。（沖縄県企画開発部地域・離島振興局地域・離島課［2005］、27頁）

図1—5　石垣市役所

新空港建設を求める横断幕が目立つ。同様な横断幕は石垣市街地内でも見られ、「新空港の歌」も聴くことができた。

ジャンボの離発着を可能にしようとする計画が浮上したのは、一九七四年である。一九七九年に白保村《しらほむら》の珊瑚礁を埋め立てて空港を建設する案に固まった。同年、新石垣空港促進協議会の会長に内原英郎《うちはらえいろう》石垣市長が就任した。内原市長は「珊瑚では食えない」が口癖であった。革新系の市長であるため、労組も空港建設に賛成した。[21] 一九八二年には運輸省が新空港設置を許可したが、島内外の激しい建設反対運動により建設が棚上げにされていた。

二〇〇四年、革新系の大浜長照《おおはまながてる》・石垣市長も新空港ができれば観光客は現在の二倍になり、石垣島はハワイにまけないリゾートになると述べていた。[22]

二〇〇五年二月に、中型ジェット機の

就航が可能な二〇〇〇メートルの滑走路、ターミナルビル等の建設許可が国土交通省からおり、二〇一二年に開港予定である。石垣島に来島する観光客数の推移をみると、一九七二年の三万六八六三人から二〇〇三年には六九万五六八一人へと二〇倍に増加した[23]。新空港が完成すれば、日本列島から石垣島への直行便就航も可能となり、観光客も一〇〇万人以上に増大するとの期待がある[24]。観光客は石垣島だけではなく、他の八重山諸島へも大挙して押し寄せるだろう。

石垣市の経済振興計画をみてみよう。同計画において、「経済的自立」は「地域で生み出し移出される価値が、地域外から移入されるそれより高くなる経済状態」と定義されている。その経済自立論の理論的基盤になっているのが、バーバード大学経営大学院のマイケル・E・ポーター教授の産業クラスター理論である。つまり、石垣市の経済自立のためには、観光産業を中核的なクラスター(房という意味)とし、周辺産業の各クラスターと行政的なクラスターを有機的に結びつけることが重要であるとされている。いくつもの産業を並列的に伸ばすという従来のやり方ではなく、観光産業を基軸において各産業の連携と波及効果を図る方が効率的であり、これからの「競争の時代」においてはきわめて有効な経済戦略であるとしている[25]。これは観光業を比較優位の産業と定めた近代化論であり、今後、観光業への依存度がさらに大きくなるだろう。

石垣島への観光客が増大するにつれて、巨大ホテル、リゾートが建設され、ホテルの中に土産品店舗がおかれたため、地元の中小土産品店や民宿等が倒産するようになった。巨大ホテルだけでなく、若者を相手とする一〇〇〇円台の低価格の安宿も民宿の競争相手になった。

二〇〇五年八月、石垣市内の商店主は次のように語っていた。「沖縄県は観光立県、石垣は観光立市を掲げている。しかし、本土の大きな企業だけが利益を得ている。ヤマトンチュー（大和人）の犯罪者が増えている。環境破壊も目立ってきた。観光客が増大しているが、市の財政状態は悪化している。税金が増え、市民の負担が大きくなった。土産品も海外の安い商品が流入している。クバ笠の作り手が減少し、三日で一個笠をつくるのが限界である。しかし、台湾やベトナムからは一〇〇〇円以下の安い笠が輸入され、地元産の笠がなかなか売れない。若者も安宿に泊まり、これまでの民宿の経営が圧迫されている。観光客相手の店のほとんどは本土人が経営している。石垣は経済植民地である。観光客はゴミしか残さない」。

石垣島に来島する観光客数の増加と石垣市の歳入額の推移を比較してみたい。一九九二年における観光客数は約四二万六〇〇〇人であり、一九九二年度歳入額は約二〇七億円であった。一九九七年、一九九七年度にはそれぞれ約五二万五〇〇〇人、約二一九億円となり、二〇〇三年、〇三年度には約六九万六〇〇〇人、約一九六億円となった[26]（図1―6）。また石垣市は二〇〇三年度現在、約二四〇億八〇〇〇万円の地方債残高を抱え、借金依存体質となっている[27]。観光客は毎年、増大しているが、石垣市の歳入は減少、停滞傾向にあり、借金依存の構造から抜け出せない状況にある。観光業が石垣市を豊かにしておらず、観光収入は石垣島から外に還流しているといえる。

八重山諸島の特産物であるミンサー関連のコピー商品が土産物として安価で売られている。一九七〇年代の島おこし運動において、土地買占めを行う観光業者に対抗するために、土地を農業振興

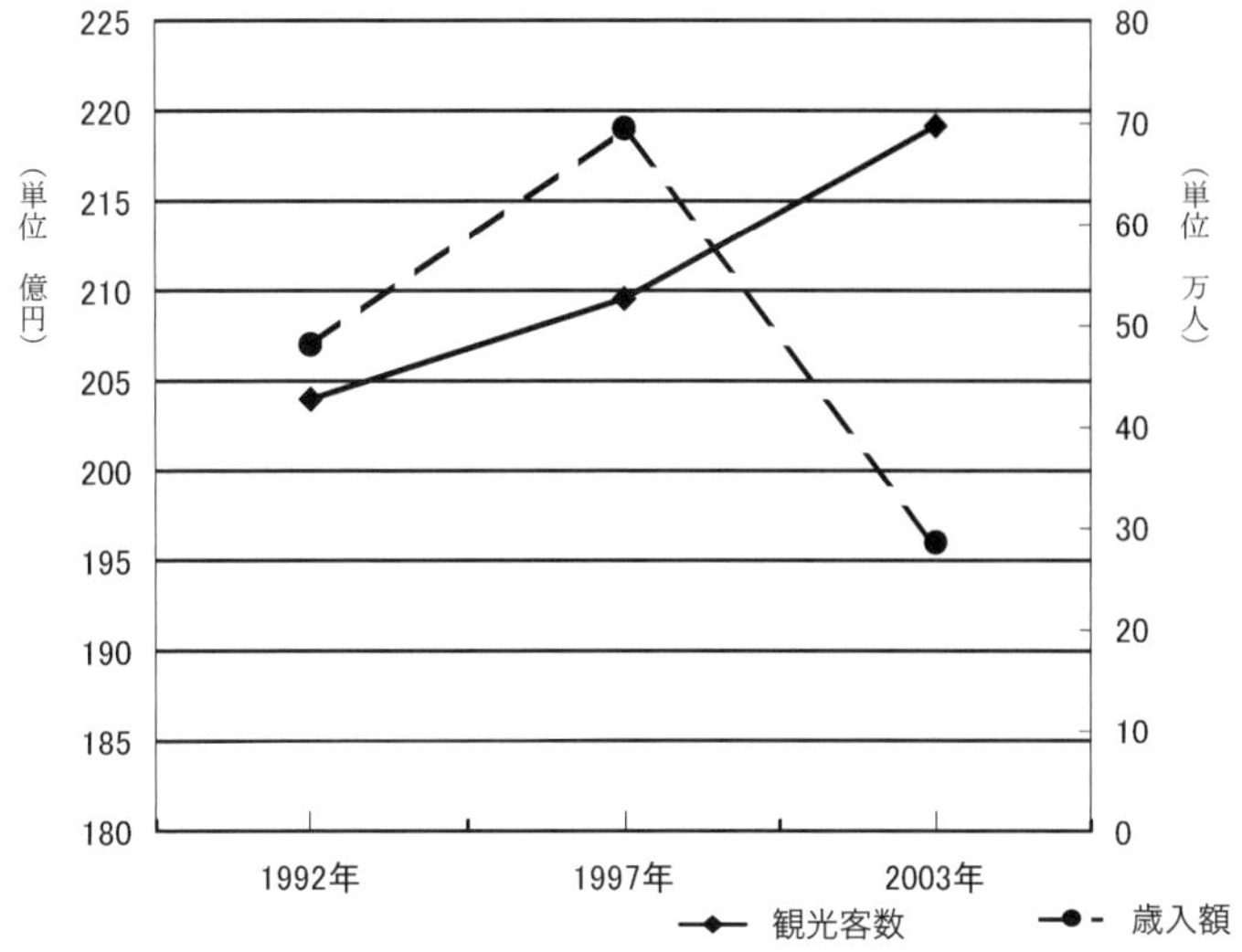

図１―６　石垣島への観光客数と石垣市の歳入額の推移

観光客数は年々増加しているのに対し、市の歳入額は全体で減少していることが分かる。

地域に指定した。しかし現在、石垣島の北部地域では農振地が解除されて宅地開発が進み、米原《よねはら》地区では巨大なリゾート建設計画が浮上している。

観光客の増加によりゴミの量も増えている。石垣市のゴミ量の推移をみると、一九九九年が一万九七五八トンであったが、二〇〇四年には二万一六七〇トンに増大した[28]。また廃棄物処理は離島の住民にとって大きな負担になっている。家電リサイクル法により、離島の住民は沖縄島にあるリサイクル施設までの輸送費を払わなければならない。例えば、二〇〇六年二月の時点では冷蔵庫一五〇リットル以上の場合、リサイクル料金が四六〇〇円、収集運搬料金が六〇〇〇円、合計金額が一万六〇〇〇円（買い替え以外は一万一

図１—７　石垣島の廃車
廃車問題は他の島々でも深刻である。琉球では中古車が多いことも、一つの原因である。

六〇〇円）となる。

また二〇〇五年一〇月より施行された自動車リサイクル法により、廃車を処分する場合、リサイクル料金、各処理費用、海上輸送費の合計金額の約二割が個人負担となる。現在でも山や原野への廃棄物の不法投棄がみられる。二〇〇三年一二月二二日現在、八重山諸島内に一万四〇〇〇台の廃車が確認された[29]（**図１—７**参照）。

観光客の大半は日本列島から石垣島にやってくる。これらの観光客は大和人が経営する店で土産品を買う傾向があるという。市内の歓楽街である美崎町のスナック等の飲食店で働く女性の中にも大和人が多い。一九九〇年代以降、観光客とともに移住者も増えるようになった。島に住む人間の構成が変化してきた。片道切符で島にやってきて海岸のキャンプ内で生活をし、土木作業の日雇い労働を行い、資金を貯めて土産品店を経営する日本列島出身の若者も現れた。住民票を石垣市に移動させずに定住している人が島には一万人程度住んでいるといわれ、「幽霊住民」と呼ばれている。税金を払わずに行政サービスを受けているとして琉球人の反感を生んでいる。

他方、石垣島の北部には、日本列島で定年退職した人が海の見える瀟洒《しょうしゃ》な別荘を建てて住んでいる。市街地で近代的な便利さを享受しながら、美しい自然を満喫できる場所として石垣島が利用されているのだ。金持ちとバックパッカーという両極端の階層に属する人びとが増えている。石垣島観光の中心にマリンスポーツがある。経営者、従業員の多くが大和人である。墓にウエットスーツを干すこともあるという。「土地の記憶を共有しない」人びとが増えてきたという指摘もある。(30)

観光客が増大し、島は活気付いているように見える。しかし、八重山諸島という土俵の上で大和人が相撲をとり、懸賞金（観光収入）を大和人の間で分けているのが現状ではないか。大手メディアも大和人が開業している店を中心に取材しているという。観光業は薄利多忙、薄利多売であり、ゴミや下水道の問題が深刻化している。観光客の増大と島の景気が結びついていない。他方、大和人がPTAや公民館活動で大きな役割を果たしている地域もある。さらに古典民謡大会の参加者のうち約三〇％は大和人であり、最優秀賞も大和人が受賞したこともある。(31) 経済、社会、文化の各方面における大和人の台頭が顕著になっている。

石垣市の人口推移をみてみよう。一九四六年において三一六九世帯、一万六二三八人、一世帯あたり人員五・一人であった。二〇〇四年には一万九三六〇世帯、四万六五四二人、二・四人となった。一世帯当たり平均家族数が五人であったのが一九五八年まで、四人が一九七一年まで、三人が一九九一年までである。[32]人口が約四倍に増加したのに対し、世帯数は約六倍に増えており、世帯の構成人数が減少し、石垣島の核家族化が進んでいるといえる。

また石垣市内ではコンクリート建ての家が増えている。コンクリートの家ではクーラーが必要になり、クーラーをつけると家を閉めなければならず、そうすると人を寄せ付けなくなる。他方、赤瓦の家は開放的であり、風通しもよく、庭に面した縁側において人々は語らってきた。

近年における南琉球に来る観光客数の増加率をみると、沖縄島よりも先島諸島の方が高い。沖縄島は開発が進みすぎたため、観光客は「沖縄らしい自然や文化」が辛うじて残っている島々を求めているのである。島のヴァナキュラーな価値が売り物になっている。稀少資源として経済的な価値が八重山諸島の人、物、文化の全てに付与され、市場経済の要素となり、さらなる開発への道が切り開かれようとしている。観光業は、住民生活の全てを商品化の対象にする勢いである。住民自身も観光資源となり、「オジー、オバー」の生活が原風景、癒しになるとして売り物にされている。

南琉球にある離島全体の経済資源化を図ろうとしているのが、内閣府沖縄担当部局の「美ら《ちゅ》島ブランド委員会（離島振興策を策定する委員会）」である。同委員会は自然環境、健康、独自の文化をコンテンツとして取り込み、その商品化、ブランド化を目指すとともに、離島の人びとの意識を同委員会と同じ方向に向かわせることを目的にしている。[33]コンテンツとは情報の内容であり、コピーや使い捨てが可能なものである。離島の自然、文化、人びとの生活・生き方が使い捨て可能なものに貶められようとしている。内閣府沖縄担当部局は「一島一物語」を謳い、一島の中に見出した一つの特産物、観光資源に対し、集中的に資金を投じて開発すべきと主張している。一つのブランドの大量生産、大量消費という拡大路線を目指している。島資源の商品化に成功した特定の個人や企業だけしか経済的恩恵を受けないであろう。限られた予算を特定部門に集中的に投下した方が効率的であるという経済原則を、離島にまで広げようとしている。

しかし、内閣府の政策は多様な「物語」、つまり文化、特産物、芸能、祭りが存在しているという島の実態に反している。内閣府の官僚が南琉球の全離島に派遣され、住民と話しあって、島のブランドを見出す作業が行われてきた。住民が提示した開発メニューの中から、商品化すべき対象を選び出すのは官僚である。官僚が琉球文化を経済原則に従って評価し、管理する立場に立とうとしている。「一島一物語」政策の具体例としては次のようなものがある。多良間島では山羊を使った加工品開発、粟国島では黒糖のブランド化や「粟国の塩」による特産品開発、座間味島では鯨をモチーフにした商品製造、伊江島ではハイビスカスを利用した商品開発、伊是名島では「尚円王」をテーマにした特産品製造、石垣島では熱帯果樹の商品化等である。(34) 島の文化、生活の中で商品化され市場で評価されるものと、そうでないものが分別され、後者は経済価値がないものとして、忘れ去られるだろう。

観光産業の成長にともない沖縄島と同じように、八重山諸島にも本格的に市場経済の原則が適用され、島の全てのモノが経済価値を有するモノへと転換されようとしている。観光産業の成長による島の近代化が、島の人間を本当に幸せにするのかを今一度考える必要があろう。

第二章　西表島の開発史

第一節　戦前の炭鉱開発

帝国・日本と西表島

一八七九年に琉球王国が日本に併合された頃から西表《いりおもて》島は開発拠点として注目されていた。福沢諭吉は一八八六年に『時事新報』に書いた「宮古八重山を如何せん」において次のように述べている。「西表島の舟浮《ふなうき》湾の如き天然の良港にして軍艦の碇泊に宜しく、尚其上にも手近く石炭の便利あり。今日に至まで世界中の航海者が之を看過したるこそ不思議なれども、他人の不注意はイザ知ら

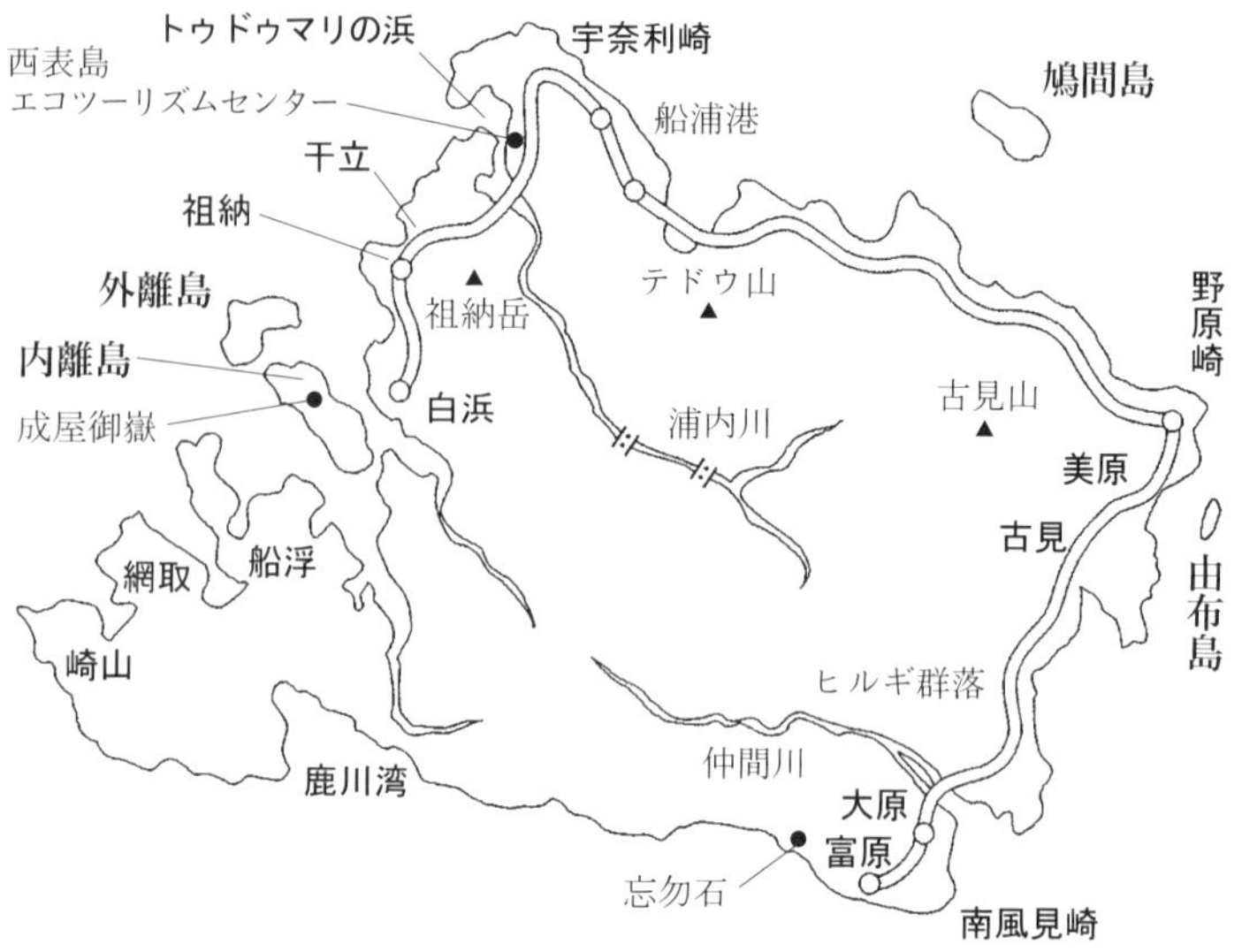

図2―1　西表島

ず、我沖縄県の管轄内に斯くも容易ならざる島々あるは、殖産の上より見るも軍略の上より論ずるも我宝物にして、則ち日本国の身代なれば、此身代を守るには其価相応の兵備なかる可らず。〔中略〕我輩の説を云えば、沖縄県全体の計画に付き、所望の箇条は随分少なからざれども、今日の場合に迫りては何は扨置き八重山の港に軍艦を繋ぐか、又は陸上に兵隊を屯せしめ、八重山より宮古沖縄を経て鹿児島に電信を通じ、軍艦をして常に其近海を巡廻せしむること至急の急要なる可し」[1]。福沢は西表島を「我宝物」と呼び、その地政学上の有利性と資源の豊富さに注目している。

元台湾総督府技師の田代安定《たしろあんてい》も「八重山開発」を提唱していた。田代は農商務省職員として一八八二年に琉球調査を行った。

田代は石垣島においてコーヒー、サトウキビ、桑等の栽培を提言したが、西表島に関しては次のような策を示した。内地から移住民を入れ、キナ、桑、黒壇、肉柱、コーヒー、チーク、マホガニー等の栽培をさせる。また八重山諸島は日本帝国の国防の第一線にあり、国防と開発の双方が急務である、と。(2)

当時、朝鮮半島で発生した巨文島《コムンド》事件(一八八五年)のために英国とロシアとの関係が急迫となり、海の警備が必要とされていた。田代は明治政府に次のような意見書を提出した。八重山諸島は日本の版図の南門に当たり敵を臨む地にあり、兵営を設置する必要がある。荒蕪地を開拓し、人民を繁殖させ、物産を興隆して、外交上の一要地とする。同地を特殊地帯として中央政府の内務省に直属せしめる。島の風俗習慣を内地化して、できるだけ早く文明化しなければならない。そのために女子はなるべく内地人を配偶者とし、島を少しずつ内地の中に取り込む必要がある、と。森有礼、品川弥二郎、山縣有朋、松方正義等は田代の提言に対し賛意を示したが、伊藤博文総理、井上馨外務卿が反対したため実施されるには至らなかった。(3)

明治期以降、西表島における大規模開発は炭鉱採掘事業であった。薩摩藩の探検家である林太助が地元民から西表島に炭鉱があることを聞きつけ、一八七〇年、薩摩藩は西表炭層の調査に乗り出した。一八八五年から三井物産が本格的な採炭事業を開始した。明治末までの採炭事業には三井物産、大倉組という政商や尚家(旧琉球王家)の資本が乗り出した。石炭の輸出先は福建、アモイ、香港等であった。当初、県内の囚人が炭鉱労働者として働いた。(4)

一八八六年、内務大臣山縣有朋が三井物産の益田孝社長の案内で西表炭鉱とともに、軍港に最適であるとされていた西表島西部にある船浮港を視察した。山縣は明治政府に対し、先島諸島の軍備増強を求める復命書を提出した。その後、太平洋戦争が始まると、東南アジアから石油等のエネルギー資源を運ぶ艦船が停泊する港を守り、また敵国への攻撃拠点として、船浮に日本軍の要塞が建設された(5)。

日本帝国の軍需工業や海外貿易業の発展と比例するように、西表島の炭鉱業の成長も顕著になった。日本帝国の形成過程と南島の開発は強く結びついている。丸三鉱業は約四〇〇人収容の二階建てガラス張りの独身宿舎をつくり、蚊虻を防ぐために針金網で囲った。道路はコンクリートで舗装し、上下水道を完備した。また労働者のために芝居小屋、病院も設置した(6)。星岡鉱業、丸三鉱業、南海鉱業は炭鉱労働者の子供達のために白浜小学校を運営するなど、炭鉱業の成長とともに島の近代化も進んだ。また同三社は、伊勢神宮造営の残木を利用し、産業の神である豊受大神を勧請して、白浜《しらはま》神社を創建した(7)。

しかし西表島はマラリア有病地域であり、炭鉱事業がマラリア流行のために中止を余儀なくされることもあった。日本内地から集められた坑夫は、船賃、食費、衣服代、斡旋料の借金を背負って西表島にやってきた。働けば働くほど借金が増え、飲食費、坑内で使用する道具代、薬代等が賃金から差し引かれた。炭鉱には納屋制度があり、納屋頭(親方)が坑夫の雇用、作業割り当て、現場監督、賃金給付、生活の管理等を行った。人繰りとよばれた坑夫の労務管理者がムチを手に労働者を監視した(8)。炭鉱で働いたことのある大城清三《おおしろせいぞう》は次のように語った。「逃げた坑夫の中には生き埋めにされた者もいる。坑口毎に貨幣が発行され、坑夫はその貨幣を使って炭鉱会社が経営する売店で生活物資を購入するしかなかった。炭鉱貨幣は他の坑口、西表島以外では流通せず、労働者の逃亡を防ぐ役割を果たした。逃亡した者も石垣島で捉えられ、半殺しの目にあった。親方同士でダイナマイト、銃を使って争うことがあった。朝から夜まで働き、ぬれたタオルが乾かない程、過酷な労働であったが、労働者の賃金は一日の食事代で消えるほど安かった。警察の中には会社から金をもらい、人権無視の状況を見逃す場合もあった。大変つらい労働であったためダイナマイトを抱えて労働者が自殺したり、坑口が崩落して生き埋めになった者もいる。炭鉱の赤い汚水が海中に流れるなどして、海も汚染された(9)」。

炭鉱時代、地元の人は石炭の積み出し、坑木の切り出し、坑夫への野菜販売等で現金収入を得た。炭鉱を通じて、日本列島からもたらされた近代的な商品が西表島で流通するようになった。地元住民も炭鉱関係者と商売するために、標準語を話すようになり、生活の近代化が炭鉱を通じて島社会に広がった(10)。

第二節　戦後の開発と米軍との関係

西表開発への期待

太平洋戦争後、米軍は炭鉱事業を一九四八年から一九五二年まで行った。その後、炭鉱事業は民

図2―2　炭鉱跡

西表島の西部にあった宇多良炭鉱の跡。ガジュマルが柱に絡みついており、地面には炭が残っていた。

間に払い下げられたが、一九六〇年には全ての採炭活動が停止し、西表炭鉱の歴史が終わった（図2―2）。

米軍基地問題は、広大な基地が建設された沖縄島だけの問題ではない。戦後、西表島の開発は米軍との関連を強めた。沖縄戦で灰燼に帰した沖縄島の復興に利用される木材を確保するため、米軍は伐採隊を西表島に派遣した。沖縄島や宮古島における食糧難、沖縄島での基地接収で土地を失った人々への対策として、米国民政府は西表への移住政策を実施した[11]。琉球各地から人々が西表島に移住した。例えば、戦後間もなく、宮古島では人々の働く場所や食糧がほとんどなかった。そのため宮古群島政府の具志堅《ぐしけん》宗精《そうせい》知事は、一九四七年に伐採隊を宮古島から派遣するとともに、伐採隊に食糧を提供することを目的にした人々を西表島の住吉地区に移住させた。また、一九五二年から沖縄島の大宜味《おおぎみ》村と久米島《くめじま》から五〇戸、竹富島《たけとみじま》や波照間島《はてるまじま》から一九戸が西表島に入植して新たに大富部落を創設した(12)。

一九四六年に琉球の戦災復興を目的とする西表開発出張所が開設された。開発出張所を指揮監督する米国民政府の西表事業庁も設けられた。一九四九年、同出張所は西表伐採事業所と改称された(13)。

一九五二年、琉球政府の泉《いずみ》有平《ゆうへい》・副主席は次のように述べた。「西表島を含む八重山の開発は琉球の自立態勢確立の上から極めて緊急な問題である、ということは安里〔積千代〕知事や大濱〔国浩〕参議、その他の政府職員から聞かされていた〔中略〕琉球内で最も水系に恵まれているのは西表である。特に浦内川《うらうちがわ》の上流には相当規模の発電施設が構想されるべきである。〔中略〕電源問題、海陸交通問題を先に解決することだ。そこで初めて農、林、水、鉱、畜産等を含む合理的な産業機構の成立がそこから生まれる」(14)。琉球政府の経済自立にとっても八重山諸島の開発が不可欠であったとの認識が伺える。

一九五三年に大原青年会の宇根《うね》實《みのる》は以下のように述べていた。「目前に豊かな資源を持ち乍、未だに開発も利用されぬ現実は吾々が余りに恵まれ過ぎたる以所〔ママ〕からして、新時代に生きながらも食生活の不安定を生み出し、日常生活にゆとりの付かぬ現状は此れ即ち、開拓精神の不足を端的に物語って居るのではないか？〔中略〕即ち古い伝統習慣に何等の権威も認めず、自由なる立場に有りて真理の戸を押し、社会のあらゆる事物及び自然を科学化することである。其処に肇めて開拓への道を裁き、開拓の実を結び絢爛なる物質文明も花と咲いたであろう[15]」。開拓により島の「科学化」、「物質文明化」を押し広げることができるという、開発への強い期待と意志をみることができる。

島の経済自立を目的にして一九五四年、竹富町開発期成会が設立された。同期成会は、開拓移民の導入、開墾地の開発、農業・林業・畜産業・鉱業・水産業等の各振興計画を策定し、西表島を中心に現地踏査を行った。同期成会の趣意書には次のような記述がある。「琉球の現段階に於ける政治の焦点は自立経済政策の確立にあると思う。狭小な国土に人口は漸増する一途を辿っている。之等を如何にして扶養して行くか。農村漁村の再建はどうあるべきか。〔中略〕先に琉球政府は自立経済確立の対象として眠れる宝庫といわれている八重山群島の開発事業計画の線に沿うて打開されるべき自立態勢への捷径であるとの見地に於て、いち早く之を政策に取り上げ、膨大な予算を計上して年次計画を樹立し、開発事業は既にその緒につき着々と進捗しつつある実情にあるのである[16]」。八重山諸島の開発によって「経済自立」が達成されるとの展望が示されている。一九五〇年代初頭の米軍統治時代において、はやくも「経済自立」という言葉が開発を正当化していたことが分かる。

竹富町開発期成会は具体的には以下のようなことを実現しようと考えた。西表島東部にある仲間地区や大原地区を中心に二〇〇〇人が住む街の形成、浦内地区と大原地区とを結ぶ約三〇キロメートルの縦断道路の建設、浦内川や仲間川に水力発電所の設置、工業都市の形成、地下資源の開発、文化施設の建設による島の観光地化等である[17]。

一九五六年に西表島を視察した星克《ほしかつ》・立法院議員も、「沖縄本島で土地に苦しんでいる同胞が、南米その他の海外に出かける前に人を入れ、この眠っている資源を開発することこそ現下の急務だ。〔中略〕アメリカのあの有名なテネシー河の治水工事に鑑み、軍はきっと援助してくれることを信じている。仲間川河畔は金さえかければ琉球一の理想郷になるだろう(18)」と語っている。

一九五〇年代は沖縄島において土地収用令等が発令され、基地建設のために住民の土地が米軍によって奪われた時期である。同時期において「土地が余っている」とみなされた西表島が、開発の対象となった。

米軍はまた、軍事的にも西表島を利用した。一九五五年、第七五連隊八四工兵中隊の一個小隊五三人が西表島に派遣され、軍事訓練を兼ねて、仲間川の架橋道路工事、南風見の滑走路設営を行った(19)。一九五六年には第三海兵師団第九海兵隊が西表島東部で上陸演習を実施した(20)。

一九五七年、竹富町役場、竹富町議会の上勢頭《うえせど》弘《ひろし》議長はムーア高等弁務官あてに「船浮港を軍用地に使ってほしい」と、次のような内容の陳情書を提出した。船浮港は山林に覆われた天然の港でであり、戦中は日本軍が海軍基地として要塞化していた。島の九割は国有地であるため大規模な軍用施設を建設しても土地問題が発生する恐れはないというものである(21)。船浮小中学校の校庭が米軍民政官の名前をとって「サンチェス・グランド」と名づけられた。その後、高等弁務官が簡易水道をつくり、無線機を与えた(22)。

民政官ジョン・G・アンドリック准将は「沖縄のうら庭にあたる西表島を開発することは、琉球全体の経済発展と非常に深い関係のある仕事だ」と言い切った。また同准将は「一五年か二〇年のうちに、四万から五万の人々がこの島に住みついて働き、しかも、『豊かな生活』を送ることとなるに違いない」と言っている[23]。

以上のような計画が策定される中、西表島では森林資源の開発が行われた。一九五四年に創立された八重山開発会社は琉球資本の国場組《こくばぐみ》とタイアップして、琉球政府と契約して官有林の伐採、植林、製材を行った。「今は西表原始林の中に高さ二十五米から四十米におよぶケーブルの鉄塔がそびえ、製材機等の大型機械に、古い歴史に眠る西表の夢を破って否応なく近代化への足音を響かせようと待ち構えている[24]」と、一九五六年一一月の地元紙『八重山新報』に西表島開発の状況が描かれている。

一九五四年、竹富町役場が八重山開発会社に対し次のような内容の「西表開発意見書」を提出した。炭鉱業、農業、林業、牧畜業を振興し、白浜や船浮を大型漁船の基地にして南方漁業を推し進める。また西表島開発を促すために、道路、橋梁、港湾、保健施設、教育・文化施設、漁港、海産物加工場等の建設を米国民政府や琉球政府に求める。この事業に従事する労働者を八重山開発会社の従業員として採用した後、西表島に定住させる[25]、と。

一九五六年、竹富町総合開発計画が策定された。それによると西表島東部は農業地帯として、西部は工業地帯として開発する。白浜は漁業基地や商港、船浮は避難港や寄港地として港湾施設を建設するという内容の構想が提示された[26]。

西表島開発が動き出していた一九六〇年、伊江村議員一七人が西表島を訪れた。その目的は八重山諸島の農業の現状を視察し、移住計画を策定することであった。伊江島にあった耕地の約六〇%が軍用地に取られ、人口も増加したため、移民の送り出し先を探す必要に迫られていた[27]。

高岡構想とは何か

様々な西表島開発計画が策定されたが、日本政府も西表島開発に関心を示した。元衆議院議員であり、南方同胞援護会理事であった高岡大輔は、敗戦で台湾を失った日本は熱帯・亜熱帯植物の試験地域として相応しい場所は西表島以外にはないとして、大規模な開発を目指す高岡構想を提示した。高岡は西表島を調査した上で、次のような内容の「高岡レポート」を日本政府に提出した。浦内川流域に第一次産業センターを設置する。各種熱帯作物を試験栽培し、東南アジア諸国が希望するサトウキビ、コーヒー、ココア等の種子を提供する[28]。その他の優良種子や種苗の育成、病虫害対策、防風林、日除樹種等の研究も行う。また東南アジア諸国に派遣する農業普及技術員を養成し、中南米諸国に送り出す日本人移民の技術指導員の訓練を行う。その目的は、西表島開発により日本の海外貿易を促進させ、国民生活の向上を図るとともに、東南アジア諸国を貧困状況から救い出し、その共産主義化を防ぐためであった[29]。

戦前期において台湾で積み上げた熱帯・亜熱帯地域の農業に関する知識と経験は、西表島開発を通じて、次代の農業指導者に継承される必要があると、高岡は訴えた。「復帰」後策定された沖縄振興開発計画の中で、南琉球は「日本にとっての南への拠点」という位置付けがなされた。このような認識は、少なくとも高岡構想にまで遡ることができよう。太平洋戦争により阻まれた、戦前における日本の南方進出戦略は戦後、高岡構想として蘇り、「復帰」後の南琉球の開発計画の中にも「南方経済圏への拠点」として、その残影をみることができる。

一九五九年、福田赳夫総理府総務長官は高岡構想を取り上げ、米国民政府にも西表島開発を提案し、日米琉三政府による西表島開発が動いた。これまで日本政府の南琉球に対する援助は、戦没者遺族への援護、恩給の支給等に限定されていた。一九六〇年度予算からはじめて教育援助費、土地開発のための技術援助費等、あわせて二〇〇〇万円が計上されるようになった。技術援助費から西表島開発のための調査費が捻出された。[30]

ブース高等弁務官も日本政府に対し、西表島の天然資源とその開発についての調査に参加するように要請した。米国民政府は西表島の森林、鉱物資源だけでなく、道路、橋、港湾、産業の形成についても今後、徹底的に調査をする予定であった。これまでも米国民政府と琉球政府は合同で、西表島の生産力・水源地・土壌の科学的分析、道路や港湾建設地の選定に関する予備調査を実施してきた。[31]

一九六〇年、日米両政府による西表島調査団が派遣された。日本政府農業資源調査団は林四郎千葉大学教授を団長とする総勢二八人からなり、水資源、入植営農、農林業等に関する調査を行った。米国側のスタンフォード研究所の一三人の団員は、地下資源、森林資源、沿岸漁業についての調査をして、次のような提言をした。仲間川にダムを一つと発電所を二つ、浦内川にダムを三つと発電所を一つ、クイラ川に農業用ダムをそれぞれ建設する。また二万キロメートルの用水路を建設し、可耕地を約五〇〇〇町歩にすれば、入植可能戸数は三〇〇〇戸、二万人になる。五年から一〇年かけて米国民政府は道路、港湾、水力発電所等のインフラを整備する。そして日本政府は農林業関連の技術援助を推し進め、食糧を増産させ、琉球の過剰人口問題を解決するという役割分担が示された。[32]

一九五九年、竹富町役場と同町議会は、日米琉三政府による西表島開発事業に協力するために、西表開発期成会を結成し、次のような声明を出した。「西表島は三百年前から琉球南門の宝庫として重要視され、開発は多年の懸案として今日の久しきに及んで来た。幸い民政府の御温情により米、日琉三政府が一体となって西表開発の機運は熟し、今や眠れる島から東南亜の西表として発展の段階に立ち至ったことは一人竹富町のみの問題ではなく、広く琉球経済安定のために誠に感激に堪えないものがある」[33]。地元紙でも「開発が着手され、基本施設が完備すれば、処女地〝西表〟は内外に異常な注目を受け経済人の食指が動く魅力のある島になるだろう[34]」と開発を喜んだ。開発により資本投下がさらに進むことで、島が眠りから覚め、「魅力ある島」になるとの認識が伺える。

米国は「島ぐるみ闘争」のような、基地建設に対する反対運動を抑え、沖縄島での基地建設を拡大し、土地を奪われた農民の送り出し先として八重山諸島に着目した。しかし、土地接収問題が落ち着きをみせ、「島ぐるみ闘争」が下火になるのと同じく、西表島開発構想に対する熱意も冷めていった。一九六一年に小平久雄総務長官、キャラウェイ高等弁務官等が西表島を訪問したのをピークに一九六〇年代後半には同構想は忘れ去られた。[35] 西表島開発と米軍基地の拡大は連結しており、基地のない島も基地とは無関係ではすまされなかった。

「西表開発出張所」、「竹富町開発期成会」、「八重山開発会社」、「西表開発意見書」、「竹富町総合開発計画」、「西表開発期成会」等、戦後の西表島を舞台に「開発」の言葉が踊り、島の内外の人びとによって「開発」に熱い眼差しが向けられた。コモンズとしての自然環境を囲い込み、島を市場経済の中に投げることで、人びとは豊かになると考えた。「開発」への期待の背景には、沖縄島を基地の島とし、土地から追い出された琉球人を西表島に送り込むことで、琉球を「要塞諸島」にしようとした米軍の軍事戦略があった。

第三節　「復帰」後の観光開発

リゾート開発と島の経済

次に西表島開発が注目を集めるようになったのが、「日本復帰」の頃である。炭鉱の島であった西表島の内離島《うちばなりじま》の大部分が本土企業に買い占められ、西表島西部の土地が本土レジャー会社によって買収された。西表島西部の宇奈利崎《うなりざき》に西洋環境開発が「太陽の村」と呼ばれるリゾートを建設した。しかし、経営が破綻し、現在、リゾートの残骸が放置されたままである（図2—3）。

「日本復帰記念事業」として、大原と白浜を結ぶ二五キロメートルの西表島横断道路が建設された。ジャングルが切り開かれ、道路が敷かれた。幅七〜八メートルの道路を保全するために山肌がV字型に五〇メートル以上えぐりとられた。樹木はブルドーザーで押し倒された。土壁は土止めも

図2—3　西表島のリゾート廃墟
右側が赤瓦のコテージ跡、左側は真珠販売店跡。

されず、雨が降ると赤土が仲間川に流れ込み、川を赤く染めた。工事によってジャングルに風穴が開いたため、潮風が吹き込み、立ち枯れの木も増えた。同事業は一九六九年から始まり、一九七二年までに計画全体の四〇％におよぶ一〇キロメートル分の道路が完成した。しかし自然破壊の深刻さ、イリオモテヤマネコへの影響等を理由に環境庁、自然保護団体から反対の声があがった。「日本復帰」とともに、島の全面積の六〇％が国立公園に指定され、道路が公園内の特別保護地区を貫通するため、道路工事が中止となった。[36]
　西表島住民の間から「ヤマネコが大事か人間が大事か」として道路工事中止に抗議する声が発せられた。大原地区の公民館長、青年会長、婦人会長、壮年会長、老人会長等は連署して次のような陳情書を公にした。「自然保護という美名のもとに、文化の一片も与えられず、原始のままの生活を強いられているのが現実であり、ヤマネコがどうなろうとわれわれには何のかかわりあいのないことであり、政府の甘い説明につられて移民としてきたわれわれが生きるためには、横断道路の方がどれだけたいせつか明らかである。われわれも日本国民として、平等な政治経済の恩恵に浴する権利があるはずである。医師もなく、急病の子供をかかえウロウロする母親たち、生産した農産物を売ることもできず、過疎化のために満足な教育を受けられず、卒業しても働く場所もない若者たち、さらには都会の若者たちが受ける喜びもないなど数々の苦悩が多い。自然保護という足かせのもとに原始の生活を強いられ孤島の番人はご免である(37)」。

一九七〇年に厚生省が自然保護を目的とする西表調査団を派遣したのに対して、住民の中には調査に反対し「自然保護反対・開発促進住民大会」を開いた人もいた(38)。

近年の西表島を揺るがしているのが大型リゾート建設問題である。全体で一四ヘクタールの土地に、四階建て一四二室のホテル、九八室のコテージ、社員寮、道の駅等を建設する計画である。二〇〇四年七月、リゾートのホテルがオープンした。竹富町長は「空から牡丹餅がふってきた」とリゾート建設を歓迎した。「西表島月が浜・宇奈利崎リゾート開発を促進する会」が二〇〇二年一一月に結成され、同会から「長い間過疎の波に洗われる中で、むしろ島の大自然が開発の手枷足枷となって、住民の暮らし向きを苦労の淵に追いやられ」たとの声が発せられた。次のような西表島西沿岸地帯総合開発構想も浮上した。宇多良炭鉱遺跡を開発し、浦内川観光と合わせて相乗効果をあげる。また、外洋クルーズ船、海上保安庁や海上自衛隊の船舶の白浜港への寄港を促し、東南アジア諸国と西表島を結ぶ貿易ネットワークを構築するというものである。(39)

リゾート開発によって自然や生活の環境が破壊されるとして、石垣金星《いしがききんせい》を中心に「西島の未来を創る会」が結成され、裁判所への提訴をも含む建設反対運動が展開されてきた。(40)

次のような理由で、竹富町役場は積極的にリゾート建設を推し進めた。第一に、大規模開発により、竹富町の経済が潤うとの期待である。石垣島は石垣市という竹富町とは別の行政区域であるが、八重山諸島の中心的位置にあることから石垣島に竹富町の役場が置かれている。役場を西表島に移設するための費用を賄うためにリゾート関連収入に期待したのである（図2―4参照）。

第二は、日帰り観光からの脱却である。二〇〇三年における西表島への観光客数をみると、同島東部が三二万一一一二人、西部が四万四九九三人であった。(41) 観光客の大半は西表島を日帰りで観光する。リゾート推進派は、経済波及効果を大きくするには多くの観光客が宿泊できるリゾート施設が必要であると主張している。

第三は、島出身の若者が働ける場所を増やすためである。西表島には高校がない。若者は高校進学にともない島を出なくてはならない。つまり「十五歳で自立する」のである。子供が島に戻るには働く場所が必要であるという、親たちの思いがある。子供とともに家族もそのまま島から出ていく傾向があり、離島の人口減少に拍車がかかっている。竹富町の人口の推移をみると、一九四〇年

図２—４　西表島にある竹富町の施設

石垣島から西表島への役場移転を目指す、大きな看板がある。

が八九七八人、一九六五年が七〇二六人、一九七〇年が四九〇四人、二〇〇〇年が三五五一人となっている。(42)

リゾート開発の何が問題か

しかし、本当にリゾート開発によって西表島は発展するのだろうか。次のような諸問題を指摘しておきたい。

第一の問題は、住民との十分な話し合いがなされることなく、リゾート開発が進められたことである。二〇〇二年六月に計画書がユニマット社から提出され、二〇〇三年後半には完成という目標が住民に示され、二〇〇四年夏には開業した。

第二の問題は、ユニマット社という一企業に依存することの不安定性である。同社は宮古島の上野村、小浜島においてホテル、ゴルフ場、リゾートマンション等を経営しており、次に西表島への投資を目指していた。同社代表は日本全体でも有数の高額所得者であり、上野村（人口約三二〇〇人）に住民票を移したことで、二〇〇一年度の同村の個人村民税総額は二億四六〇〇万円に上った。そのうち、同社代表だけで一億数千万円の税金を払った。その後、同代表は西表島でのリゾート建設にともない竹富町に住民票を移した。同代表の二〇〇二年度における町民税は一四億円であり、その結果、竹富町の町民税総額は前年比で約四倍に増えた(43)。

小規模な町村の財政が一個人、一企業に大きく依存し、依存度が増すに従い、企業の意向に従わざるをえなくなるだろう。企業の経営方針が島の将来を左右しかねない。世界や日本の経済状況が変わり、投資環境が悪化し、期待した利潤が得られなくなれば、撤退するのが企業にとって合理的選択となる。たとえ町村の財政収入が一時的に増大しても、企業の撤退という不安定性を常に抱えることになる。西表島で「太陽の村」を開発した大企業も、その残骸だけをのこして島を去った。

第三の問題は、地元への経済効果である。大規模開発によって雇用機会が増大すると期待されている。しかし、年間六〇〇万人以上の観光客が来島する沖縄県においてなぜ、高失業率状態がいつまでも続いているのか。観光関連収入の多くは日本本土に還流しており、琉球経済の中で循環しておらず、経済発展に結びついていない。地元食材が利用されず、県外産のお土産が流通するなどの問題もある。リゾートが完成した西表島の現状をみると、当初期待されたように、大勢の島内出身の若者が島に戻り働いているという状況にはない。

また今後、ゴミ処理、上下水道整備等、行政においても追加的な費用がかさみ、財政収支の改善につながらないだろう。以上のような琉球観光における構造的な問題が解決されていないなかで、大規模開発による経済効果への期待だけが膨らんでいる。

第四の問題は、持続可能な発展かどうかである。西表島のような島空間の場合、大規模開発にともなう廃棄物の増大や、大量交通が自然生態系に与える影響は大きい。現在、西表島の西部地区で利用されている上原簡易水道だけで、今後増大する観光客の水需要に対応できるとの保障はなく、大自然を犠牲にするダムの建設計画が浮上してこよう。西表島では窪地等にゴミが投棄されている（図2―5）。観光客の来島によって、さらに増え続けるゴミや汚水等を、脆弱な環境に影響を与えることなく処理する方策は未だに見つからない。他の島に運んだのでは問題のつけまわしとなり、安易に焼却するとダイオキシンの発生につながる。

第五の問題は、沖縄県庁の対応である。二〇〇三年から実施されている新しい沖縄振興計画には、「沖縄の豊かな自然を生かし、エコツーリズムを促進する」と明記されている。県の観光リゾート局は、西表島における大規模開発計画の見直しを求める意見書を事業者に提出した。しかし、同じ県庁の建築指導課は法的に問題ないとして建築許可を出した。沖縄県環境影響評価条例で求められている環境アセスに必要な土地の広さよりも、リゾート建設地の面積が狭いため、環境アセスも実施されていない。西表島の大半は国営公園であるが、リゾート建設場所は同公園の外にある。また総合保養地域整備法（リゾート法）に基づく整備重点地域にも指定されているため、「法的には問題な

図２―５　西表島のゴミ処分場

ビン、カンはリサイクルされていたが、島には焼却施設がなく、可燃物も不燃物も分別されずにゴミ処分場に投棄されていた。

い」として建設が正当化された。各種の法や規則によって開発が推し進められている。

しかし、南琉球の経済発展の方向を明示した沖縄振興計画においてエコツーリズムの促進が明記されながら、エコツーリズムが活発に行われている西表島において、マスツーリズムを推し進める大型リゾートの設置を認めたのは、矛盾ではないだろうか。縦割り行政を超えて、自らが掲げた理念を実行に移すのが、行政としての県庁の責任であろう。

大型リゾートは時間に追われた現在の観光形態をさらに加速するだろう。八重山諸島を訪れる大半の観光客は、石垣島のホテルに宿泊して、他の島々

図2—6　大型リゾート前の海岸侵食

この砂浜では海亀が産卵のために上陸する（写真は西表島）。

にはスピードボートで移動し、観光した後、その日のうちに石垣島に戻るという、日帰り観光を行っている。地元の観光業者は観光客の回転を速くすることが旅行代理店から求められる。仲間川では、観光客を乗せるスピードボートの引き波がマングローブを腐食させるという問題が発生している。またバス、レンタカー等によりイリオモテヤマネコが死亡し、怪我をするケースも増えている。「癒しの旅」が、実際には駆け足の旅になっている。

リゾートホテルの前にある砂浜は「トゥドゥマリ浜」と呼ばれていた（図2—6）。旧暦八月一五日夜、トゥドゥマリ浜には神々が集い神遊びをする。いわば西表島の聖地である。年に一度だけ、島の人びとは、お酒、ごちそうを持ちより神とともに遊ぶことが許された。[44] しかし観光客向けの地図には「月が浜」との名が記されている。観光化が地域のヴァナキュラーな文化、名称を消し去ろうとしている。

八重山諸島の中で大型リゾートの集中的投資が目立つのが小浜島である。小浜島ではリゾートが島の約三分の一を占めている。リゾートは小浜島の社会経済にどのような影響を与えているのだろうか。一九七九年、小浜島においてヤマハ・レクリエーションが九八室のコテージ、ビーチ、海洋レジャー施設等の「はいむるぶし」を開業した。一九八八年度の竹富町における年間水使用量約五一万トンを島別にみると、人口約五〇〇人の小浜島はトップで約一二万三四〇〇トンであり、約七〇〇人の波照間島は約六万二七〇〇トンであった。小浜島の「はいむるぶし」だけで島の全水使用量の四八%に及ぶ約五万九〇〇〇トンも使用した。[45] プール、シャワー等、リゾートは水を大量に消費する。時々、島全体が断水になり住民の生活にも影響を与えることもある。

小浜島ではUターン青年が島に帰って製糖業に従事する場合、サトウキビを栽培し、収穫するまで一定期間を必要とするため、一年半経たないと収入を得ることができない。しかし、リゾートで働くと一カ月後には収入が手に入り、島の若者は農業をせず、リゾートで働く傾向にあるという。現在、島の学校で学ぶ児童や学生は地元出身者よりも、リゾートで働く本土出身者の子供が多いという。方言大会でも本土出身者の子供が優勝したこともある。[46] リゾートが島の人口構成を変え、文化継承のあり方にも変容を迫っている。

西表島のマスツーリズムは、一企業だけの投資という問題ではない。最初のリゾートが成功すれば、次々と大規模な観光開発を呼び込むことになり、環境への負荷はますます大きくなる。沖縄島から宮古島、石垣島へ、そして小浜島、西表島へというように、企業は利潤を追い求め、琉球の島々を投資の対象としてきた。島の近代化、自然の破壊が進み、失業問題、財政依存問題は解消されないままである。

以上、明治時代以降における西表島の開発についてみてきた。西表島の事例は琉球全体の経済開発のあり方を問うている。「復帰」してから三四年間、琉球は日本列島との経済格差の解消、経済自立という目標を掲げて、外からの投資に期待してきた。しかし、その経済効果は小さく、島嶼内においては大量生産、大量消費、大量廃棄という高度成長の論理は通用しないということが、明確になったと思う。

戦後の西表島における開発は沖縄島での米軍基地の拡大と結びついていた。日本政府、米国民政府、琉球政府のような島の外部勢力が島の開発に関心を示したが、同時に島の人も開発を呼び込んできた。炭鉱業、林業、戦後の大規模開発計画、そしてリゾートへの期待という開発史をみると、西表島もまた経済成長の道を歩もうとしてきたことが分かる。経済成長とは、人々が商品を買わねばならない生活状況が拡大することを意味する。西表島では大自然の恵みによって、それほど商品に依存しないでも生活できる、自然的、社会的、文化的環境が存在している。島の外に富を求めるのではなく、島の中に既にある富を評価し、人間と島との関係を持続可能な形にしていくことが「本当の豊かさ」につながるのではないだろうか。

第三章　「日本復帰」と奄美諸島の開発

第一節　奄美の振興開発と近代化

奄美の近代化と従属化

琉球弧の一角を占める奄美諸島でも、開発によって島が大きな変容を被った。一九五四年に日本列島との「経済格差の是正」という目標を掲げて、「奄美群島復興特別措置法」が交付された。奄美振興予算の所管官庁は自治省となり、五カ年セット方式で開発予算が策定された。一九六四年度から「奄美群島振興特別措置法」に名称が変更された。奄美振興の所管は一九七四年度から自治省か

図3—1　奄美諸島

ら国土庁に変わった。公共事業については国土庁に予算を一括計上した後、関係主務省庁に移し替えて実施する体制になった。そのため公共事業は、国の予算の伸びに比例して増大した(1)。

予算が増加した背景には南琉球の「日本復帰」の影響があったと考えられる。一九七一年、奄美諸島の市町村長が南琉球を視察し、同年、次のような「名瀬市の提言」を発表した。「これからの奄美振興は、同じ琉球弧を構成する沖縄の振興開発計画と調和ある水準に引き上げるものでなければならない(2)」。

「日本復帰」後、奄美諸島に比べて予算規模が大きい「沖縄振興開発計画」が実施された。一九七四年度以降、奄美諸島においてどのような振興法をつくるかが議論された際、南琉球並みの振興開発の要求が高まった。その結果、「奄美群島振興開発特別措置法（奄振法）」へと法律名を改めて、従来の「振興」を「振興開発」とした。「奄美群島振興信用基金」を「奄美群島振興開発基金」へと改称した。[3] 南琉球の開発体制が奄美諸島に影響を与え、「開発」の文字が全面に出てきた。奄美諸島の近代化が一段と進められることになった。二〇〇四年度から、改正奄美群島振興開発特別措置法が実施された。同法は、これまでの「格差是正」から卒業して「自立的発展」の実現を目標に掲げ、次のような方向性を示した。①国が開発の基本方針を定め、市町村が立案したうえで県が計画を策定する、②補助率の嵩上げを維持する、③重点項目の追加（農林水産業の振興、国内外との交流促進、人材育成、高度情報ネットワークの充実等）、④奄美群島振興開発基金の独立法人化等である。二〇〇四年度の奄振予算は三五五億八六〇〇万円であり、うち九八％は道路、港湾、空港整備等の公共事業であった。[4]「自立的発展」を明示しているものの、高率補助体制を維持し、予算のほとんどが公共事業に使用される等、これまでの開発内容と大きく変わるところはない。

二〇〇二年に改正された沖縄振興特別措置法も「格差是正」ではなく、民間企業主導による「自立的発展」を強調する内容になっている。沖振の開発内容の変化と歩調を合わせる形で奄振の方向性が決定されたことが分かる。

一九七四年から五年間に奄美諸島へ投資された総事業費は九九三億円であり、振興事業後期（一九六九年度〜一九七三年度）の約三倍に及んだ。[5] 一九七二年度から一九七七年度まで、人口一人当たりの投資額をみると、奄美諸島が三三一万四〇〇〇円、南琉球は五〇四万九〇〇〇円であった。[6] 米軍基地の存在、「復帰」直後ということもあり、南琉球の投資額が北琉球のそれを大幅に上回った。

一九五四年から二〇〇四年までの投資総額は一兆八〇〇〇億円（うち国費は一兆二〇〇〇億円）にのぼった。奄振法の中で特に強調された開発目標は、「県本土との格差是正」、「群島経済の自立的発展」、「基盤整備」である。(7)「格差是正」、「経済自立」、そのためのインフラ整備という開発目標は南琉球のそれと同一である。ただ、奄美諸島の場合、「県本土との格差是正」であるのに対し、南琉球では「本土との格差是正」である。奄美諸島の場合、本土の中でも特に鹿児島県の経済水準を開発の目標として措定していた点が異なる。

開発によって奄美諸島の近代化が急速に進んだ。一九六〇年頃までは一〇〇〇トン未満の船が週に三、四回、日本列島との間を就航していた。一九六五年頃には一五〇〇トン級の船がほぼ毎日航行し、航空機も就航した。一九七〇年代には五〇〇〇トン級の船が行き来するようになった。(8)一九八八年、鹿児島―奄美間、大阪―奄美間の各路線においてジェット旅客機が運航し始めた。(9)

一九五〇年頃において、古仁屋《こにや》から名瀬まで小船で八時間かかった。現在では道路やトンネルが整備され、約一時間で行くことが可能になった。入り込み観光客数の推移をみると、一九六二年には五万八六六四人であったが、二〇〇〇年には五四万五八二〇人へと増加した。(10)

「復帰」とともに、本土化、近代化の波が押し寄せ、生活改善普及運動、方言使用禁止・標準語使用奨励等が行われた。一九六〇年代後半には、多くの伝統的な慣習は消滅の方向をたどったといわれている。(11)南琉球と同じく北琉球でも方言撲滅運動が展開されたのであり、開発は文化の画一化、同一化をもうながした。

奄美諸島の農業、就業形態に大きな変化をもたらしたのは、一九六一年の大型製糖工場の操業開始と一九六九年から始まった米の生産調整である。一九六〇年頃まで、奄美諸島ではサトウキビ、甘藷、米が農作物の中心であった。島内で米はほぼ自給できていたが、一九六〇年代以降、移入米に依存するようになった。農業を止めた人々は島外に職を求めるか、土木建設業やサービス業等で働くようになった(12)。

また大型製糖工場の導入は島の行事にも影響を与えた。正月行事が簡素化され、新正月だけの祝いに縮小された。その理由は、大型工場が稼動している間、集約的かつ連続的にサトウキビが搬入される必要があったからである。サトウキビの刈り取り、工場搬入の最盛期にあたる旧正月の時期は忙しく、正月行事を行っている時間がなくなり、人々は新正月を祝うようになった。新正月の期間も大型製糖工場が操業を始める時期と重なり、新正月の日数も少なくなった。旧暦三月三日の「浜くだり（人々に幸を与えながら、神が神輿にのって浜に下る儀礼）」も見られなくなった。村の行事を中心的に担ってきた青年団組織も、一九七八年には解散した(13)。

一九六〇年代半ばまで、奄美諸島では海、山、田畑の産物といった地域資源に恵まれ、生活物資の自給率が高く、自立的な経済を営んでいたといえる。しかし、その後の開発や交通運輸の近代化によって、日本列島で生産された商品が大量に移入され、生活物資の自給率は著しく下がり、外部依存度が高まった。そのため、資金が外部に漏出することで、奄美諸島内の資金循環も縮小し、経済の波及効果も小さくなるという経済構造が形成された。[14] 奄美諸島では「日本復帰」から今日まで経済自立を目標に掲げて約二兆円の資金が投じられたが、従属経済の状態に陥ってしまった。

開発による環境破壊

公共投資によって島々の環境も破壊された。特に開発による弊害が目立つようになったのは、振興開発事業前期（一九七四年度〜一九七八年度）からである。開発予算が約二八二億円から約九九三億円に増大し、事業の規模も大型化した。アダン林等の山林が伐採され、砂浜・干潟・湿地が消滅し、砂防ダムが設置され、河川はコンクリートで覆われた。[15]

海岸保全のために置かれたテトラポットによる離岸堤や消波ブロックが、自然の景観を損ね、塩を撒き散らして塩害を引き起こし、潮流を変化させ海浜が削り取られた（図3―2）。また離岸堤により海浜と海が遮断され生態系が破壊されるとともに、舟こぎ競争など伝統行事もできなくなった。[16] 公共事業による島の人工化が人と海とを遠い関係にし、島の文化を衰退させた。

一九六〇年代以降、国、県、市町村は、新たな農業技術、品種改良、施肥灌漑等、近代的で合理的な農業経営を、積極的に島々に導入してきた。[17] 特にサトウキビ栽培の近代化、機械化に力を注ぎ、農業経営規模を拡大することで原料コストを引き下げようとした。水田のサトウキビ畑への転換が奨励され、農家は水田七・五ヘクタール以上をキビ集団地として作付け転換すると、一ヘクタール当たり八万八〇〇〇円の補助金を得ることができた。その結果、一九六五年におけるサトウキビ、

図3―2　奄美諸島、加計呂麻島の離岸堤

この離岸堤が建設されたために潮流が変化し、魚の数も減少した。

水稲、甘藷の作付面積はそれぞれ四〇七二ヘクタール、五八九四ヘクタール、六六〇一ヘクタールであったが、二〇〇一年にはそれぞれ九三一五ヘクタール、二四ヘクタール、二〇九ヘクタールになった。サトウキビ畑が二倍以上に拡大されたが、水田や甘藷畑は激減した（図3―3）。水田が減少したことにより、隆起珊瑚礁で形成された、山や森に乏しい喜界島《きかいじま》、沖永良部島《おきのえらぶじま》、与論島《よろんとう》では水不足問題が深刻になった。[18] また、一九七〇年代から始まった畑地帯総合整備事業により奄美各地の海域が赤土で汚染され、珊瑚礁内の魚介類が減少した（図3―4）。その原因の一つとして、水系保全の役割を担っていた水田の減少が指摘されている。一九八五年に徳之島《とくのしま》では全国の離島では初

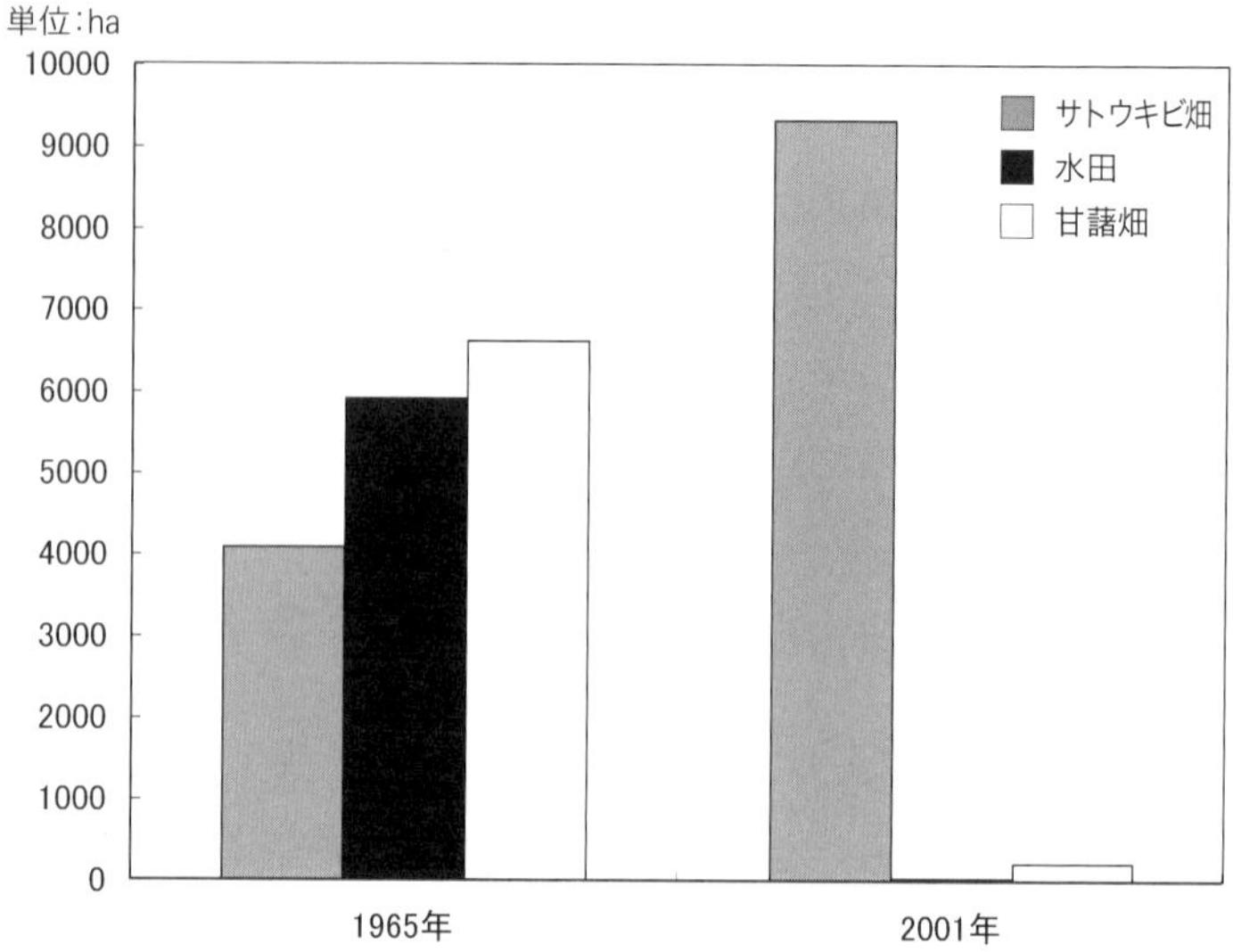

図3—3　1965年・2001年におけるサトウキビ畑・水田・甘藷畑の作付面積
1960年代以降、奄美諸島ではサトウキビ栽培が推奨され、水田や甘藷畑が激減した。

めてという大規模な国営農地開発事業が着手された。島の全面積の六・五%が開発され、一三〇〇ヘクタールの山林が伐採された[19]。

沖永良部島は一九八〇年頃までサトウキビ農業が圧倒的な割合を占めていた。しかしサトウキビ農業の先行きに対する不安が高まり、多角的農業経営が模索された。フリージャ、グラジオラス、ユリ等の球根や切り花、バレイショや石川サトイモ等の野菜の出荷が始まった。畑地灌漑事業が展開されるなか、藪、石垣、防風林が除去され、赤土流出による海の汚染が顕著となった。花卉・園芸は耕地回転率が速く、農薬や化学肥料が多く使用されて、農業廃棄物(ビニール類)も累積し、廃棄物問題を引き起こした[20]。

図３—４　奄美市の赤土流出

同市のサトウキビ畑から赤土が海に流れ込むという。

石垣島の土地改良事業と同じく、島の生態系の脆弱さを考慮せずに農業の近代化を強引に推し進めたことにより、奄美諸島の自然が大きく損なわれることになった。

企業誘致によって奄美経済の振興を図ろうとした動きもみられた。一九七三年、東亜燃料が奄美大島の宇検村《うけんそん》役場と議会に対して、「奄美大島工場建設計画」を提示した。枝手久島《えだてくじま》周辺の陸と海五六〇万平方メートルを埋め立てて、日産五〇万バーレルの日本最大の石油精製基地の建設を計画した。年間一〇億円の税金が村に落ちる見込みであった。[21]

宇検村は戦後一時期一万人近い人口を有していた。しかし、一九七四年には約二八〇〇人に減少し、田畑の約七〇％が耕作放棄されていた。賛成派の看板には「自然（死膳）では食えない」と書かれてあった。また、一九七七年に奄美大島の瀬戸内町議会は国策に沿う企業誘致として、原子力船「むつ」の母港化、伊須湾への石油精製基地誘致決議を行った。加計呂麻島でも産業廃棄物処理施設の建設計画、徳之島では核燃料再処理工場の建設計画が持ち上がった[22]。沖縄島でも金武湾《きんわん》において石油備蓄基地が建設され、他の島々でも石油備蓄基地の計画が浮上した。これらの動きに対して、琉球弧の島々の生活と環境を守るために、「琉球弧の住民運動」という組織が結成され、島々の住民は協力しながら建設反対運動を繰り広げた。奄美の人びとも「枝手久闘争」として、石油備蓄基地建設に反対するさまざまな活動を展開した。枝手久島地主の三分の二、漁協所属漁民の三分の一も同建設に同意しなかった[23]。その結果、一九八四年に東亜燃料は進出を断念した。

第二節　開発によって奄美経済は自立したか

「砂漠経済」の深化

一九五四年から実施された奄美諸島の振興開発によって、経済自立は達成されたのであろうか。

一九九二年、奄美振興研究協会は経済自立化指標調査報告書を提出し、奄美経済の問題点として次の三点を示した。①サトウキビ、大島紬《おおしまつむぎ》等の基幹産業の衰退、②若年層の流出と人口減少、③財政依存の縮小閉鎖型経済への悪循環であり、これらは奄美経済のトリレンマ（三重苦）と呼べる[24]。

一九五五年における奄美諸島の人口は約二〇万人であった。しかし二〇〇三年には約一三万人に減少した。一九六二年の小中学生数は四万九九九五人であったが、二〇〇三年には一万四六三〇人に激減した。[25] 奄美諸島の二〇〇〇年度における依存財源は八二・四%、自主財源は一七・六%であった。[26] また、二〇〇〇年における奄美諸島平均の生活保護率は三五・五‰(パーミル)であり、なかでも瀬戸内町は九六‰に及んだ。因みに、国平均の生活保護率は八・四‰、鹿児島県平均は一一・一‰であった。[27] 一九九〇年における奄美諸島の一人当たりの所得は約一七四万円であり、一人当たり国民所得との格差は五一・七%であった。二〇〇三年にはそれぞれ約二〇五万円、七一・一%となった。[28] 膨大な開発資金が投じられたにもかかわらず、人口は減少し、補助金に大きく依存し、日本列島と奄美諸島との所得格差も解消されていない。開発の目標は実現されず、失敗に終わったといえる。

一九九四年度から一九九八年度までの第三次奄美群島振興開発計画に基づく総事業費は、約四五四〇億円に上った。そのうち約八〇%の約三六〇〇億円が公共事業に配分された。加えて同期間中の奄美諸島市町村の土木建設費は一八〇〇億円に及んだ。一九八五年以降、土木建設業の生産額が大島紬製造業、製糖業等の製造業のそれを上回るようになった。[29] また一九五七年における建設業事業所数は一一八であったが、一九九六年には七七六と約六・六倍になった。同期間における、建設業就業者数は一一五三人から七九八三人と約六・九倍に増大した。[30] しかし、工事の元請をはじめ、工事用の資材の調達は奄美諸島内ではほとんど不可能であり、その大半が域外から移入されるため、工事費のほぼ八〇%は域外に還流した。[31]

次に一九七五年度と二〇〇三年度における奄美諸島内総生産の構成比の推移をみてみよう。一九七五年度における第一次産業は一二・七％（うち農業が一〇・〇％、水産業が一・六％）、第二次産業は二八・九％（うち製造業が一六・五％、建設業が一二・〇％）、第三次産業は五八・四％（うちサービス業が九・二％、政府サービス生産者が二〇・七％）であった。二〇〇三年度になると第一次産業は五・四％（うち農業が四・六％、水産業が〇・七％）、第二次産業は一五・八％（うち製造業が四・三％、建設業が一一・二％）、第三次産業は七八・八％（うちサービス業が二〇・五％、政府サービス生産者が二三・二％）であった（図3―5）。二〇〇三年度における建設業総生産額約三九四億円の内訳をみると、土木工事が約二七〇億円（公共工事が全額を占める）、建築工事が約九二億円（うち公共工事が約二八億円、民間工事が約六四億円）であった。[32] 第一次産業と第二次産業の割合が半分程度に縮小した分、第三次産業が拡大した。建設業の大半を公共事業が占めている。農業、製造業等、物を島内で生産するよりも島外から移入する傾向が高まり、公共事業依存型の経済構造になったことが分かる。

公共事業は短期集中的に行われ、農林水産業や大島紬製造業等に比べて高賃金が支払われるため、土木建設業に労働力が流れ、第一次産業や製造業の発展を阻害してきた。工事費や労賃が支払われ、消費が増大し、飲食業やサービス業等の第三次産業が全産業に占める比率が高くなった。[33]

奄美諸島において、公共事業の受注業者は、国・県・市町村の政治家や行政機関と深く結びついているといわれている。そのため、選挙運動が激しくなる傾向にあり、「土建屋選挙」と呼ばれている。選挙が人々の間に憎しみと不信をかきたて、地域社会から家族の中まで対立の構造が持ち込まれ、選

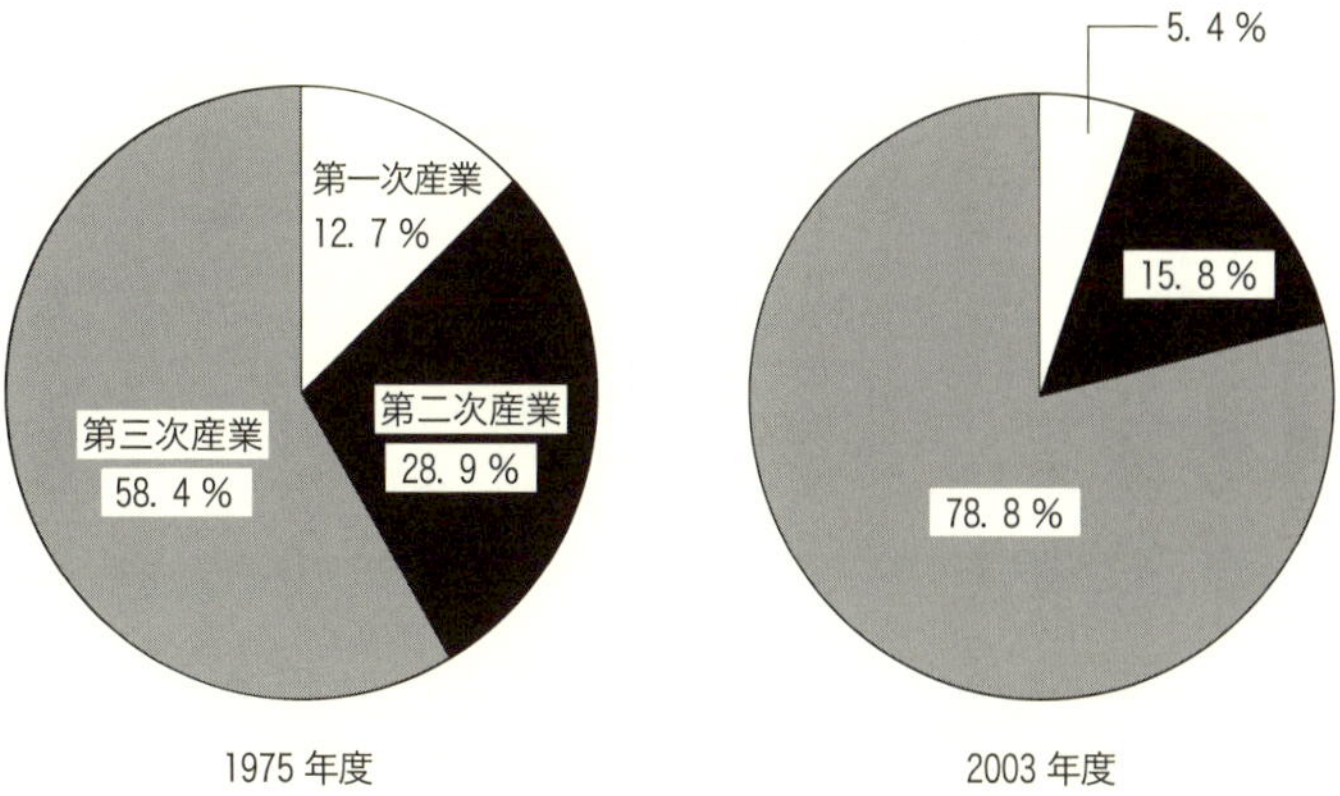

図3—5　1975年度・2003年度における奄美諸島内総生産の産業別構成比
第一・第二次産業の割合が半数近く減少しているのに対し、第三次産業の割合は大幅に伸びている。

挙に嫌気がさして島から離れる人もいるという。[34]

大島紬の生産額は一九八五年の約二五一億円から二〇〇〇年には約三〇億円に減少した。紬業従事者数も一九八〇年の一万七一三四人から二〇〇〇年には五一〇三人に減った。大島紬の鹿児島市内の産地は生産の効率化のために作業過程に機械を導入するとともに、日本各地に産地が形成された。さらに一九七〇年、鹿児島市の織物業者が韓国へ技術者を送り、韓国人労働者を使って紬生産を行うようになった。その後、フィリピン、マレーシア、中国でも大島紬が生産された。[35] 大島紬の近代化、分業化、大量生産化が進められたにもかかわらず、紬産業自体は縮小化の傾向にある。近代化によって島の経済が悪化した事例であるといえよう。

先に論じたように、補助金により畑地の整備が進んだ。しかし、サトウキビの産出額は一九九〇年の約一一五億円から二〇〇三年には約八四億円に減少した。また公共事業により漁港、製氷施設等の水産業関連が整備されたにもかかわらず、水産業は衰退傾向にあり、二〇〇三年の水産業の総生産額は約二七億円にとどまった。[36]

農家はサトウキビのほとんどを、製糖会社に原料として販売し、生産された砂糖の大半は、奄美諸島外に出荷される。黒糖焼酎の原料である黒糖の大部分も南琉球で生産された物である。大半の花卉や輸送野菜、大島紬の九〇%以上は島外に搬出される。大島紬の原料である絹はほぼ一〇〇%移入に頼っている。奄美諸島は土木建設業、公務サービス等の比重が大きく、島外からの資金に大きく依存している。[37] 奄美諸島の経済は島外の経済動向に左右される不安定な構造になった。日本政府、鹿児島県等、外部の機関に対する依存度を深め、それらの支配・管理を受けやすい地域になった。

奄美諸島に投じられた補助金も、島外企業の公共事業の受注、島外からの食糧や原材料の購入等で、島外に還流していく。このような現象は、「砂漠経済」、「ザル経済」と呼ばれている。[38] 開発によって本土との経済格差はむしろ拡大し、経済自立とは逆の方向に向かっているといえよう。

一九七〇年代以降、北琉球は南琉球の振興開発政策に影響を受ける形で、公共投資が増大してきた。これまでの開発の結果、経済自立は達成されず、自然が破壊され、文化が衰退し、従属度が一段と深まった。公共投資は収益をもたらさず、消費と生産との連関度も弱く、資本蓄積も進まなかった。南琉球も同じような状況にある。「日本復帰」後の大転換は、琉球弧の島々における開発行政が失敗した時代として総括できよう。

第二部　琉球の開発と密接に結びつく米軍基地

日本では、世論調査をみても日米安全保障条約、日米同盟を支持している人が多い。米国に頼っていれば、日本は経済的に安定し、国際政治においても大国として振舞うことができると考える日本人も少なからずいる。日米同盟体制の存続にともなって、琉球人が被る犠牲をわが身のこととして本気で考える日本人は少ないのではないか。琉球に対しては賠償金として相応の補助金を提供すれば、基地問題は解決されたと考えてもいいとする人も見受けられる。琉球内でも、基地を交渉のカードにして補助金の増大を願う人びともいる。

本章では最初に、観光、拠点開発主義、米軍基地の三位一体構造について考察した上で、基地と密接に関係している開発や経済学の問題性について論じる。そして基地依存構造の実態、経済条件闘争としての基地問題について考え、脱基地の方向性を探ってみたい。

第四章　琉球の開発と米軍基地

第一節　拠点開発主義の展開

琉球の工業化

南琉球の「日本復帰」に備えて用意された開発手法は、拠点開発方式である。一九七〇年、琉球政府によって作成された長期経済開発計画は、日本政府の新全国総合開発計画をほとんど真似て作ったものである。長期経済開発計画において重化学工業化、石油化学コンビナート化、臨海工業地帯の形成を目指し、一〇年後に南琉球の所得水準を日本列島並みにし、人口は一〇〇万人を越えるこ

図4―1　埋立地

沖縄島東海岸を埋め立ててつくった中城湾港新港地区。1984年から埋め立てが始まった。工業団地・特別自由貿易地域等がある。

とが目標に設定された。[1] 拠点開発主義とは、工業地帯、石油化学コンビナート等の大規模な開発拠点を設置することで、その周辺地域にも経済効果が及び、地域全体に経済成長がもたらされるとする開発手法である。

琉球政府企画局は、鹿島臨海コンビナート方式を沖縄島の東海岸にある金武湾地区に導入しようとし、鹿島開発の立役者である下河辺淳を企画局に延べ四〇日招聘し、計画を作成した。[2] 琉球政府は長期経済開発計画の中で「本県の海岸は安価で容易に埋め立てができる」と宣伝し（図4―1参照）、埋め立て申請者には海岸公園内であっても埋め立てを許可した。琉球政府は一九七二年、与勝《よかつ》海上政府立公園の指定を解

図4―2　石油備蓄基地

沖縄島勝連《かつれん》半島の沖合いにある。

除した上で沖縄三菱開発に外資導入免許を与えて、平安座島《へんざじま》と宮城島《みやぎじま》との間の公有水面を埋め立てさせた[3]（図4―2参照）。

琉球開発の構想として次のような案も示された。大型港湾を中心とした臨海型工業地域の形成を目指し、電力・水等のインフラを整備すると同時に、本格的な国際空港をつくることによって、国内外の人間や物資の移動を増大させて観光産業の成長を図る。そのため沖縄島西海岸、特に恩納村一帯に、宿泊・娯楽の施設を配置し、ビーチ、海中公園、ゴルフ場等を有機的に組み合わせて観光開発を促進する。[4]「復帰」前、工業化と観光化が南琉球において比較優位の産業であると考えられていた。工業化と観光化はその性質上相反する産業同士であると思われるが、琉球の開発という目標達成のためには最も生産性が高い産業であるとされた。
「復帰」前、南琉球における工業化の可能性に関して次のような議論が行われた。

①「沖縄はとくに工業化の分野では未開発であり、そのことは、〝後発の利益〟をフルに受けることができるばかりでなく、過去の因縁にとらわれる必要がなく、〝白紙に地図〟をひくがごとく、思い切った開発策を立てることも可能であることを意味する」(5)。琉球を無人島であるかの如く考え、どのような種類の開発も可能であるとの認識がみられる。

②「石油基地（CTS）、石油精製、石油コンビナート、アルミ・アルミナ精錬が組み合わされた一大巨大基幹工業基地として沖縄が飛躍的発展をすることもけっして夢ではあるまい。こうして一つの軸または核（石油とアルミ工業）ができあがると、大小さまざまの企業が周辺にはりついて一大工業団地が形成されることになる。苫小牧の場合、肥料工業、ソーダ工業、木材工業等の中小企業約百社が昭和五〇年までに完成されるといわれているが、このような構想は、当然沖縄にも適用されてよいであろう」(6)。日本本土で実施されていた拠点開発主義が琉球にそのまま適用されれば、自動的に琉球の経済自立が達成されるという、機械論的経済観が伺える。

③「われわれは、沖縄の開発を進めるに当たっては、本土の人間が、物心両面にわたる積極的な協力の姿勢をとることが必要であることを強調してきた。同時にまた沖縄の人間にとっては、経済発展に随伴する社会的混乱をさけるためにも、物心両面において犠牲と努力を払う覚悟が必要で

あることをも同時に指摘しなければならない[7]」。開発を推進するにあたって、本土各地でみられた公害反対運動を琉球人が起こさず、公害に耐えることが期待されていた。現在の米軍基地問題の場合と同様に、琉球人は常に忍耐や犠牲を求められる存在であり続けた。

④「われわれは沖縄開発という偉大な実験が、東南アジア開発に対する日本の熱意と能力をテストする重大な意味をもつものであると考える。沖縄開発のための費用は、つづいて展開されるであろう東南アジアに対する援助計画のための研究費ないし調査費であると考えるべきであり、これから得られた種々の教訓やデータは、世界にむかって開かれるべき性質のものである[8]」。琉球は日本の実験場であり、日本の東南アジア進出の拠点としても位置付けられた。第二章でみた西表島を対象とした高岡構想も、同様な認識の下に作られた開発計画であった。

琉球における開発の目的は、域内経済の発展、地域住民の生活水準の向上だけではなく、日本全体の経済発展、国民全体の生活水準向上をも含むものであった。琉球は国土開発、産業基盤の強化、国民生活基盤の整備の一翼を担うことが期待された[9]。「国土開発の中の沖縄県」という側面が強調された。地域主義や自治と、国益が乖離し、前者が軽視された開発であった。

国益の立場から琉球は「南方経済圏への拠点」という性格が付与された。琉球を国際化し、都市化させるために、那覇市とコザ市（現在の沖縄市）を地方中核都市として整備し、その都市機能を日本の首都圏と連結させる。情報や交通をネットワーク化し、日本の都市や諸外国と琉球を結ぶ。そ

のためには大型港湾の建設、国際空港の整備拡張、琉球内の交通網の整備が必要になる。(10)

拠点開発主義の失敗

以上のような構想に基づいて、サトウキビ畑の大半が工場用地となり、沖縄島の勝連《かつれん》半島沖にある平安座島に石油精製工場が建設された。石油基地からの排水、タンカーからの漏油、中和剤の海中への投入等により、沿岸の海水は汚染され、漁獲量が激減し、獲れた魚でも油の臭いで売り物にならなかった。何百という蛸壺が破壊され、モズクがほとんど採れなくなった。若者は島からはなれ、六〇〇人余りいた漁師も激減し、住民も新鮮な魚ではなく、冷凍魚を食べて生活するようになった。(11) 工場からの悪臭は平安座島、宮城島《みやぎじま》、浜比嘉島《はまひがじま》まで漂い、住民は頭痛、めまい、吐き気を訴えた。与那城《よなしろ》村議会も工場に悪臭の防止を迫った。(12)

一九七三年、「宮城島土地を守る会」、「与勝の自然と生命を守る会」、「具志川《ぐしかわ》市民協議会」、「金武村自然と生命を守る会」、「宜野座《ぎのざ》生活と環境を守る会」、「中城《なかぐすく》石油基地反対同盟」等により、「金武湾を守る会」が結成された。「守る会」は金武湾地区のさらなる開発に反対するとともに、琉球弧の島々やパラオにおける環境保護運動とも協力しながら、石油化学コンビナート建設計画を押しとどめる運動を繰り広げた。(13)

琉球の拠点開発主義は成功にはいたらなかった。琉球が工業化に失敗した原因として、米軍基地の存在をあげる次のような議論がある。「一九五〇年代に、沖縄は同じ『アメリカ人』によって、工業化とは正反対の非生産的な『基地建設』に熱中させられ、工業化に必要な知識と技術の習得、道路、港湾、空港などの社会資本整備を後回しにされてしまったのである。このため、ある程度の産業資本を整備し、日本や米国から工業技術の習得も始めていた四匹の小龍たちが、工業化への大きな『追い風』として使った朝鮮戦争やベトナム戦争の『特需』の恩恵をも、沖縄は浴する機会を逸してしまった。〔中略〕離陸できなかった沖縄は、工業化の初期段階で必要な学習をする機会を、米軍の占領政策のなかで失ってしまったため、現在の状況があるといえるであろう(14)」。

工業化失敗の原因を米軍基地の存在に求めている。しかし、米軍基地が仮になければ琉球は工業化に成功していたと簡単に言えるだろうか。東アジアの新興工業国・地域が発展した背景には、歴史的要因や地理的要因だけでなく、労働者の技能や勤勉意欲、資源の賦存量、経済政策、大国からの経済支援や経済投資等があり、琉球とは全く異なる経済環境にあった。また、そもそも文化、自然が豊かな琉球において工業化は是とされるべきものだろうか。

米軍基地と拠点開発方式は類似の性格を有している。琉球の米軍基地は日本の安全保障体制の根幹であり、国益と直結している。同じように、琉球の拠点開発主義も国家戦略の中に位置付けられ、日本の南方地域への進出拠点としての機能が期待されている。琉球の都市化、国際化も南方への経済的拡大が意図されている。軍事的にも琉球は東アジア、東南アジア、南アジア、中東等の南への攻撃拠点である。島内の交通インフラ、島外の中心地域と琉球を接合させる高速交通網は、軍隊も利用可能である。近代化された島はそのまま基地としても代用することができる。また石油化学コンビナートと基地は、自然環境を破壊するとともに、地域共同体の中に賛成派と反対派の対立を生み出し、島の外部への依存度を深めさせる。開発地域や基地周辺の住民は人権侵害、環境破壊等を耐え忍ぶことが求められる。

拠点開発により琉球の対外的依存度が深くなり、琉球を他者がコントロールすることが容易になる。島の軍事基地化が進むことにより、琉球は容易に支配され、管理され、統御される場所になる。基地や拠点開発は雇用の機会を生み出すが、同時にそれらを通じて消費や生活の近代化が島嶼社会を覆い、近代化以外の選択肢が狭められる。

第二節　観光・拠点開発・基地の三位一体構造

沖縄県全域のリゾート化構想

南琉球の主要産業である観光業も、拠点開発主義を踏襲してきた。南琉球への観光客数が増大する契機になったのは、一九七五年に「復帰記念事業」として開催された国際海洋博覧会である。海洋博覧会の会場が沖縄島北部の本部半島に決定された理由は、北部一帯を新たな開発の中心にするためであった。沖縄島の南部と北部との間に高速道路を建設して、両地域における交通時間を短縮しようとした(15)。海洋博覧会も拠点開発主義の一つであった。しかし来場者数が期待された数を大きく下回ったため、投資した企業の倒産が相次ぎ、「海洋博不況」をもたらした。

一九九〇年に沖縄県庁は「リゾート沖縄マスタープラン」を作成した。これに基づき、翌年、リゾート法の指定を受けるため「沖縄トロピカルリゾート構想」が政府に申請された。同プランでは、ハワイ、オーストラリアのゴールドコースト、南琉球を結ぶ三角形が「リゾートのゴールデン・トライアングル」と名付けられた。同プランでは二〇〇〇年に観光客数を五〇〇万から六〇〇万人、リゾート関連収入を六九〇〇億円から八三〇〇億円に増加させる目標が示された。同プランの特徴は、沖縄県全域を「リゾート法」に基づく「特定地域」に設定したことにある。県土全域が「特定地域」になったのは日本中でも沖縄県だけであった。[16] 沖縄県全体が、大規模開発を目指すリゾート業者の前に差し出されたことを意味する。

「沖縄トロピカルリゾート構想」の内容は次の通りである。多様なリゾートニーズに応える様々な施設で構成される「総合リゾート」を形成する。沖縄県の各地域の特性を生かし、全域をネットワーク化し、「沖縄スーパー・メガリゾート」とする。宜野湾市、浦添市、那覇市をメイン・コア、名護市、宮古諸島、八重山諸島をそれぞれリージョナル・コア、名護市の部瀬名にあるブセナリゾートをパイロット事業として推進する。[17] 各地に重点開発地域を指定し、そこから他地域に経済効果を及ぼそうとしている。このように観光開発も、拠点開発主義の性格を色濃く有していることが分かる。

ブセナリゾートは、沖縄県庁、沖縄県観光開発公社、名護市役所、県内有力企業等による一〇〇%沖縄県内資本（二億円）に基づき一九九〇年に開業した。ホテルの客室は五三〇〇室、コンドミニアムは四四三四室であった。同リゾートで使用する水量は一日四万トンにも達した。ちなみに沖縄島で使用する水量が一日四〇万トン、名護市のそれが一日二万トンであった[18]。

リゾートと基地との類似性

フェンスで囲われたホテルの門では、米軍基地のゲートのように門番が出入りを監視している。ホテルのビーチは、基地のように金網によって囲い込まれている。琉球人は金銭を使う用事がないと、ホテルの敷地内に入ることができない。またリゾートが海浜を取り囲んでいるため、気軽に海や砂浜に出入りする機会も奪われた。

リゾート建設は地価の高騰をもたらし、周辺の住宅地の地価を押し上げ、住民の住宅取得も困難にしている。さらに地価上昇は農民の生産意欲の減退を招き、農地や牧場の売却によって離農者が増えている。海においてはホテル、リゾート業者に漁業権が委譲され、漁業離れも進んでいる。リゾート開発に伴って上下水道の使用量が増加し、上下水道やゴミ処理施設の整備等で、財政が窮地に追い込まれた地方自治体も少なくない[19]。

米軍基地内ではレストラン、ファーストフード店、バー、スーパー、映画館、本屋、各種ショップ等の娯楽施設が完備している。基地は軍事訓練をする場所だけでなく、人間としての兵隊を再び戦場で戦わせるためにリフレッシュさせる場所でもある。観光地でも兵隊の姿をみることができるが、リゾートで気分転換を図っている。基地の外にある観光地は基地の延長線上にあり、基地と同一化している（**図4—3**）。また米軍は日米地位協定に基づき、観光用に建設された道路、港や空港

図４—３　基地周辺の産業

中古車販売業、軍払い下げ店、ライブハウス、バー、住居賃貸業等があるほか、軍人はリゾートなどの観光施設も利用する。

等のインフラを軍事的理由で利用できる。日常生活と軍事との間の境目が見えなくなり、有事になれば戦闘に住民が巻き込まれる可能性が高いのが琉球の現状である。

ハワイやグアムも琉球と同じように観光地であるとともに、基地の島でもある。ハワイのワイキキビーチには米軍専用のホテルがあり、海浜の一部も米軍人用とされている。米軍隊の休暇地としてハワイやグアムが利用されたことが、観光地として発展する要因になったといわれている。グアムの全面積の約三分の一を米軍基地が占めている。大規模軍事演習が行われると、米軍人は島内のホテルに宿泊し、飲食店を利用するため、グアム商工会議所は

図4―4　グアムの主要道路「マリン・コープス・ドライブ」
手前をクリントン大統領が乗った車が走っている。道路は戦闘機が離発着できるように設計されているという。

地元経済の活況につながるとして米軍基地の増強を望んでいる。グアムの主要道路であるマリン・コープス・ドライブ（海兵隊道路）は観光にとって欠かせない道路であるとともに、島の北部にある空軍基地と南部になる海軍基地を結ぶ軍用道路でもある（**図4―4**）。基地内だけでなく、グアム全体が軍事的機能を果たすように島の開発が行われてきた[20]。

琉球の米軍基地は金網で住宅地と仕切られているが、基地内外の出入りは手続きさえ踏めば住民であっても可能である。琉球人の中には基地内の軍人家庭にホームステイし、基地内大学に就学し、基地内の飲食店や商業施設を利用する人もいる。ホテルが集中している沖縄島中部地域は基地が特に多い場所である。日本政府の補助金による大学院大学も中部地域の恩納村に建設される。沖縄島中北部地域に基地関連の補助金が投下され、開発が進んでいる。中北部地域の風景をみても、観光・開発・基地の三位一体性を確認できる。

基地やリゾートを拠点にして、経済効果が周辺に波及することが期待されている。両者の違いは基地収入の多くが純利益になるのに対し、観光業の場合は粗利益であり、本社がおかれた日本列島に利益が還流する割合が大きいという点にある。基地に反対する人も、観光業は「平和産業」であるとして観光業に対しては肯定的に考える人が多い。しかし、観光業と基地の性格は類似しており、米軍にとっても観光業は重要な役割を果たしている。

開発や市場経済と、軍事基地とは次のような共通性をもつ。両者とも利潤の獲得、敵の壊滅という、目的達成までのスピード、効率性が求められる。観光業が成長するためとして、琉球人は「何の問題もない楽園」で生活する、「やさしく、素朴で、ホスピタリティーにあふれる人間」という画一的な人間像を装うことが求められる。観光業者は、琉球の稀少資源（自然、伝統的生活内容、文化・歴史的遺産・遺物等）を商品化し、最大限の利益をあげ、競争に打ち勝つ合理的経済人とならなければ企業として生き残れない。基地の場合は、「敵を殺戮する勇敢な軍人」である。軍事基地は二四時間の監視体制のもと、同質的な軍隊を擁し、「文明」の立場から「野蛮」とみなす敵を暴力によって統御しようとする。同時に、開発を是とする発想には、自然を「野蛮」とみなし、開発、近代化を「文明」と考える傾向がみられる。軍事基地、開発とも「文明」によって「野蛮」な状態を正すことが目標に据えられる。西表島のリゾート開発のように開発は一定の手続き、法や規則に従えば、反論を許さず、強制的な執行力、暴力性をもつ。

観光・開発・基地は相互に関連しながら、琉球人を他者依存にし、他者による管理を容易にしてきたといえる。

観光業は、観光客が島にやってこないと利益があがらない。観光業に依存する住民は、常に観光客の気に入るように心を砕き、島を改変していこうとする。二〇〇一年九月十一日に米同時多発テロが発生した際、南琉球に観光予定であった多くの団体旅行がキャンセルした。基地を抱える南琉球もテロの対象になると観光客が恐れたからに他ならない。「癒しの島」から「怖い島」に琉球のイメージが変転したのだ。世界情勢の変化により、南琉球の観光は大きく左右されるという不安定性を抱えている。

米軍基地の維持と交換する形で実施されている経済振興策も、日本政府の意向に逆らうと凍結、または減少という揺さぶりを琉球人は受けてきた。

開発によって、貨幣がないと生きていけない生活空間が広がり、琉球人は貨幣、市場経済に大きく依存するようになった。だが本来、琉球弧は自給自足できるほど豊かな自然環境をもっており、外部からの資金が投下されなくても、人間は長期にわたりこの島々で生きてこられたのである。

第三節　琉球開発に対する「評価」の再検討

南琉球経済の問題性

一九七二年から二〇〇二年まで沖縄振興開発計画が実施された結果、南琉球の経済状態はどうなったのだろうか。二〇〇二年における一世帯当り貯蓄額は五八六万円であり、全国の一世帯当り貯蓄の三五％にしか過ぎない。貯蓄は年間収入をわずかに上回る程度であり、全国で最下位である。南琉球の一世帯当り負債額は五五五万円であり、全国の五五一万円と同水準であるが、南琉球は全国で唯一負債が収入を上回っていた(21)。つまり借金してでも消費しようとする傾向にあることが分かる。南琉球は多重債務者の数も多いといわれている。

南琉球の景気動向において主導的な役割を果たしているのは、高い消費性向である。借金して消費することは経済学上では好ましいことになる。人間の欲望を掘り起こし、増大させることが資本主義の原動力だからである。近年、南琉球では大型スーパーが相次いで建設され、それだけ人々の欲望も刺激されている。土地が狭く、資源のない琉球では経済発展のために、人々の欲望増大に期待する向きがある。近代経済学者は、より多く消費する人が少なく消費する人よりも「暮らし向きが良い」と考え、年間の消費量に従って「生活水準」を測っている(22)。しかし、閉鎖空間である島嶼では消費の増大にともない廃棄物も増えやすく、生活環境の悪化を招いている。

さらに琉球の観光業が発展するにともない、文化、自然、生活を含む琉球全体を観光資源化しようとする勢いがみられる。観光資源化は、コモンズとしての琉球の「囲い込み」と言い換えることができよう。イリイチはコモンズの囲い込みについて次のように述べている。

「囲い込みは、環境に対する社会の態度が根本的に変わったということを示しています。以前には、どのような法体系においても、ほとんどの環境がコモンズとみなされていました。暮らしに必要なほとんどすべてのものを、大部分の人びとは、市場に頼る必要もなくそこから引き出すことができたのです。囲い込みののち、環境は、第一義的には、『企業』のための資源となりました。企業は、賃労働の組織化によって、自然を、基本的（依存）欲求《ニーズ》の充足のために消費者が頼らなければならない財とサービスに変質させたのです(23)」。

琉球のコモンズが観光業者により囲い込まれることで、環境は企業の開発資源とされ、住民はニーズを充足するために市場に依存するようになったのである。

琉球の自然、生活内容、文化遺産等は本来、琉球人の生活の一部であり、琉球人のアイデンティティの重要な拠り所であった。しかし、これらのものは観光業者により商品価値が与えられ、稀少な資源となった。観光客の「癒されたい」という欲望を充たすために、観光業者は琉球人の魂、精神の土台を売って貨幣を蓄積することが可能になった。現在は「沖縄ブーム」とされているが、それは琉球人の重要な拠り所をめぐって展開される、欲望の増大現象であるともいえよう。稀少性の開発が推し進められ、あくなき欲望の渦が琉球において生み出されているのである。

南琉球経済の成長過程をみてみよう。一九七二年度の名目県民総所得は約五〇一三億円であったが、二〇〇一年度のそれは約三兆七二三七億円へと七倍以上の増大を示した。一九七三年度、一九七四年度、一九七五年度の経済成長率はそれぞれ四三・二%、二〇・〇%、一六・五%に達した。他方、名目国民所得の推移をみると一九七二年度が約九六兆五三九〇億円であったが、二〇〇一年度には約五一一兆一四四〇億円になり、約五倍に増大した。一九七二年度から二〇〇一年度における年平均名目成長率が七・六%であったのに対し、全国のそれは五・九%であった。[24] 全国以上に南琉球の経済が急成長を遂げた、つまり開発、近代化が急速に進められたといえる。

名目県民総所得の構成比は次のような形で推移した。一九七二年度における財政支出が二三・五%、民間企業設備投資が一七・六%、軍関係受取が一五・六%、観光収入が八・一%であった。二〇〇一年度になると、財政支出が四一・四%、民間企業設備投資が一一・九%、軍関係受取が五・一%、観光収入が一〇・二%となった。同期間における全国平均の財政支出の割合は一七・九%から二三・八%になった。[25] 南琉球の財政依存度が全国平均の二倍近くにまで達している。経済成長は財政支出によって支えられていたことが分かる。また観光業が発展したといっても、財政支出の約四分の一程度しかない。

一九七二年度から二〇〇四年度までの沖縄振興開発事業費の累計額は約七兆五九六八億円となる。

全体の九二・三％（約七兆一二七億円）が公共事業に投じられた。公共事業の内訳をみると、全体の三五・五％が道路、一八・〇％が下水道水道廃棄物等、一二・三％が港湾空港、一一・五％が農業農村整備等である。(26)

上の数字から読み取れることは、道路や港湾空港の整備により島のスピード化が推進されたこと、近代化にともない廃棄物の量が増大したこと、大規模な農業農村整備が実施されたことである。公共事業により島はコンクリートやアスファルトで覆われ、農地改良事業の過程で赤土が海に流れ珊瑚礁が破壊された。

公共投資により道路が整備されたが、その分、自動車数も増えた。二〇〇一年、自動車渋滞による経済的損失をみると、沖縄県は東京、大阪に次いで第三位であり、年間約一六〇六億円の損失額となった。(27)

二〇〇三年の南琉球における企業倒産（負債総額一〇〇〇万円以上）は一一九件、負債総額は約五四四億円に達した。業種別にみると最大が建設業の五九件であり、第二位の卸・小売業二八件の約二倍となった。(28)公共事業によって建設業は過当競争に陥り、倒産せざるをえない企業が生み出され、その分、失業者も増大した。公共投資が景気を良くするのではなく、倒産を増やし、人々の生活を不安定にしている。

南琉球において「復帰」後三〇年で二五〇〇ヘクタールから三〇〇〇ヘクタールが埋め立てられた。一九九九年から二〇〇〇年にかけて全国一位の埋め立て増加面積を記録した。一九九五年から五年間をみても一位の兵庫県と大差なく、沖縄県は第二位の埋め立て面積を記録した[29]。珊瑚礁は津波、高潮、台風等に対する防波堤の役割を果たしている。珊瑚礁を埋め立てて海岸線を沖に延ばした結果、人工の防波堤が必要になった。つまり公共投資が新たな公共投資を生み出しているのである。県民総所得をみると、財政支出が大きな割合を占め、経済格差も解消されず、開発計画の目標とされた「経済自立」からさらに乖離する状態が続いている。

南琉球と日本本土の間には次のような経済格差がみられる。二〇〇三年における完全失業率は南琉球が七・八％、全国平均が五・三％であった。同年における南琉球の平均賃金が約三二万であるのに対し、全国平均は約三九万であった。二〇〇一年度において、南琉球の一人当たり県民所得は全国平均の六八・九％でしかなく、全国最下位であった[30]。

開発に対する琉球側の認識

二〇〇三年以降の南琉球における開発の方向性を決める沖縄振興計画の内容を巡って、沖縄県議会で以下のような議論が展開された。「新たな沖縄振興に当たっては、今後とも国の責務による支援が必要であります。そのため、沖縄振興新計画については引き続き国の責任で策定されるとともに、これまで大きな役割を果たしてきた社会基盤等に係る高率補助等特別の措置を講ずることについても、現行のまま沖縄振興新法に引き継ぐ必要があるものと考えております[31]」。沖縄県庁側から高率補助の継続を求めており、国への依存度を深め、それから抜け出そうとしておらず、国に新計画の策定を求める他人任せの姿勢が明確である。

日本列島との経済格差が縮まらず、経済自立という目標が達成できなかった原因について、沖縄県庁側は次のような見解を示した。「本県の産業振興等については当初の期待どおりの成果を上げておらず、所得格差や失業率等本土との格差も依然として存在しております。これは、本土市場との遠隔性や資本蓄積の不足、企業規模の零細性等本県経済の条件に加え、二度にわたるオイルショックや円高不況、近年のバブル経済崩壊等、内外の経済情勢の変化により企業立地が期待どおりには進展しなかったことなどが大きく影響しているものと考えております(32)」。国内外の経済環境が変化して企業進出が進まなかったと、責任を外部に転嫁している。資本蓄積、つまり一層の開発が必要であることが示唆されている。

これまでの振興開発を正当化する根拠として、次のような主張がなされた。「沖縄は二七年間平和憲法の適応から除外させられ、米軍と米国民政府のもとに琉球政府を運営せざるを得なかったという日本という国の中で唯一の歴史的な体験の事実。そして一九七二年の復帰後は、その事実から派生してきたさまざまな本土との格差と差別を背負いながら生きてきた私たち沖縄県民への償い、責務として国の責任を明確にしたのが今日の振興法であります(33)」。琉球の開発、近代化が、日本政府による琉球人に対する償い、責任という道徳的、心情的理由に基盤を置いていることが分かる。日本政府の琉球に対する政治的、心情的な責任問題が開発によって解決可能であるとの認識が伺える。本当にそうだろうか。日本人、日本政府による琉球人、琉球に対する差別問題は、開発によって償えるものではない。むしろ振興開発と基地との交換関係によって琉球差別が助長されている。

今後の開発については以下のような方向性が示されている。「自立的発展の基礎条件整備については、本県経済の牽引役として期待された製造業が、本土市場との遠隔性や資本蓄積の不足等により総じて立ちおくれております。また、広く我が国の経済社会及び文化の発展に寄与する特色ある地域としての整備については、ハブ機能を有する空港・港湾施設、陸上交通・情報通信基盤や人材の育成・確保などの面で多くの課題が存在しています」(34)。製造業、交通・通信インフラの整備、人材育成等が今後の開発課題とされている。しかし「復帰」後の開発も同様な内容であるにもかかわらず、自立的発展を実現できなかったという失敗の経験が活かされていない。

二〇〇三年から実施されている開発計画は「新たな沖縄振興計画」と命名され、これまでの「沖縄振興開発計画」にあった「開発」という文字が省かれた。議員側から今後は「開発」を重視しないのかという質問が出され、沖縄県庁側は次のような回答をした。「沖縄振興新計画においては、持続的発展を図るため基盤となる社会資本の整備を引き続き進める必要があります。那覇空港の沖合展開等の空港を初めとする港湾、道路などの産業インフラの整備や基地跡地の有効利用に伴う開発整備、生活環境施設等の整備など重要な施策・事業が山積みしており、引き続き開発を進めていくことに変わりはありません」(35)。今後とも琉球には開発が必要であるという認識に揺らぎはない。

これまでの琉球開発の中心的課題とされていた、「本土との格差是正策」については次のように考えられていた。「本土各県より整備がおくれている分野について、基盤整備等を積極的に推進して追いっこうとするキャッチアップの論理である格差是正は、これまで本県の振興開発を進める上で一つの理念として大きな役割を果たしてきたものと認識しております。しかしながら、基礎的な社会資本等の整備が着実に進展してきた今日、依然として残された格差の是正を引き続き図っていくことは当然でありますが、後追いの論理を超え、二一世紀初頭の沖縄の可能性を自ら切り開いていく前向きの新たな目標を設定すべきものと考えております[36]」。つまり、「開発」の看板を取り外しただけであり、開発による弊害を反省した上で、これまでとは異なる発展のあり方を目指したわけではなかった。琉球は経済的に劣っているから、近代化する必要があるという格差是正策は現在も消えていない。

沖縄県庁を政治的に追及する立場にある野党革新側の議員も以下のように主張している。「第三次にわたる振興開発計画における『格差是正』のよって立つ根拠は、去る沖縄戦や二七年間にわたる米軍支配による歴史的、政治的な格差である。この『格差是正』の考え方を排除ないし希薄にしていくことは、日本政府の責任、ひいては予算要求の根拠をみずから失わしめることになると思う[37]」。

琉球の保革を問わず「格差是正」、「高率補助」、「開発」を求めている。また日本政府を追及し、責任をとらせる「賠償金」として補助金が認識されている。太平洋戦争で日本が被害を与えた諸国に対してODAが提供されてきたが、南琉球に対する補助金政策はODAの国内版といえようか。琉球人が自ら開発を追い求め、基地被害や沖縄戦という悲惨な体験までも補助金を得るための材料にしている。日本政府の責任を追及する手段として「格差是正策」は考えられており、琉球人は島の開発を国の当然の義務とみなし、開発に対し傍観者的立場にたった。開発が失敗しても日本政府の責任を問えば済むという、琉球の開発を他人任せにする風潮が生れたのではないか。

また琉球の開発を正当化する、次のような言説もみえる。「これまでの長い間に沖縄が受けてきた損失の補償、経済のゆがみを強制されてきたことに伴う損失の補償を含めて考えなければならない。これが前提にならないと、到底沖縄経済を正常な路線に乗せることはできないように思うのです」[38]。琉球の経済構造は歪んでおり、補助金によって「正常な経済」を築くことができるという見方である。琉球は「正常ではない、歪んだ経済」であるという、劣等感が開発を後押ししているといえよう。しかし、「正常な経済」とは何であるのかという明確な定義はない。

琉球の歪んでいる経済構造を正常な形にするために、開発は当然のものとされてきた。一九七二年度における県内総生産の産業別構成比をみると、第一次産業が七・三%、第二次産業が二七・九%、第三次産業が六七・三%であった。二〇〇一年度になると、それぞれ一・九%、一五・四%、八七%となった[39]（図4―5）。「復帰」当初、第三次産業に偏重し、第二次産業、特に製造業の比重が小さい琉球経済は、正常ではないという烙印がおされた。第一次、第二次、第三次という産業の三つの区分はコーリン・クラークによる近代化論を踏まえている。これは第二次産業を中心とした工業化文明の発展を前提にした学説であり、必ずしも琉球が従うべき道ではない。第一次産業、第二次産業の発展を目指して公共投資が実施されたが、第三次産業の偏重がさらに進むという結果に終わった。

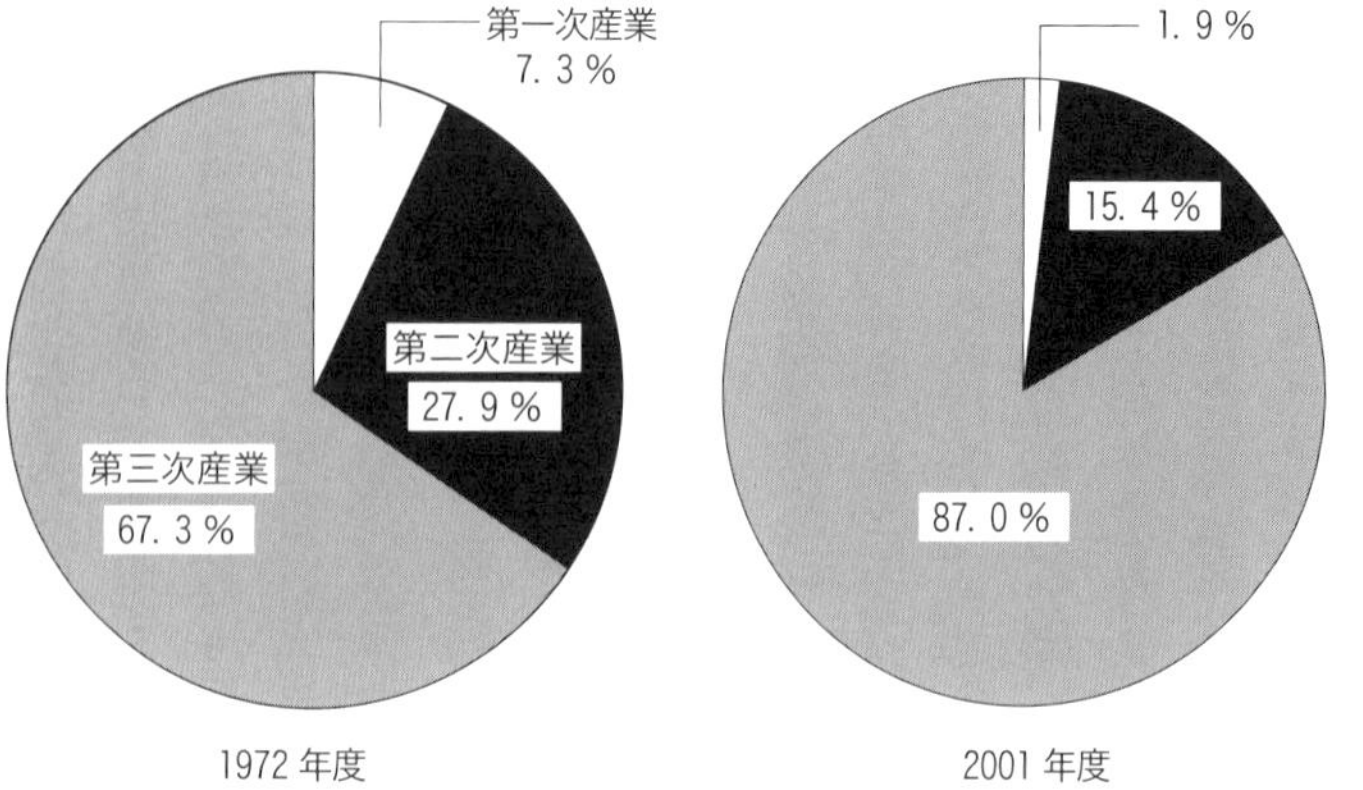

図4—5　1972年度・2001年度における県内総生産の産業別構成比
第一・第二次産業の割合が減少し、第三次産業の割合が伸びている。

また、開発の成功とは次のような状態を指すという見解がある。「よりよい雇用機会、よりよい勉学機会、よりよい遊びの機会、よりよい結婚の機会、または一般的な自由の空気を求めて、大都市とその周辺に移動します。開発された大衆ほど、その移動能力と意欲は強くなると考えてもよいと思います。これが開発の成功というべき成果だと思います[40]」。大都市への移動の結果として琉球の共同体が衰退し、現代的な都市社会が島嶼を覆うことが開発の成功と見なされている。経済の自立は、人々の信頼関係や相互扶助のシステムなど、日常の生活レベルで住民に安心感を与える社会資本が基盤になるべきであろう。開発により地域共同体が破壊されてしまうと、経済自立のための土台そのものが掘り崩されてしまう。

開発自体の評価としては次のような言説もある。「一時的な収奪のための乱開発はもちろんチェックされなければならないが、長期的な視点に立った環境整備のための開発、または地域の潜在的な生産力を掘り出す開発は是認され、推進されなければならない。一方また、住民の生活環境にマッチした自然環境の保全、さらに積極的な自然環境の補強は必要である。与えられた自然環境をそのままにしておいたのでは、住民の生活環境が破壊される（洪水・山崩れ・旱魃など）おそれのある場合、それらの自然現象は開発によって積極的に克服されるべきである[41]」。

琉球弧の開発によって生産力が掘り起こされ、自立経済に向かったのだろうか。自然災害を開発により無害化しようとしたが、多くの開発行為によって自然が破壊され、人びとの生活基盤が揺らいでいる。費用対効果計算に基づいた開発が実施され、効果が費用を上回ると想定されれば開発が認められてきた。しかし効果とは誰のためのものか、貨幣に換算されない費用は誰に転嫁されるのか、人間にとって本当の豊かさとは何かを考える必要がある。

第四節　琉球の経済学批判

他者を飼いならすツールとしての開発

琉球全体を市場経済に適合させるための手段が開発である。開発はすべてのものを数値化、つまり貨幣と交換可能なものにしようとする。また開発は組織化、機械化、分業化を進展させ、人間はその中の構成要素としての役割を十全に果たすことが求められる。中央部からの指令が貫徹し、末端部が合理的に、主観を交えず冷静に行動することで目的の達成が図られるという意味で、軍隊機構と共通している。

開発は、何が起こるか予想がつかない自然環境を改変し征服し、それを人間の管理下におくとともに、制度を均一化することで社会の文明化、無限成長の道を開こうとする。また経済学でいう合理的経済人を養成するために、教育や人材育成が重視される。これは人間開発とも呼ばれるが、自然と同じく人間をも管理しやすい要素にすることが意図されている。

エントロピー法則に基づき経済学批判を行ったジョージェスク＝レーゲンも、現代の経済学は、政治経済学から離れて、管理する科学になってしまったと指摘している[42]。

開発は人々の認識枠組みを規定する。振興開発のキーワードになった「格差是正」という言葉で、琉球弧は常に日本の後進地域として定められ、日本への従属関係が固定化された。琉球弧を日本と異なる地域として考えるのではなく、後進、未開発地域として規定してきた。開発とは他者を飼いならすツールであり、琉球弧は分析、認識の対象とされてきた。

「日本復帰」後、一〇年毎に振興開発計画が沖縄開発庁、沖縄総合事務局を中心に策定、実施されてきた。計画の中で数値化された開発目的を、有限な資源を効率的、合理的に使用することで実現しようとした。しかし振興計画の年限が一〇年でなければならないという理由はない。他者によって決められた時間軸の中を琉球人は歩むことを強制された。琉球には多様な文化があり、様々な生き方をしている人々がいるにもかかわらず、特に経済開発に重点をおいて、琉球の総合計画が作られた。琉球の近代化が自己目的化し、自然、人間はそのための手段に成り果てた。開発は社会を大量生産、大量消費、大量廃棄体制に移行させようとし、同一価格、同一数量の製品を常に提供できるようにする。琉球という本来、多様な自然、文化、価値観を有する社会に対し、同一サービス、同一商品、マニュアルにより管理された労働者、全国均一の規格による施工等を特徴とする、コンビニ、スーパー、公共事業等を通じて、市場経済が島に拡がり、文化、景観、地形の画一化が進んだ。

これまでの開発計画において、琉球の都市化が開発の目標とされてきた。都市は標準化、単純性、一方向性、予測可能性、効率性と生産性にもとづいた機械論的あるいは技術的モデルを反映している。[43]社会の都市化が進めば、犯罪率が高くなり、人間の管理や監視も強化される。貧富の格差も拡大するだろう。一分、一秒も早く成し遂げること、完成することが生活や生産のペースとなり、人間は時間に追われる身となる。琉球人が享受してきた、ゆったりした生活空間も失われよう。生命、文化溢れる琉球を機械仕掛けの人工島にしてもいいのだろうか。

しかし、琉球における共同体構造の強さが財政依存を生んだとし、琉球の完全な市場経済化を主張する以下のような議論がある。「県内産業は保護・規制され、しばしば政治的・社会保障的見地から需要配分される狭小な県内市場（公共工事や消費需要）に依存し続けて共同体的慣習を残存させ社会組織の合理化を遅らせた。外部への発展の可能性を閉ざされた県内企業は世界市場のネットワークから孤立し、市場・技術情報が流入しにくくなっていった。〔中略〕沖縄社会は家族、村落、業界団体等広く相互扶助的身分保障的な共同体意識が強い。制度や財政への依存は米軍統治への抵抗や基地反対の感情と結びついて、政治的バーゲニングへの志向を強めたように思われる。〔中略〕小国の場合は香港やシンガポールのように徹底的に自由化して世界市場と連結する方が成功している。〔中略〕ムラ社会の束縛と身分保障は安逸の楽園だとしてもアイデアや創意・工夫や努力が率直に評価される市場の方が個人にとってはより公正な創造の楽園なのだと思う[44]」。

経済の保護主義が琉球の共同体社会を残存させ、それにより補助金依存の構造が生み出されたとしている。よって琉球の経済発展のあるべき道は社会の合理化、保護や規制の撤廃、経済の自由化という市場原理を導入することであるという論旨である。しかし、補助金依存の経済構造が形成された原因は、共同体社会の存在というよりも、琉球の米軍基地を永続化させるために補助金が戦略的に日本政府から提供されてきたことにあるといえよう。琉球が徹底的に自由化されれば、香港やシンガポールのようになり、個人にとっての楽園になるという保障もない。そもそも、自由な言論活動や政治活動が認められないように、人権抑圧状況がみられる香港やシンガポールが本当に楽園なのかも問う必要があろう。

開発の経済学の何が問題か

琉球の開発を学問的に推し進めてきたのが経済学である。経済学は稀少な資源をいかに合理的、効率的に使うかを目指す学問である。経済学上の稀少性とは、人間の欲望が無限であるのに対し、欲望を満足させる資源は有限であることから生じる。人間の欲望は地域、時代により、その内容や規模、満足のさせ方等が異なる。しかし、経済学では財やサービスを消費することで満足を得られる経済的欲求が最優先される。人間が商品によって自らの満足を得て、自己実現を達成できるようになったのはつい最近であり、琉球弧では完全に市場経済が貫徹しているとはいえない。市場経済のほかに、互酬、再分配の世界が琉球ではまだ生きている。

人間は所与として無限の欲望をもっているのではなく、メディア等により欲望が生み出されてきた。石垣島では一九九三年頃から民放二局の放送が始まり、大型スーパーも続々と建設されるようになった。テレビで宣伝している物がすぐ購入できる状況になった。子供の落ち着きがなくなり、物を大切にしなくなったという指摘もある。(45) 小さな島の中で情報、物があふれ、子供の心にも影響を与え始めている。

欲望により需要が生じ、市場が拡大する。貪欲な人間が評価されるような社会風潮が広まる。欲望の規模が相対的に小さい地域を停滞、後進地域であるとし、住民の欲望が増大することが地域の活性化であると言われている。消費の語源は、完全に取り上げる、貪り食う、浪費、破壊、使いきる、枯渇させる等を意味する。閉鎖空間である島において消費を煽ることで、島そのものが浪費され、破壊され、島の各種の資源も枯渇するだろう。

経済学によると、生産、つまり供給と、消費、つまり需要は「神の見えざる手」によって市場の中で調整される。しかし市場は万能であり、市場によって経済問題が解決されるのであろうか。経済活動を行う者同士の利害はかえって対立し、強者が弱者を支配するという、経済の従属構造を固定化する側面を市場は持っているのではないか。南琉球男性の自殺者増加、倒産、リストラ、失業、貧富の格差等の問題は、市場における自由競争によりさらに深刻化するであろう。

経済学は、ニュートン力学における摩擦のない、可逆的な時間が繰り返すという古典力学をモデルにして、歴史のない無時間の理論をつくりあげた[46]。琉球の開発計画も歴史性のない、無時間の体系であり、無限成長を前提にしている。歴史的、文化的蓄積の豊富な琉球に「人間の顔を持たない理論」が適応されることで、多くの問題が発生している。

琉球の開発計画は、歴史性を喪失した経済学を理論的基盤においている。同計画は、経済が琉球全体を規定しており、経済成長は何によっても制限されず、永遠に実現可能であるという想定を前提にしている。自然環境や人間は単なる生産要素でしかないとみなされてきた。自然や人間を資源として効率的に使用することで、生産性を高めることが経済学の目的となった。また経済学では現在の満足を満たすことが優先され、環境破壊や資源枯渇等の問題は副次的な扱いをされてきた。

しかし、経済はあくまで琉球社会の一部分でしかなく、経済発展の方向も島嶼の規模、その文化や歴史、自然環境等によって制約をうけて然るべきである。

このまま貨幣経済を最優先する開発計画が実施され続けると、経済が琉球社会のすべてを飲み込むまで拡大するだろう。すべてのモノが価格をもつようになり、人間は市場の奴隷となり、自然や生活が切り売りされ、それらの価値も減少していくだろう。

経済成長によって、人間の数や人工物のストックが増加し、廃棄場も拡大するにしたがい、一定の地理的空間が必要となる。島嶼の面積は限られており、無限成長は元々、不可能である。しかし経済学者が、琉球では経済成長が永遠に実現できるという幻想を振りまいてきたのである。琉球人はこのような幻想から目覚めて、島嶼という自然環境に根ざした発展のあり方を模索すべきであると考える。

第五章　米軍基地の経済学

第一節　基地依存経済の形成

戦後琉球社会と基地

米軍は琉球占領初期において軍用地に対してはもちろん、その後の新規接取地に対しても軍用地料を支払わず、無償のまま土地を利用し続けた。一九五三年、米軍は軍用地の拡大を目的にして住民の土地を強制収用するために、布令一〇九号「土地収用令」を公布した。その後、武装兵に守られた米軍のブルドーザーが、次々と琉球人の農地や宅地を更地にして、基地が建設された[1]。

毎年地代を支払う代わりに、地代に相当する資金を一括して支払う方が得策であると米軍は考え、地代の一括払い計画を発表した。それに対し、大半の住民は反対の意思を示した。一九五四年、立法院は次の内容の「軍用地処理に関する四原則」を採択した。①土地買い上げ、地代の一括払いは行わない、②使用中の土地に対して適正でかつ完全な補償をし、地代の額は住民の合理的算定による請求額に基づく、③軍隊による損害に対して適正賠償をする、④不要な土地を返還し、新規接収をしない、である。しかし、米国から派遣された調査団の報告書を基にして、一九五六年、次のような住民の意思に反するプライス勧告が発表された。琉球の基地の重要性を強調し、長期保有の必要性を再確認した上で、一括払い、新規土地接収を認めるというものである。同年、住民は四原則貫徹県民大会を開催し、プライス勧告に対して、反対の姿勢を示した。(2) 運動は南琉球全体に拡大し、島ぐるみ闘争と呼ばれた(図5─1)。

住民運動に対抗して、米軍はオフリミッツ(米軍人・軍属の民間地域への立ち入り禁止措置)を発令し、米軍人相手に商売をしている住民に経済的な圧力を加えるとともに、琉球大学への援助打ち切りを通告した。しかし、住民の反対運動が収まらなかったため、一九五八年、米軍は軍用地料の一括払いの中止を発表し、一九五九年に新土地政策(軍用地の取得、地代の評価や支払い方法に関する制度の確立)を実施したことにより、島ぐるみ闘争は収束した。(3)

一九五〇年代半ばから盛り上がった島ぐるみ闘争の結果、地代が上昇した。島ぐるみ闘争は反基地運動として主に政治史の言説の中で語られるが、経済闘争としての側面も強い。米軍が地代の一

図5―1　島ぐるみ闘争

プライス勧告粉砕に向け立ち上がった学生たち(1956年6月23日那覇高校)。
那覇市文化局歴史資料室編『写真でつづる那覇戦後50年　1945-1995』より

括払いの方針を撤回し、地代の適正補償を実施した。米軍が経済的に譲歩したことにより闘争は終焉に向かうとともに、琉球は基地経済への依存度を深めるようになった。

戦後、軍事基地の周辺に琉球の都市が形成された。沖縄島中南部地域の米軍基地の周辺や、基地と基地との間を結ぶ軍用道路に沿って市街地が生まれ、今日では沖縄島の石川市以南に約一〇〇万人の人口が集積するようになった。米軍基地を原動力として琉球経済の成長が促され、市街地も拡大してきたのである(4)。

一九五〇年初頭、米軍は沖縄島中部地域の東海岸にある金武湾地区に米軍物資の陸揚げ地を置き、天願地区に兵站部を設置した。その結果、両地域の周辺に人口が集中し、当時の沖縄島における経済活動の中心地となった。

しかし、米軍は南部の那覇港や那覇空港を整備し、兵站基地を浦添地区に移駐した。そのため、金武湾、天願の両地区の人口が激減し、都市機能が衰退した。米軍の主要な管理・作戦機能を有する基地が集中的に配置された沖縄島西海岸沿いの中南部地域に住民が集まるようになり、沖縄島の中核都市が形成された。(5) 基地の配置と都市の形成がパラレルな関係にあることが分かる。

戦前の南琉球の人口は六〇万人程度であった。それ以上に人口が増大すると日本列島、ハワイ、南米、東南アジア、ミクロネシア諸島等、域外に移住した。戦後、基地が建設されるに従い人口も増えた。一九五五年から一九六五年の間に、約八〇万人から約九三万四〇〇〇人へと一六%増大した。他方、同期間の鹿児島県の人口は約二〇万四〇〇〇人から約一八万三〇〇〇人へと一〇%減少した。基地経済のために人口扶養力が増し、人口の流出が生じず逆に人口が増えた。(6)

戦後の沖縄島の経済は基地の動向によって左右された。一九五一年から一九五三年にかけて沖縄島の経済は軍工事景気のために好況になった。だが朝鮮動乱を契機とした巨大な軍事基地の建設も一九五三年をピークに次第に下火となり、一九五四から一九五五年にかけて景気が停滞してきた。その後一九五五年に米海兵隊の大部隊が沖縄島に移駐したことにより、再び軍関係工事の発注が増大し、基地建設ブームの再現が見られた。一九五六年には軍用地代の三倍値上げ、軍雇用員賃金の引き上げ等が好況を後押しした。(7)

経済活動や生活の基本的要素である、資金、エネルギー、水資源等は琉球政府ではなく、米国民政府の直轄下にある琉球開発金融公社、琉球電力公社、琉球水道公社、琉球銀行（米側が五一%の持ち株取得）に委ねられていた。[8] 米軍が琉球人の生活、経済を支配して、基地経済と住民との関係がより深くなった。またエネルギー、水も基地に対して優先的に配分された。

基地が地元企業の発展を促したとの指摘もある。つまり沖縄島の建設業者は米軍からの大型工事の受注を梃子にしながら成長してきた。大規模な軍工事には重機械が必要になった。それにより施工技術が改善され、新しい機械の導入や工法にも進展がみられた。建設業者が軍工事を受注し、施工することによって、その下請業者や他の関連産業に経済的利得の機会を与え、琉球経済に直接的および間接的な波及効果を与えたという。[9] しかし、基地の工事にかかわった建設業は、その後、公共投資との関連を深め、今日では倒産件数の多い業種となっており、必ずしも基地需要によって経営能力が向上し、琉球の経済自立に役立ったとはいえないであろう。

開発のカードとしての基地

次のように、基地が有する経済的効果をさらに活用すべきだとの議論もある。基地内外における基地関連産業と他の域内産業との連携、技術を有する基地雇用者の域内産業への編入等が必要である。琉球における開発の課題は、基地撤去ではなくむしろ軍民の一体化、基地関連産業の民間部門への転換にある、[10] と。しかし、基地と民間部門との連関を強化することで、琉球がますます基地への従属度を深め、日米両政府の戦略の変更によって琉球の経済が左右されやすくなるだろう。

基地が有する経済価値を評価する、次のような指摘もある。「嘉手納飛行場は約二千ヘクタールであるが、沖縄本島中南部にはそれに匹敵するさとうきび畑がある。両者を純所得ベースで比較すると、軍用地料はさとうきび所得の約一二倍である。一二分の一の生産性しかないさとうきび畑を温存して軍用地を返還させ、そこに国際都市を形成すること、一二倍の生産性のある軍用地を凍結してさとうきび畑を転用すること、のいずれが経済的自立に貢献するかを基準に判断はなされるべきであろう[11]」。琉球弧に存在する全てのものが経済価値で判断され、サトウキビ栽培のような生産性のない業種は市場から撤退し、軍用地は温存すべきという市場原理主義がみられる。たとえ住民に様々な被害を与える基地であっても、経済効用が大きいことのみによってその存在が評価されている。人権問題、環境問題等、経済的価値に換算し、数値化するのが困難なことについては考慮されていない。

琉球のある企業経営者は、基地による経済発展について次のように論じている。「終戦後に行われた沖縄の基地化に伴う膨大な投資は、貧困な日本本土に先駆けて、まさに基地景気とおぼしき繁栄を沖縄にもたらした。そのため、多くの若者が職場を得、さらには基地内の高度な技術を身につける機会を得て育ち、また多くの地場産業が育ち、沖縄経済や国際化の基礎づくりができたといわれる。〔中略〕住民への騒音についての対策は一家一億円ぐらいの補償を出して移設先のニュータウン計画をするとか、その他の諸対策についても地域全体の総合計画を含めても一、二千億円ぐらいで済むはずである。加えてこの際に、北部振興策をより拡大した形で予算の配分をも交渉することである。いずれにせよ解決策は当事者である私たちが出すべきであり、反対ばかりで日本政府に投げかけることだけでは解決にならない」[12]。基地によって戦後の繁栄がもたらされたと述べている。しかし、琉球人が様々な被害を受け、恐れを抱いている中での経済成長は「本当の豊かさ」であるといえるのだろうか。苦しんでいる琉球の仲間を見ない振りをして、「経済効果」という名目で、基地関連の補助金を受け取ることを他の琉球人がこれ以上続けていいのだろうか。

同じ論者は、地方分権の議論の中で提示されている道州制と基地とを関連させて、以下のように主張している。「沖縄自治州の役割は日米安保の観点から基地を含めた防衛が含まれるであろうし、同時に自立経済策を考えなければならない。沖縄が防衛を負担する代わりに、日本政府が沖縄にどのような経済的支援をするかということになる。つまり基地は将来においても交渉のカードである。私たち沖縄の目指すところは、民主の安定と経済の自立発展である。〔中略〕特にこれからの世界経済の動向は大変予測し難く不安定である。その中にあって我々沖縄は、将来の経済的安定を長期にわたって計画しなければならない。一時的な感情や思惑で事を決め付けてはいけない」[13]。基地を、補助金を引き出すための交渉カードとして利用しようとしている。基地被害を金銭化することにより経済自立が実現するという考えである。基地をカードにして補助金をさらに獲得しようとすることは中央政府への依存であり、「経済の自立発展」や地方分権としての道州制とは矛盾している。しかし、基地を通じてであれ、カネさえ琉球に入れば、「経済自立」が実現し、道州制も成功するとの認識が伺える。琉球では「経済自立」という言葉が、本来の自立とは逆の意味内容で使われていることが分かる。

基地のメリット（①から④）、デメリット（⑤から⑧）として以下の諸点があるという。①基地は人口集積・集落形成の核になる。②基地は大きな雇用効果、したがって稼得機会を与える。③基地は多様な経済的需要を生み出す。④基地は利益社会的結合を形成させる。⑤基地は第三次産業、特に浪費型の産業のウエイトを重くする。⑥基地は社会不安をもたらし、犯罪等を多発させる。⑦基地は大きな外部不経済をもたらす。⑧基地は市民の自治を侵害する。(14)

基地のメリットを活かすことで経済効果をより大きくし、基地のデメリットを貨幣によって補償することが経済的な解決策とされることが多い。しかし基地のメリットを通じて、琉球と基地との関係が強化され、基地への従属を生むだろう。基地は一種の都市機能を有し、周辺に人を集め、雇用機会を与え、利益の獲得を目的とする人間関係が広がる。基地の政治経済的な運営は日米両政府によって行われるため、琉球は基地を通じて日米両政府の支配下におかれる。カネによって琉球人の人権問題は解決されないであろう。なぜなら、人間の存在や意味はカネでは償われず、人間はカネだけで生きているわけではないからである。

第二節　どれだけの琉球人が基地で生活をしているのか

基地の経済効果

二〇〇四年において駐留米軍人が二万二三三九人、軍属が一五〇三人、家族が二万一五一二人、合計四万五三五四人が沖縄島に住んでいた。[15] 二〇〇二年における軍関係受取は、約一九三一億円であった。軍関係受取の内訳は、軍用地料が約八六九億円、軍雇用者所得が約五四〇億円、軍人・軍属・家族の消費支出等が約五二三億円である。[16]

しかし、軍人・軍属・その家族の消費支出等はさらに多いとの指摘もある。ドルと円との両替総額が正確に把握できた一九八四年の実績値を基にして、軍人・軍属・その家族の数、消費者物価指数等の依存関係を示す算式の「回帰式」によって、軍人等の消費支出が推計されてきた。在沖米軍の内部経済リポートによると、二〇〇二年度において軍人・軍属・その家族の消費支出等は約七三六億円とされ、沖縄県庁が発表した数値に比べると約二〇〇億円以上の開きがあった。県統計では軍関係受取の総額は約一九三一億円である。しかし、基地交付金（助成交付金、調整交付金）、施設整備費、光熱費等も含むと、米軍調査によれば約二四二二億円となり、県民総所得の一〇％を軍関係受取が占めることになる。[17]

米軍の基地関連支出として、直轄の新規建設工事（護岸工事、通信施設のメインアンテナ立替工事、飛行場内の電話線取替え工事等）、公共料金の支払い、燃料購入、福利厚生施設の食料品やサービス購入等がある。

米軍の個人関連支出で最も額が大きいのが基地外住宅の賃料である。二〇〇三年米会計年度において、米軍人用の基地外賃貸住宅は三五七三戸あり、米国政府が支出する家賃総額は約八六億二〇〇〇万円に及んだ。また、米軍関係者の個人用車両の購入には総額約五九億八〇〇〇万円が支出された。[18]
一九七二年度と二〇〇四年度における日本政府の沖縄関係経費の内訳を比較してみよう。一九七二年度の沖縄関係経費は約一八〇六億円（うち、沖縄開発庁が約七六〇億円、防衛施設庁が約二四〇億円、農林水産省が約五七億円、その他の省庁が約七四九億円）であった。二〇〇四年度のそれは約五〇〇九億円（うち、内閣府沖縄担当部局が約二九三五億円、防衛施設庁が約一九〇四億円、農林水産省が約九七億円、その他の省庁が約七三億円）であった。[19] 二〇〇二年度における沖縄県庁の歳入のうち、地方交付税が約二一〇二億円、国庫支出金が約二〇三六億円であり、それぞれ歳入全体の三一・九％、三〇・九％を占めていた。[20] 沖縄関係経費の中で内閣府沖縄担当部局と防衛施設庁が占める比率が大きくなった。これは日本政府が琉球の振興開発と基地の存続をリンクさせてきたことを象徴的に示している。また沖縄県庁の歳入の六割以上を占める地方交付税と国庫支出金の総額と同規模の資金が別途、日本政府から提供されているのである。

那覇防衛施設局（琉球におかれた防衛施設庁の機関）の基地周辺対策事業には、防音工事、道路整備、河川や道路の修繕、住宅移転に対する補償がある。また在日米軍駐留経費による提供施設の整備事業には、基地移設に伴う隊舎建設、米軍人用住宅建設がある。通常のインフラ建設も含まれ、県内の建設業者にとって那覇防衛施設局は大きな得意先でもある。

同施設局発注による、米軍関係建設工事件数と落札率（契約金額を落札予定価格で除した率）の推移をみてみよう。二〇〇〇年度が一四三件・九八・六％、二〇〇一年度が一六五件・九七・九％、二〇〇二年度は一八二件・九七・一％、二〇〇三年度は一二二件・九七・七％、二〇〇四年度は一六五件・九四・七％となる。[21] さらに二〇〇一年度から二〇〇四年度までの基地関係公共工事において、予定価格と入札額が一致する落札率一〇〇％の工事が五七件に上った。また二〇〇一年から二〇〇三年までの自衛隊工事・業務における落札率一〇〇％は五六件に達した。落札率一〇〇％は発注者が入札予定価格を漏らさない限りありえないとされている。[22] 極めて談合の疑いが高いといえよう。

二〇〇四年において日本列島にある米軍基地の八七・五％が国有地であるのに対し、南琉球では国有地の占める比率は三四・四％でしかなく、民有地が三三・〇％、市町村有地が二九・二％であった。特に沖縄島中部地域では民有地の比率が七五・四％に達しており、地代収入による経済波及効果も大きい。[23]

米軍に土地を貸している軍用地主の数は二〇〇二年三月現在、三万六六九四人である。[24] 一九七二年と比べて二〇〇三年における米軍基地面積は一七・四％減少したにもかかわらず、同期間の年間土地代は約一二三億円から約七六六億円へと増大した。[25] 軍用地料はそのまま収入になるが、一般の民間企業では設備投資、ランニングコストが必要になり、軍用地料並みの収入を企業が確保することは中小企業が多い琉球においては困難であるといわれている。[26]

日本政府は、軍用地主の地代収入への依存度を高めるために、軍用地代を定期的に上げ続けている。その結果、基地周辺の地価も上昇傾向にある。軍用地は担保価値も高く、軍用地の買い取りを求める不動産屋の広告を街中でよく見ることができる。

基地内では、米軍関係者を相手にした琉球の民間業者が営業を行っている。米軍施設内で各種の営業活動を行っている特免業者、軍人・軍属やその家族に対して日用品を販売する承諾輸出物品販売業者、払い下げ物資販売業者等である。また、バスやタクシー等の民間会社も基地内外の輸送・交通業務を委託されている。[27]

基地は民間企業に利益をもたらし、自治体にも税収を与えている。在沖米軍は一九九六年においてNTTに対して約二億五八二八万五千円、沖縄電力に対しては約一〇八億円の料金を支払った。さらに、二〇〇〇年において上水道料金として約二五億円、二〇〇一年において下水道料金として約三億七〇〇〇万円をそれぞれ納めた。[28]

基地所在市町村の経済

基地は市町村財政にも大きな影響を及ぼしている。日本政府は、米軍や自衛隊に使用されている国有固定資産や米軍所有の固定資産に対して税を課すことができない。基地所在市町村に対して助成交付金が国から提供されている。また米軍は住民税、電気及びガス税等の市町村民税も払っていない。基地所在市町村に対しては税収減や、基地が存在するがゆえの財政負担増を補償するために、国から調整交付金が与えられている。二〇〇四年における助成交付金、調整交付金はそれぞれ約二五億円、約六六億円に及んだ。[29]

次に市町村の歳入に占める基地関連収入の割合をみたい。基地関連収入とは内閣府所管の「防衛施設周辺の生活環境の整備等に関する法律」に基づく収入、総務省所管の基地交付金、市町村が受け取る地代収入、その他の補助金・委託金からなる。二〇〇三年において歳入に占める基地関連収入の割合が高い市町村を列挙すると、金武町が三三・一%、宜野座村が二九・九%、恩納村が二三・七%、嘉手納町が二〇・三%、読谷村が一六・一%、伊江村が一五・九%、北谷町が一四・八%、名護市が一四・一%である。[30] 市町村の財政状況が厳しい中、基地がある沖縄島中北部の市町村にとって基地関連収入は安定財源になっている。

その他、日本政府から、戦闘機の格納庫や米軍用住宅等の基地内施設の整備費、基地従業員の労務費や福利厚生費、光熱水道料等の負担、訓練移転費に対して、在日米軍駐留経費負担、いわゆる「思いやり予算」としても日本政府から資金が投下されている。二〇〇一年度において、約二五〇〇億円の思いやり予算が計上された。うち南琉球分は約五九一億円であり、全体の約四分の一を占めた。[31] 米国政府としては琉球を含む日本に米軍基地を置いた方が安上がりである。米国内の基地においては自国の予算で基地の整備をしなくてはならない。日本政府が日本国内の米軍基地の維持・運営に対する経済支援を止めない限り、米軍基地は琉球に存在し続けるだろう。

軍雇用員は一九七二年には一万九九八〇人(県内全就業者中五・五%)いたが、二〇〇四年には八八一三人(同一・二%)となった。[32] 軍雇用員が減少した理由は、基地の返還、基地の合理化や機械化にともない労働力が不必要になったからである。それでも基地では単一の職場としては沖縄県庁に次いで多くの労働者が働いている。「地元企業」としての性格を基地は有している。軍雇用員の給料体

図5—2　軍雇用者向け看板

基地労働者の組合、全軍労が1961年に結成された。同組合は1978年に日本列島の全駐労と統一して、全駐労沖縄地区本部となった。

系は、国家公務員のそれに準じるが、職種によって高給を得ることが可能になる。二〇〇四年の一人当たり平均月給額は約二九万円である。給与総額約五四〇億円は日本政府が負担している。同年の南琉球における三〇人以上の事業所一人当たりの給与額、約二二万円に比べても好待遇であるといえる[33](**図5—2**参照)。軍雇用員としての採用を目指して県内には基地就職専門学校が存在するほど、軍雇用員は人気のある職業の一つになっている。

かつて沖縄島北部地域には共同体住民が薪を採集することができた杣山が、地域のコモンズとして存在していた。近代期において、琉球の民権運動を導いてきた謝花昇《じゃはなのぼる》が大和人の知事に抵抗して守ろうとしたのが、この杣山である。現在、杣山は軍用地になり住民に経済利益を与えている。沖縄島北部地域では一億円を超える巨額な予算をもつ行政区が少なくない。杣山が米軍基地に組込まれたことで、住民には入会権を補償する金が入ってくる。名義上は町村有地であるため軍用地料の一定割合を自治体が受け取り、残りは「分収金」、「入会補償金」という村落独自の収入になる。区や財産管理団体が独自の軍用地を所有していれば地料も入る。体育館、図書館を備えた立派な公民館に常勤の職員が働いている市町村も多い。財産管理団体は部落民会、入会権者会ともいわれ、区事務所とは別に住民共有の財産を管理している。杣山が払い下げられた一九〇六年当時、住民として杣山を使用していた者の子孫が各会の会員になっている[34]。

区事務所は青年会や老人会への助成、農業関連の補助、奨学金の貸与、祭りやイベントの開催、区民専用バスの運行等を行う。宜野座村では、下水道の本管から各家庭への接続率は九四・三％である。各家庭への接続料二〇万円も区事務所が払っている[35]。かつてコモンズとして住民の生活を安定化し、地域の共同性を強固にしていた杣山が、軍用地として囲い込まれたことで、「カネのなる木」となり、地域の近代化を促している。

このように財政的に恵まれていても問題はある。二〇〇〇年の金武町の失業率は一五・七％を記録し、県内ワースト二位であった。「働いてもすぐに辞めてしまう。ここでは汗をかかなくても、まとまった金が入ってくる。基地からの不労所得に地域ごと絡め取られている」という声も聞かれる[36]。

沖縄島北部の国頭村では、二〇〇六年中の完成を目指して、総事業費約三七億円をかけて「エコ・

スポレクゾーン（陸上競技場、パークゴルフ場、テニスコート等）」が建設されている。建設費には島田懇談会事業費（基地所在市町村限定の振興費）、北部振興策事業費が活用された。国頭村の人口は約五七〇〇人であり、村予算は約五〇億円であるから、大規模な投資であるといえる。同村ではこれまでも基地関連の振興策が実施されてきた。しかし、村の人口は、北部振興が始まった二〇〇〇年から二〇〇六年五月までに約一二〇人減少した。また村内の六つの中学校が国頭中学校に統合され、小学校一校が廃校となった。[37]振興開発によって、必ずしも村の人口が増え「活性化」されたとはいえない。

米軍基地の琉球に及ぼす経済的影響については、世帯単位で考える必要がある。二〇〇五年一〇月一日現在、南琉球には約一三六万人、約四九万世帯が住んでいた。[38]一世帯当たりの平均住民数は二・八人となる。南琉球の軍用地主は三万六六九四人、軍雇用員は八八一三人である。地主、軍雇用員が世帯主であると仮定すると、軍用地主は一〇万二七四三人、軍雇用員は二万四六七六人の生活を支えていることになる。内閣府沖縄担当部局、防衛施設庁、米軍を発注元とする基地関連の産業の中で建設業が果たす役割が大きい。二〇〇三年度において南琉球には、約七万四〇〇〇人の建設業就業者がいた。[39]彼らが世帯主であるとすると、約二〇万七二〇〇人に生活の糧を与えていることになろう。以上の数値の合計は三三万四六一九人となり、全人口の約四分の一の人々が基地による経済的影響を受けていると思われる。先に示したように基地周辺に三五七三戸の基地外賃貸住宅があるほか、軍人相手の中古車販売業、小売業、飲食業、不動産業等もあり、基地と経済的関係を持つ住民の数はさらに増えよう。

基地と直接関連した事業を行う企業の経済成長もみられる。例えば、二〇〇五年における南琉球の企業売上高ランキング（金融業を除く）をみると、米軍基地内で電気工事やメンテナンスを行う企業が約六二億円の売上高をあげ、増収率が第五位になった(40)。

基地は島の中で利益を得る者と、犠牲を被る者とを分断させる。他者を犠牲にしてでも自らの利益を追求する生き方は、道義上の退廃を招くだろう。琉球人が分断されることで、琉球の統一的な意思の表明や抵抗が妨げられ、他者による支配や管理が容易になる。基地は経済的利益とともに、事件事故、環境汚染、身体への被害等、経済数値に換算できない多大のコストをもたらす。経済的費用と便益を比較することだけで基地の存在を評価することはできない。

また基地を撤廃させた後、その跡地を開発することで、基地が与えていた以上の経済効果を生み出せばよいとする議論がみうけられる。しかし、基地経済と同様な経済効果を民間企業があげようとすると、乱開発は必然であり、琉球は破壊し尽くされてしまうだろう。琉球は基地による経済効果を必要としない、新たな発展を構築する時期にきているのではないかと思う。

第三節　経済条件闘争としての基地問題

経済振興と基地との交換関係

一九九六年に始まった琉球内での米軍基地の再編成にともない、琉球経済と基地との関係がさらに強化される傾向にある。前年、米軍兵士による少女暴行事件が発生し、琉球において反基地の機運が高まり、日米両政府による琉球にある米軍基地の再編案が発表された。普天間飛行場が名護市の辺野古地区に設置される案が出され、基地を巡り反対派、賛成派に分かれて地域が分裂した。一九九六年一一月、北部建設協議会は、辺野古の珊瑚礁を埋め立てて新飛行場を建設することを条件に基地誘致を決定した。同年一二月、石川市等の三漁協も漁業振興、埋め立てを条件にして基地受け入れを表明し、同月、北部法人会は埋め立て案、陸上案で移設促進声明を発表した。[41]地元の経済界が珊瑚礁の埋め立てを求めた理由は、地元企業でも埋め立て工事を受注する機会が大きくなると予想されたからである。しかし、埋め立てによる地元への経済効果は短期的なものに終わろう。珊瑚礁の海が失われ、長期間にわたって住民は騒音に悩まされ、事件・事故の発生に恐れながら生活をしなければならない。

一九九七年四月、「辺野古活性化促進協議会」が発足した。同協議会の会長は土建会社を中心に約七〇〇社で組織する北部法人会の事務局長であった。「名護市活性化市民の会」、「二見以北を活性化する会」が結成され、名護市商工会理事会も条件付賛成の立場を表明した。[42]地域の経済諸団体が基地建設に賛成したのであり、基地と琉球経済が強くリンクしていることを示している。

日本政府も基地建設の賛成派をさらに増やすために、各種の補助事業を提示した。一九九六年九月、沖縄特別振興対策調整費として五〇億円が計上され、一九九七年より基地所在市町村に対して地方交付税の傾斜配分が実施された。そして南琉球唯一の高速道路である沖縄自動車道の料金の低

図5―3　沖縄工業高等専門学校

基地関連事業として2002年に開学した。560人収容の学生寮も完備している。

減措置が行われた。一九九七年、橋本龍太郎首相がＮＴＴ電話番号案内センター、沖縄工業高等専門学校の建設計画を明らかにした[43]（**図5―3**）。

沖縄島北部地域には一九九七年から一〇年間で一〇〇〇億円の北部振興事業費、基地所在市町村にはＳＡＣＯ交付金、基地交付金、沖縄特別振興対策調整費、島田懇談会事業費等が投下された。例えば、北部振興事業として道路、海岸保全、港湾、橋、農地灌漑等の公共事業が実施されてきた。加えて、ＩＴ産業等集積基盤整備、サーバーファーム整備、情報通信・金融関連企業立地実現化計画策定事業、北部地域リゾート・コンベンション形成推進調査、パークゴルフ場整備、赤間運動場整備、特産品加工施設整備、北部振興会館整備、海洋ウェルネスリゾート整備、北部生涯教育推進センター整備等が行われた。これらの事業のほとんどに対する国の補助率は一〇分の九という高さに上った。[44] 基地受け入れへの見返りとしての性格が濃い施設が続々と建設された。名護市に対する金融特区の認可や、恩納村における大学院大学の設置も、北部地域に基地を建設することへの日本政府による融和的措置であるといえる。

二〇〇二年、普天間代替施設受け入れの見返りとして、金融特区が名護市に設置された。金融関連企業の所得の三五%を課税所得から控除する、税制優遇地域「金融特区」が名護市に設置された。ただし従業員二〇人以上、控除額は直接人件費の二〇%以内、専ら特区内で活動することが投資の条件とされた。しかし、二〇〇六年九月現在、所得税軽減の適用企業は存在しない。島田懇談会事業、北部振興策等で整備された、マルチメディア館への無償または格安の入居費と県の通信費補助、厚生労働省の雇用助成金制度等の支援策により、金融企業八社が名護市に進出するにとどまっている。二〇〇二年名護市は、那覇市、浦添市、宜野座村とともに情報通信産業特別地区（情報特区）に選ばれた。特区の認定を受けると法人税が軽減されるが、金融特区と同じく、情報特区の適用企業はまだ存在しない。島田懇談会事業、北部振興策等によりマルチメディア館（総事業費一一億五〇〇〇万円）、「みらい一号館（同八億円）」「みらい二号館（同二四億三〇〇〇万円）」が建設された。[45]

名護市の経済発展を本気で考えた上で金融特区や情報特区が実施されたのではなく、基地を受け入れさせるための代替措置としての性格の濃い政策であるといえる。金融特区は沖縄振興特別措置法の目玉ともされており、琉球経済と基地とが如何に強く連結させられているかが分かる。

基地建設と経済振興とのリンケージは他の自治体でもみられる。一九九八年三月、これまで読谷村で行われていた米軍のパラシュート訓練を伊江村が受け入れを表明した結果、交付金が二年分支給された。伊江村は一九八九年には米軍のハリアーパッド（射爆撃場）を受け入れたことで、七〇億円の事業が実施されていた(46)。

基地所在市町村は基地関連予算を消化することに精力を注いでいる。補助金は麻薬のような性格を持っている。基地関連の補助金が投下され各種の施設が建設されればされるほど、市町村はその運営・維持のための費用が嵩み財政が悪化し、日本政府からの財政支援を期待して依存度を一層深めてしまう。その結果、日本政府の言いなりになってしまうだろう。

近年もまた、琉球と日本政府との間で基地を巡って経済的条件闘争が展開されている。米軍は次のような南琉球における在日米軍の再編計画(47)を明らかにした。

①普天間飛行場（宜野湾市）、牧港補給地区（浦添市）、キャンプ桑江（北谷町）、陸軍貯油施設第一桑江タンク・ファーム（北谷町）、那覇港湾施設（那覇市）を全面返還し、キャンプ瑞慶覧《ずけらん》（北谷町、北中城村）を一部返還する。南琉球の米軍全施設の約六％に相当する約一五〇〇ヘクタールが返還されることになる。

②普天間飛行場の代替地として、沖縄島名護市にあるキャンプ・シュワブの沿岸部に一八〇〇メートルのV字型の滑走路を建設する。

③米海兵隊機動展開部隊の指揮部、第三海兵師団司令部、第三海兵後方群司令部、第一海兵航空

団司令部、第一二海兵連隊司令部の隊員八〇〇〇人、その家族約九〇〇〇人をグアムに移転させる。グアムに移動される海兵隊員は司令部要員であり、海兵隊の実戦部隊は南琉球内に残す。

④嘉手納飛行場を米軍と航空自衛隊が共同使用する。陸上自衛隊第一混成団の訓練をキャンプ・ハンセンで実施する。嘉手納飛行場におけるF15戦闘機訓練を日本列島の航空自衛隊基地である、千歳（北海道）、三沢（青森県）、小松（石川県）、百里《ひゃくり》（茨城県）、築城《ちくじょう》（福岡県）、新田原《にいたばる》（宮崎県）で行う。

琉球における米軍再編は、住民の負担軽減につながるといわれている。つまり沖縄島の南部に存在する米軍基地を北部の基地に統合するとともに、嘉手納飛行場における騒音問題を軽減し、海兵隊員八〇〇〇人を琉球外に移駐させる予定である。しかし、米軍と自衛隊との共同訓練の機会を増やし、沖縄島北部の辺野古地区に新基地を建設する等、米軍の基地機能を強化し、日米安保体制の固定化が意図されている。沖縄島北部に軍事基地が集約され、その見返りに経済振興が与えられよう。また、米軍はグアムに海兵隊の司令部機能を移設し、琉球に実戦部隊を残すことで、琉球弧を戦場にして仮想敵国と戦える体制も敷かれよう。琉球人は沖縄戦と同様に再び軍隊の人質となり、戦場の中に投げ込まれる恐れがある。グアムへの海兵隊移設は琉球にとって負担軽減にはならない。

日本経済新聞は「在日米軍再編を日米の共通利益に」と題する社説を掲げ、以下のような結論を下している。「〇四年の最新数字（国内総生産の世界シェアー）では日本一一・五%、米国二九・一%であり、あわせて四〇%を超える。したがって日米同盟で結ばれている事実は世界の安定にとって意味がある。紛争の地、中東への日本の原油依存度は九〇％であり、米国のそれは一五％とされる。日本経済は世界の安定を基礎にする。機動的な米軍の存在には紛争抑止機能がある。基地提供でそれを支えるのは同盟国の責任であり、日本自身の安全保障のためでもあるが、政治による丁寧な説明が必要なのは論を待たない」[48]。琉球に基地をおく最大の理由は、日米同盟を維持することで日本の経済成長を支えるためであった。しかし、イラクの状況やこれまでの世界における紛争をみても、米軍の存在には紛争抑止機能があるとは簡単にはいえない。日本の経済成長には米国とともに、中国を初めとするアジア諸国との良好な関係も重要である。南琉球を含む日本国における日米両軍による基地機能の強化に対して中国は無用な不信感を持つようになるだろう。

琉球人に対しては、米国によって決定された米軍再編を変更できないことを前提として、振興策と関連させながら、「丁寧に説明」するだけで本当によいのだろうか。近年のイラクの状況をみても、米軍基地の存在によって日本列島や琉球弧が守られるとは簡単には言えない。民主主義国家としては、琉球人が納得するまで議論を行い、最終的には住民投票を実施し、その結果を反映させることが本来とるべき手続きである。

一九五〇年代半ばの島ぐるみ闘争は、米軍側の経済的譲歩により収束した。一九九〇年代半ばの反基地運動に対しても日本政府から様々な経済振興策が実施され、普天間基地の辺野古移設案を沖縄県と名護市が受け入れた。

普天間基地の名護市への移設に対して、名護市商工会などの名護市経済界は「辺野古移設は北部

表5―1　全面返還予定基地の地主数・年間賃借料・軍雇用員数

	地主数	年間賃借料	軍雇用員数
キャンプ桑江	545 人	9 億 6900 万円	225 人
普天間飛行場	2842 人	63 億 8000 万円	200 人
牧港補給基地	2189 人	44 億 6600 万円	1152 人
那覇港湾施設	1014 人	19 億 5500 万円	92 人
合計	6590 人	137 億 7000 万	1669 人

沖縄県総務部知事公室基地対策室（2005）、14 ～ 15 頁を参照にして表を作成した。

地域の発展に寄与する民間空港とセットで受け入れた。空港がなくなるなら、当然、新しいものを要求する。」と述べ、モノレールの北進化を期待している。また「政府が地元を説得する振興策を提示できないなら、移設は進まない」との声もある。[49]

二〇〇六年四月になると、具体的な補償要求も出てきた。普天間飛行場の移設先である名護市辺野古地区（約四六〇世帯）は、一世帯当たり一億五〇〇〇万円の生活補償や地域振興策を国に求めることを決めた。振興事業としては久辺《くべ》小学校の全面改築、高規格道路のインターチェンジ設置等である。[50]基地をカードにしてさらなる開発を期待している。

米軍再編にともなう基地の閉鎖により、地主や軍雇用員が減らされ、賃貸料も削減される。上の表（**表5―1**）に全面返還予定基地（陸軍貯油施設第一桑江タンク・ファームを除く）の地主数、年間賃借料、軍雇用員数を示した。

基地再編にともなう経済的損失を埋め合わせようとすると、大規模な開発が必要になろう。これまで以上の開発を実施したら、琉球弧の島々は原形を留めず、人工化された島になるのではなかろうか。米軍の撤退を契機にして、基地依存や開発主義から脱却するための新たな発展の方策を基地跡地において実施すべきである。

八〇〇〇人の海兵隊が移駐される予定のグアムにおいて、海兵隊移駐にともなう、基地関連インフラの整備のために、約七一〇〇億円が日本政府から投じられようとしている。グアム知事、グアム商工会議所は移駐による経済効果を期待し、海兵隊の移設計画を歓迎している。他方、先住民族チャモロ人の団体である「チャモロ・ネーション」は移設に反対している。小さな島に多大な資金が投下されることから、地価が高騰し、島内の貧困層が住宅難に陥り、路上生活者が増えることが懸念されている。

グアムでは二〇〇〇年頃から、原子力潜水艦や戦略爆撃機の配備等、基地機能が強化されてきた。今回の海兵隊の移設も基地強化の一環である。これは他国の軍事機能拡大に対して日本国民の税金が流用される戦後初の事例となる。日本国内ではそのことに対する議論は尽くされたであろうか。

琉球の自治と米軍基地

他方、当事者の代表である沖縄県知事と協議することなく、琉球における米軍再編計画が日米両政府だけで決定されたことに対する怒りが琉球側にある。稲嶺恵一知事は、自らが提示した辺野古米軍基地の沖合建設、一五年間の期限付き基地使用、将来の軍民共用空港化が無視されたため、琉球内の米軍再編計画に反対する考えを示した。稲嶺政権の前政権である大田知事の頃、国は米軍用地への土地提供を拒む地域住民を法的に封じ込めた。つまり、軍用地主が国との賃貸契約に応じない場合に、首相が知事、市町村長に委任していた代理署名、代執行等の機関委任事務を、一九九九年に米軍用地特措法を改定することにより、国の直接事務とした。国は軍用地主の意向に関係なく、米軍用地の賃貸契約を強制することが可能になった。

琉球の自治が日米両政府によって侵害され続けている。しかし、本当の自治とは何であろうか。イギリスの植民地支配からの解放を求めたマハトマ・ガンジーの言葉を聞いてみよう。

「インドをイギリス人が取ったのではなくて、私たちがインドを与えたのです。インドにイギリス人たちが自力でいられたのではなく、私たちがイギリス人たちをいさせたのです(51)」。

「私たちがイギリス人たちをインドに置いているのは、ただ利己心のためです。私たちはイギリス人たちの商売が気に入っているのです。イギリス人たちは策略をめぐらして私たちの歓心を買いますし、喜ばせて私たちを利用するのです(52)」。

「文明とは、人間が自分の義務を果たす行動様式です。義務を果たすことは道徳を守ることです。道徳を守ることは、私たちの心と感覚器官を統御することです。身体に多くのものを与えると、もっと要求します。たくさんもらっても幸せにはなりません(53)」。

米軍基地が琉球人の人権を無視し、生活環境を破壊する諸悪の根源であるとして、琉球では反対運動が活発に行われている。しかし、日米両政府による振興策、経済的妥協策が基地反対運動を沈静化させてきたのも事実である。われわれ琉球人自身が経済振興策と引き換えに、米軍、基地を琉球に存在し続けさせた。われわれ自身が変わらなければ基地はなくならないだろう。開発によって琉球弧は自然を失い、共同体が衰弱し、経済自立をいつまでも達成できず、かえって日本政府への依存度を深めている。振興策を通じて立派な施設が建設され、住民の周辺にもモノが溢れるようになった。モノに対する欲は尽きることなく、渇望感が増している。基地をカードにして手に入れた振興開発は我々を本当に豊かにしたといえるのだろうか。開発、文明化の意味を問い直し、琉球における「本当の豊かさ」の問題について考え、これまでの生き方を改め、外部からの誘惑を跳ね返すときにこそ、基地のない島が実現するだろう。

琉球の経済団体や経済学者の中には、琉球の自治と補助金がバーターの関係になると考える人々がいる。稲嶺知事が米軍再編に反対の立場を主張したことに対し、自治を適当なところに収める、つまり、自治度が大きすぎると補助金も減少するので、妥協点を探さないと県経済に悪影響を与えるという声が経済界から聞かれた(54)。支配される側が妥協を求めるという、琉球の植民地状況の深さが現れている。

二〇〇六年六月、沖縄島北部一二市町村長は、二〇〇七年度以降の北部振興策の対象を同一二市町村とすることを日本政府に要請した。それを受けて防衛庁首脳は、同一二市町村が辺野古移設計画に対し協力することを条件にして、北部振興策の対象範囲が決定されることを明示した。[55] 日本政府も振興策をカードにして新たな米軍基地を建設しようとする姿勢を明確に示したといえる。

人間の本当の幸せとは、自分自身で物事を決めることのできる自治にある。補助金による経済振興策は一時的な経済効果しかもたらさず、経済構造も不安定になり、日本政府への依存度を深め、その管理の下におかれ、琉球自身による決定権が失われる。

全国と同一の法規制で琉球を縛り、その上で空いた口に金をつぎ込み、体を肥大化させ、さらに食べ物を欲しがらせているのが、琉球と日本と関係である。従属の構造が解消されないで、道州制が琉球に適用されても、琉球の分権化は進まないだろう。自治とは他者から与えられるものではなく、琉球と日本との関係を根本から問い直し、住民一人一人が自治を自らの手で獲得するものである。

琉球自治の足元を掘り崩すのに大きな働きをしてきた学問の一つが、経済学である。これまで経済学は地域の自治力を低下させ、人々を分断させ、人々の欲望を煽ってきた。琉球の従属化、破壊を理論的に推し進めてきた、近代化の思想、経済学を再検討するとともに、住民自身が開発や近代化を追い求めてきたことをも自己批判する必要があろう。琉球人が自らの力で基地と補助金との連鎖を断ち切ることで、「本当の豊かさ」を手に入れることができる。

「経済」の語源は「経世済民」である。「経世済民」とは、「世を治め、民の苦しみを救うこと（『大辞林』）」という意味である。経済学とは「経世済民」を各地域において実現するための学問であるといえる。経済学は決して人びとを開発に追いやり、自然を破壊し、他者への従属化を進め、人びとを不幸にする学問ではないはずである。私も経済学を自らの専攻とした理由は、「琉球が抱える諸問題の本質を見抜き、諸問題を解決するための理論、思想、方法」を経済学に求めたことにあった。経済学の本義である「経世済民」を踏まえた、「琉球弧の経済学」を構築する必要がある。それは机上の理論ではなく、次の部で論じるように、島で生きる人びとが諸問題と格闘しながら生み出された思想、実践を柱とした学問となろう。

琉球における米軍、自衛隊の配備は経済的メリットを生むだけではなく、外敵の侵略から琉球を防衛する上においても欠かせないとの声も聞かれる。しかし、バランス・オブ・パワーの論理で島を武装化すると、沖縄戦のように島が戦場となり、住民の犠牲が大きくなる。本当の島嶼防衛は非暴力によって島を守ることであろう。琉球人が島の上で生き残るためには、住民自身が非暴力に徹し、経済振興策のような他者からの誘惑を拒否して、内発的発展の道を歩み、真の自治の島をつくりあげる必要がある。

第三部　島々の「経世済民」

カール・ポランニーは経済を二つの種類に分類している。第一の経済は、経済的な合理的行動の論理から派生してきた形式的経済である。これは経済化あるいは経済性というように、目的―手段関係の論理的性質から生じるものである。ここから「経済的」ということについての稀少性の定義が生まれる。第二の経済は、社会のなかで物的手段をつくるという、「実体＝実在的」な経済である。その経済は、人間は他のあらゆる生き物と同様、自分を維持する自然環境なしには瞬時たりとも存続できないという基本的事実をさし示している。人間は、自分自身と自然環境のあいだの制度化された相互作用のおかげで生き永らえることができる（ポランニー［二〇〇五A］、四八―五九頁）。本章では、価格に換算できる物を対象として経済原則の適用が前提となる世界よりも、人間と環境との本源的関係を土台とする人々の生き様に注目する。それとともに、「世を治め、民の苦しみを救うこと」を意味する「経世済民」を島の人がどのように実践してきたのかを考えてみたい。

本章では最初に、近代化を前提とする経済自立論を再検討した上で、琉球における、もう一つの発展のあり方について考察したい。特に八重山諸島における具体的事例を挙げて人びとの「経世済民」の歩みを明らかにする。

第六章　琉球弧の経済学

第一節　経済自立論の再検討

「経済自立」とは何か

「経済自立」という言葉によって琉球弧の開発が進められ、米軍基地が正当化され、琉球人は開発、基地に依存してきた。「経済自立」を巡る様々な見解について検討して、この言葉が琉球の経済において有してきた意味内容を明らかにしたい。南琉球における「経済自立化に向けた三段階シナリオ」として次のような議論がある。第一段階では、道路・港湾・エネルギー等のインフラを整備し、県内企業を育てるための制度や、知識や技能習得のための人材育成等、基礎的な経済条件を整える。第二段階は、リストラによる収益体質の改善とイノベーションにより産業が発展する。第三段階は、産業構造の転換が進んで経済自立が達成される。経済自立に向けて、琉球人はしっかりと構造改革を受け入れる意識を持つことが必要であるとされた[1]。しかし、インフラ整備後、産業振興策を実施すれば経済自立への道が開かれるという見通しは、「日本復帰」後三四年の歴史をみれば破綻しているといえよう。構造改革という市場原理主義を続ければ続けるほど、琉球経済は一層、混乱するだろう。

琉球弧の島々において最低限満たされるべき「アイランド・ミニマム」として、次のような定義がある。「交通・通信施設を整備することによって離島の物理的隔絶性と心情的孤立感を除去し、島嶼社会の成立条件を充たし、所得や生活の国民的平均水準を確保すること[2]」である。

これまで琉球弧の島々と都市部を連結する交通網を整備し、島に近代的な施設やインフラを建設すればするほど、島から人びとが都市に流出してきた。島の全国並みの平準化、近代化が過疎化をもたらした。便利になることにより失われるものは多い。島の独自な文化、自然、社会的まとまり、助け合い等に魅力を感じて、人は島に住み続けるのではないか。

沖縄県庁は「経済自立」を次のように考えている。「『自立型経済』とは、成長の原動力を地域経済みずからが持ち得ることであり、他県に比較して財政依存度の高い本県の経済構造を改善することだと認識しております。このようなことから、財政依存度及び基地経済依存度の逓減並びにバランスを欠いた移・輸出入を改善することが沖縄の自立達成のおおむねの目安と考えております[3]」。

財政依存、基地経済依存の状態から脱して、経済成長の原動力を地域内部に据えることが経済自立であるとみなしている。このような見解は「成長のエンジン論」とも呼ばれている。同エンジン論に関しては以下のような議論がある。「経済自立とは何か。自立経済といえるには、経済発展の動因（成長のエンジン）を自己の経済構造に内蔵し、それを自己の経済循環の中から絶えず再生産し、持続可能な発展へと進化しうることが必要である。〔中略〕沖縄経済が発展メカニズムを内生化し、自立的、持続的な発展軌道に乗ったといえるには、次のような条件が満たされなければならない。①基地、財政依存を脱却し、民間主導の経済を構築すること、②後追いキャッチアップにとどまらず、優位部門において世界標準を達成し、近隣アジア諸国・地域と連携しつつ、大競争時代に生きぬく魅力ある経済活動拠点となること、③本土の格差縮小にとどまらず、自然的地理的条件等の地域の特色を生かしつつ、二一世紀に向かっての日本の発展パターンを先導する役割を担うこと、④地域に根ざした起業家精神が自由闊達に発揚されること、⑤発展のビジョンや戦略が地元で練り上げられて発信され、その自主的選択が尊重されること[4]」。

「成長のエンジン」を島に内部化すること、それはひいては市場経済を島全体に拡大することに他ならない。琉球の経済学者の中には、内発的発展という言葉を、経済成長のエンジンを琉球の内部にすえつけて、持続的な経済成長が可能になるような発展という意味で使う人もいる。補助金依存から脱するために、民間企業主導による経済の成長を目標に掲げている。この意味での内発的発展は近代化、拠点開発主義となんら変わらない。本来の内発的発展とは、開発や近代化の反省の上に立つものであり、経済成長とは対極の位置にある人間の生き方であるといえよう。

鹿児島大学の「島嶼圏開発のグランドデザイン」は、以下のような奄美諸島における開発の方向性を示している。「私たちは厳しい自然制約を受け、生態系のバランスに敏感な島嶼空間の長期•安定的な保持に高い目標価値を置く。その価値体系を明示した上で、今日の科学技術が生み出す成果を組み入れた開発プログラムを計画・実施する。したがって、内発的発展論と価値目標の体系レベルでは多くを共有しつつも、経済成長や現代的な生活水準の確保を事業目標に掲げる点で、はっきりと異なる。〔中略〕経済的な事業をリードしていくのは、研究者や外部の専門家だと考えている。その選定は事業家の技術面からの可能性、市場に対する売込み、外部のマクロ的な環境などは、専門家の手になる十分な検討が不可欠だからである。〔中略〕私たちの開発アプローチは、従来の政策概念を用いて表現すれば、開発と保護を統合した方式により、対象域全体を政策管理することが最終的な目標なのである(5)」。

奄美諸島は「復帰」後、「経済成長や現代的な生活水準の確保」を掲げて、開発を行ってきたにもかかわらず、人口の減少、産業の低迷、環境破壊等の諸問題が山積しており、これまでの開発行政が失敗したとの反省がみられない。また専門家が奄美諸島の開発を管理すべしとの主張である。専門的知識を有した人間が、住民や自然を管理し、操作することで奄美諸島に経済成長をもたらすことができるという、傲慢な姿勢が浮かび上がる。

「経済自立」によって豊かになれるのか

様々な定義による「経済自立」論をみてきた。人や機関によって定義を異にしている。共通しているのは、これからも開発が必要であり、経済成長によって島は豊かになれるという確信である。官僚、学者等のエリート層により「経済自立」が議論され、開発計画が策定され、一般の琉球人が気付かないうちに市場原理が社会生活の中に導入されてきた。その結果、効率性や競争によって住民が追い立てられるようになった。琉球人は「経済自立」をすべしという強迫観念に襲われてきた。琉球人がこの強迫観念から解放されるには、「経済自立」には定まった定義もなく、琉球人が追求しなくてはならない義務でもないことを知る必要がある。そして、琉球の島々に埋め込まれた内発的発展の可能性を見出し、近代化の道とは異なる他の生き方もあることに気付くことも重要であろう。

琉球開発に関する議論の中で、「経済自立」とともに頻繁に使用される言葉に「地域活性化」がある。外から公的資金を投じ、企業誘致を行うことで沈滞した地域が蘇るという発想の言葉である。しかし、何をもって琉球弧の島々が停滞しているというのだろうか。都市をモデルとして措定し、都市化されておらず、貨幣の流通量が多くない地域が停滞していると考えられている。資本蓄積の進展度によって地域を計るのではなく、共同社会がもっている「実体=実在的」なあり方に注目すると、島々の中に確かな自立の歩みをみることができる。貨幣量では人間の本当の豊かさは測れない。

われわれがあずかり知らないところで補助金という巨額の資金が動き、景気の行方を左右し、生活の内容を変えようとしている。巨大な資金によって住民の手に届かないところで経済の方向性が決定されている。那覇市にある公設市場でオバー達が店先で売り子をしている、マチグァーのように、人間の関係性に基づいた、「もう一つの市場経済」を評価し、それを住民自身の手でさらに広げていく必要がある。これは人間の顔が見える小規模な市場《いちば》であり、地域性が色濃く反映されている。匿名の大多数の顔の見えない人間が自らの欲望を満たすために売り買いを行う、普遍的な性格を有する市場《しじょう》とは全く異なる経済が琉球の島々には存在している。これをいかに琉球人の生活の一部として今後とも活かし続けるかが課題になろう。

「経済自立」を目標にして数多くの公共事業が行われてきた。琉球の地域共同体の中には、道路や橋等の土木作業、共同施設の造成、資金の共同出資等、住民が互いの力を出し合って地域社会を作ってきたところも少なくない。しかし公共事業により地域住民の共同性や自立性が発揮される機会が奪われ、補助金、公的機関、企業に頼るようになった。公共事業により立派で真新しいインフラ、施設が建設された。公共部門によって近代化が進むにつれて、物的な豊かさが本当の豊かさだと住民は思わされ、さらに開発を求める衝動に突き動かされてきた。これらの物的豊かさは他者から与えられた物であり、時代状況が変わり、他者の意識も変化すれば、提供される資金は減少するだろう。施設やインフラは耐用年数が過ぎれば朽ち果て、島にゴミを残すだけに終わる。

「経済自立論」には、経済成長に対する大きな期待がみられる。経済成長とはある場所において流通した貨幣の量が毎年、増大することである。同時にそれはゴミに変わった資源の量を表しているともいえる。島々にゴミが溢れかえっても、経済が自立さえすればよいのだろうか。

「日本復帰」以後、一〇年毎に振興開発計画が策定されてきた。琉球弧は数千年、数万年という人の寿命以上の長い時間にわたり島や自然が形成されてきた。長期の歴史の流れに反して、一〇年という短期間を目途にして「経済自立」を達成することが迫られ、急激な開発が実施された。短時間に多くのモノを生産し、消費するという、効率性、スピードを追求する経済学にとって、島嶼とはコスト高をもたらす経済空間である。そのため、島嶼の地形、社会構造等の全てを改変して、島を効率的な場所にすることが課題となった。

「格差是正」という名で、インフラ、所得、雇用機会等、島嶼に欠落しているものを埋めるために開発が実施されてきた。本来、自立し、充足した島嶼社会を停滞、後進であると規定し、住民に劣等感を抱かせて、開発の速度を急がせてきた。島嶼の開発が進み、市場社会、競争社会が地域に広がっても、島嶼は「経済自立」から遠ざかり、補助金依存、財政赤字、環境問題等の問題の深みに陥るばかりである。

経済理論を無理矢理、島に当てはめて、数値上の「経済自立」の達成を目指すのではなく、島嶼の「実体＝実在的」なあり方を踏まえた新しい経済学を作り上げる必要がある。

第二節　新たな経済学の構築に向けて

もう一つの「経済自立」

「経済自立」を新たな観点からとらえ返すとどうなるのだろうか。「経済自立」とは、中心地が生産過程で生じる外部不経済を捨てるにもかかわらず、周辺地にはプラスの外部経済を許さないような関係性を、周辺地が拒否することである、と言い換えることができる。外部不経済とは、環境汚染、資源の枯渇、不潔、品質の悪化、退屈な仕事、不平等な所得配分、トップ偏重の社会組織等である。(6) 琉球弧に公害を押し付けようとした拠点開発主義は、このような意味での「経済自立」とは対立する政策であったことが分かる。日本にとっての外部不経済である米軍基地を琉球が拒否することが本来の「経済自立」につながる。

経済学には、世界全体にわたって適応可能な普遍的な理論であるという前提がある。企業のためのミクロ経済学、国民国家のためのマクロ経済学、そして国家間関係を対象とする国際経済学がある。ミクロとマクロの間にある村、町、市のコミュニティの経済すなわち地域の経済は完全に無視されている。地域性を捨象することにより、住民は個人を越えた、地域の経済問題を理解できず、無関心になるだろう。人々の無知は自分たちの経済生活や地域の個性を決めようとする力、つまり地域の力をも失わせる。(7) 自らの土地に対する無関心が、エリートや他者に地域の運命をゆだね、地域性に合致しない理論が適用されることを許し、補助金に依存するようになる。そして政策が失敗すれば、その原因を他者に擦り付け、自らの責任を問わないという、他人任せの風潮が拡がる。

開発資金を提供し、開発計画を策定・実施する日本政府にとって、琉球弧が自立していたのでは開発の実施理由がなくなる。開発の受け手は常に他者依存的でなければならない。開発によって、貧困や差別を人為的につくり出すことが可能である。ある一つの経済的物差しを地域にあてはめて、「先進地域」、「後進地域」のレッテルを貼ることは、経済的優者が自らの優位性を守る手段にほかならない(8)。

日本は本当に自立しているといえるのだろうか。琉球が自立できていないと批判することで、日本政府は自らの優位性を維持しているといえる。日本国内にほとんど資源が存在せず、諸外国からの輸入に大きく依存して現在の経済的地位を保っている。自らが自立していない日本政府が琉球は自立していないと断罪し、自立をもたらす立場にたつという矛盾した関係にある。日本政府は補助金によって琉球を経済的に依存させることで、経済振興策と基地とをリンクさせ、米軍基地の琉球への押し付けを永続化しようとしている。

働く意味を考え直す

琉球では失業率が高く、雇用機会を作り出すにも開発が不可欠であるとの暗黙の了解がある。働くということの意味をもう一度考えてみたい。近代化が進むにつれて、人間労働の中から、生活や地域のための労働が軽視され、生産労働が特別視されるようになった。労働は経済的価値の生産であるという、狭いイメージにもとづく労働意識を人間はもつようになった。しかし、これは労働の一面でしかない。労働とは本来、それを通じてさまざまな人間関係を築いたり、社会との関係や、そして人間と、自然や物との新しい関係を創り上げることである[9]。

このような生活や地域のための労働は、他者の役に立とうという相互性に支えられており、経済的価値からは基本的に独立した価値を生み出してきた。八重山諸島の島々をみると、人々は市場経済性に専一化されることなく、農業、水産業、商業等の産業区分を越えて、一個人で様々な営みをする人が多い。地域の風土、文化、人間の共同性が多様な非市場的労働に支えられている。近代的職場における雇用機会の創出だけを念頭においた開発ではなく、非市場的な労働を評価し、人間関係を強化するために働く場所や機会を拡げていくことが求められよう。単に統計上、就業者数が増え、失業率が下がればいいというものではない。琉球弧という土地において人間、自然、文化の共存関係をつくりあげる手立てとして労働を考える必要があろう。

生活労働を重視することで、共同体の維持も可能となろう。市場が人間の多様な経済活動から離脱し、人間の行動全般を支配してきた。そのように、生産労働も多様な労働の形態から離脱し、分業化、専門化し、金銭の獲得を唯一の目的とするようになった。また生産労働に就けない者は失業者と呼ばれ、社会的落伍者としての烙印が押された。高い失業率が続く琉球は問題地域であるとみなされ、日本政府の支援、管理が必要であるとの幻想が植え付けられた。琉球の失業者にはもがき苦しみ、酒を飲むことでさらに苦しみながら、虚脱感を和らげようとする若者もいる。その若者の行く末を心配する両親の姿がある。

琉球弧の島々には祭りがあり、公民館活動を中心にした自治活動、相互扶助の関係も根強く存在しており、そこに多様な労働のあり方をみることができる。祭りを行うには島や村の人びとの協力が不可欠である。会場の設営、食事の準備、司《つかさ》（神と人との仲介者）との調整、唄、踊り、寸劇の神への奉納等を、島の住民自身が行う。

二〇〇〇年における親戚、知人からの資金調達率（構成比）をみると、全国平均が一三％であるのに対し、沖縄県は二六％であった。[10] 親戚、友達、地域の住民等の顔の見える人間関係を基盤にして、資金を融通しあうユイマール（相互扶助）の関係が根強く存在するのが琉球弧である。

琉球弧に古くから伝わり、食文化の基層をなしてきたのは、山芋、ターイム、琉球芋（サツマイモ）、粟・キビ・麦・豆等の雑穀類、イノー（珊瑚礁）でとれる魚介類や海草類であった。[11] 石垣島で生まれた私の母が子供の頃、朝、シメーナベ（直径一メートル程度の鉄製の鍋）で芋をたくのが仕事であった。豚の餌は小さい芋とカンダバー（琉球芋の葉）である。魚の汁をえさに入れると豚は喜んだという。人間の食事をみると、朝と昼は芋と、ヒジガラー（鰹の外側を削った物）をダシにし、カンダバー、豚の脂のお汁が多かった。夜は、白いご飯、おかゆ、赤飯等が出ることもあった。

一九五〇年代までは、南琉球の家庭にはアタイグワー（家庭菜園）があり、庭にはニワトリやアヒルを飼うという暮らしぶりであった。一部で上水道が使われていたが、ほとんどの場合、地域で管理する簡易水道や共同井戸を利用していた。台所の排水も下水道にそのまま流すのではなく、裏庭に溜め、エンサイ、ニラ、ミツバ等の肥料として利用された。ところが一九六〇年代に入ると、暮らしの中に近代的な要素が増えてきた。地域の小規模製糖工場が次々と合併されて大規模製糖工場が設置された。パイナップルとサトウキビの生産というモノカルチャー化が進んだ時代である。水田も少なくなり、島米とイモのかわりに輸入米とメリケン粉が島中の台所を席巻するようになった。[12]軍事基地を通じて、米国型の消費形態が島社会に浸透するようになり、ファーストフード、ポーク缶詰、コーラ・ジュース等が食生活の一部となった。

農業は、生命を相手にした産業である。その生産物は生命を加工した結果、生まれるのであり、生産手段は生きている土地である。肥沃な土地は幾百万の生きた有機物を含んでいる。他方、近代産業は、人工の材料を使用する生産に特化する傾向にある。人工の材料は自然の材料よりも好ましい。なぜなら、それらは測ることができ、質的管理が可能だからである。機械は人間のような生きものよりいっそう確実に動き、仕事の内容や結果も予知しやすい。近代産業の理想は、人間をも含めて、生きている要素を排除し、機械の上に生産過程を乗せることにある。[13]琉球の大学院大学において中心的な研究分野となるバイオテクノロジーもまた、生命の機械化に他ならない。

農業は自然の制約を受けるが、その制約を取り除くために琉球弧では近代的農業が実施されてきた。農業の工業化、近代産業化である。自然の水体系に替えてダムをつくり、土地を人工的に改変し、生命のないコンクリート張りの川をつくり、海を排水溝とした。その結果、赤土が島の周辺を汚染し、珊瑚礁を死滅させてきた。

生命の島を人工の島にすることが経済的であり、農業を工業に近づけることが自立であるとみなされてきた。しかし従来、琉球弧の人々は島が生命体であることを認識していた。「島が生命」という言葉は、琉球弧の古謡である、オモロの中に出てくる。太古の琉球人は、人間ばかりではなく、モノや自然に対しても生命を感じ、お互いに愛しみあってきた。[14] 琉球人は祭り、儀礼等によって「島が生命」を実感してきたのだろう。琉球弧は生命の連なりである。

琉球弧の土地は、分割可能な抽象的な生産要素の一つではなく、地域住民の記憶、神話、祭り、儀礼等と深く結びついている。島の自立を促し、人々の健康を養い、自然とも調和していたことを考えると、芋とハダシの時代を簡単に否定し去ることはできない。

琉球弧の島全体を市場経済一色に染めるのではなく、島の中の再分配、互酬の社会システムを活かし、働く意味を多面的に考え、地産地消、自給自足の生き方を育んでいくという、多様な視点から琉球の発展を考える必要がある。

第七章　八重山諸島における「経世済民」の実践

第一節　大自然と人間との共生を目指す島

「大自然こそ大産業」

西表島における石垣金星《きんせい》・昭子《あきこ》夫妻の実践活動を紹介したい。(1) 石垣金星は沖縄島で教師をしていたが、「日本復帰」の頃、生まれ島である西表島の土地が開発業者により買収されている状況に居ても立ってもおられず島に戻って、「島おこし運動」を始めた。石垣金星によれば「島おこしとは、倒れ掛かった島を起こすこと」であるという。これまで島外の研究者が西表島を対象に研究調査をし

図7―1　西表島のゴミ収集

琉球弧では海岸の漂着ゴミが大きな問題になっている。中国、台湾、韓国、東南アジアの経済成長と連動して、これらの国々から流れ着くゴミの量が増えている。

てきたが、研究成果の地元への還元はほとんどなされなかった。石垣金星を中心に「西表をほりおこす会」が結成され、島人の足元にある歴史や文化を学び、学んだことを生活に活かす活動が始まった。アイガモ農法による「西表安心米」や有機コーヒーの栽培が行われた。自然環境と観光との調和を目指して、一九九六年、石垣金星を中心に「西表島エコツーリズム協会」が設立された。同協会は、海岸でのゴミ拾い等を行う環境部会（図7―1）、島人文化祭を開催する文化部会、海や島の観察会を実施する山の部会や海の部会等から構成されている。

　石垣金星がよく言う言葉は「大自然こそが大産業」である。西表島の大自然が人間を活かしてくれるのであり、大自然を開発し破壊してしまったら、人間は生きる知恵や場所を失ってしまうという。石垣金星は第一部で紹介した大型リゾート開発の反対運動のリーダーになり、大自然を人間の短期的な経済利益のために開発することは止めるべきだと訴えてきた。石垣金星は、山、川、海に自ら分け入り、自然の中で人間が生きていく方法を大自然から学び、祭りを通じて大自然の恵みに感謝している。また、石垣金星は台湾と西表島との交流にも熱心である。台湾に生息する動植物と西表島のそれはよく似ており、台中一九五号（米の種類）を西表島に導入し「西表米」として栽培できるかどうかを試みている。さらに三線を引き、島唄を謡いながら台湾の「原住民」との文化交流も活発に行っている。

石垣昭子は西表島の天然素材を活用する、染織作家である。西表島の山には入会権が設定されており、織物組合の組合員が山で染色の素材をとっている。天然素材には紅露《クール》（染物芋で山芋の一種）、ヒルギ、アカメガシク、クチナシ等がある。紅露は猪が食する時に、クチナシの実はヒヨドリが食べる頃にそれぞれ染料として使用する。動物が植物を食べる時期に染料を使うと調度良い色が出るという。動植物の生活のリズムに学びながら、人間の手仕事が営まれている。染色作業の過程には、布を海で洗う作業である、「海ざらし」がある。「海ざらし」ができるのは西表島の海が健康である証拠である。一人で染織の全工程をやり、手抜きがないため、品質の良い作品が完成する。分業や海外生産によって大量生産をめざすのではなく、地元の土、空気、水で育てられた素材を用い、少量でも品質にこだわり、作り手の顔が見える作品になっている。作品の買い手も、作品を通して西表島の大自然に直に

図7—2　西表島祖納の節祭

ニライカナイからの幸や平和を島に迎える女性たち。

触れることができる。石垣昭子の工房には日本全国から染織の技術とともに、西表島の大自然の豊かさを学びたいという若者が集っている。

石垣昭子は「西表島はトータルで自給できる。木工、陶器、ガラス、和紙の工房もある。衣食住の自給によって文化力が高まる」と語った。資本の力、分業、効率性を拒否し、自然と人間の生命が織り成す、文化力によって生きようという人々が担い手となって西表島の内発的発展が繰り広げられている。

西表島の古見《こみ》、祖納《そない》、干立《ほしだて》等の地区には長い歴史をもつ公民館があり、地域の自立活動の基盤になっている。年間を通して公民館における最大の仕事は祭りの運営である。祖納や干立地区の節祭《しちまつり》（図

図7―3　祖納の節祭に登場するミルク神

ミルク神の後方にある島、マルマボンサンに向けて、ハーリー(琉球の伝統的な舟)の競争が行われ、ニライカナイ(海上他界)から幸が島にもたらされる。

7―2)のように、広く観光客に開放するとともに、日本列島から来た学生が祭りの準備にも参加できる。

干立の節祭では次のような興味深い場面が展開される。八重山諸島の祭りではしばしば登場するのがミルク神(図7―3)である。たいていの干立のミルク神の仮面は笑顔であるが、干立のミルク神は笑っておらず、緊張した面持ちである。ミルク神とともに登場するのが、オホホと呼ばれる人物である。オホホの仮面には丸い口ひげが描かれ、西欧人風の顔をしている。オホホは大きな袋を担ぎ、住民をカネで惑わそうとしているかのように動き回る。ミルク神は厳しい視線でオホホから村人を守ろうとしているのではないかと思われる。

祭りを通じて、人々はカネよりも大切なものを学んでいるのではなかろうか。

他方、古見地区の豊年祭では、観光客を含めて祭りを見る人は、携帯電話、筆記用具、カメラの持参が禁じられ、一定の場所から祭りを見学することが求められる。西表島の近くにある新城島《あらぐすくじま》の豊年祭も同じような厳粛さで執り行われている。祭りがコンテンツとして記録され、コピーされ、商品化され、大量生産されていくことを村人が強く拒んでいる。

いずれの祭りにおいても、地域住民が大自然の豊穣を神に感謝し、次の年の実りと家族の健康、地域の平和や繁栄を祈り、住民の団結を強めていることでは共通している。

第二節　憲章で自治を確立し、文化力で自立する島

竹富島憲章によって島を守る

竹富島は、町並み、織物、祭り、芸能等、文化を軸にした島おこし運動を住民の力で続けているユニークな島である。「日本復帰」の頃、竹富島全面積の約三分の一の土地が本土企業により買収された。島の乱開発に危機感をもった、松方三郎《まつかたさぶろう》、浜田庄司《はまだしょうじ》、芹沢銈介《せりざわけいすけ》、外村吉之助《とのむらきちのすけ》、バーナード・リーチ等を発起人として、一九七一年に「古竹富島保存会」が結成された。同保存会は、竹富島における一九四〇年以前の赤瓦家屋の保護、農業の育成、工芸活動の強化、古竹富島特別保存地区の設置等を活動の目的にすえた(2)。

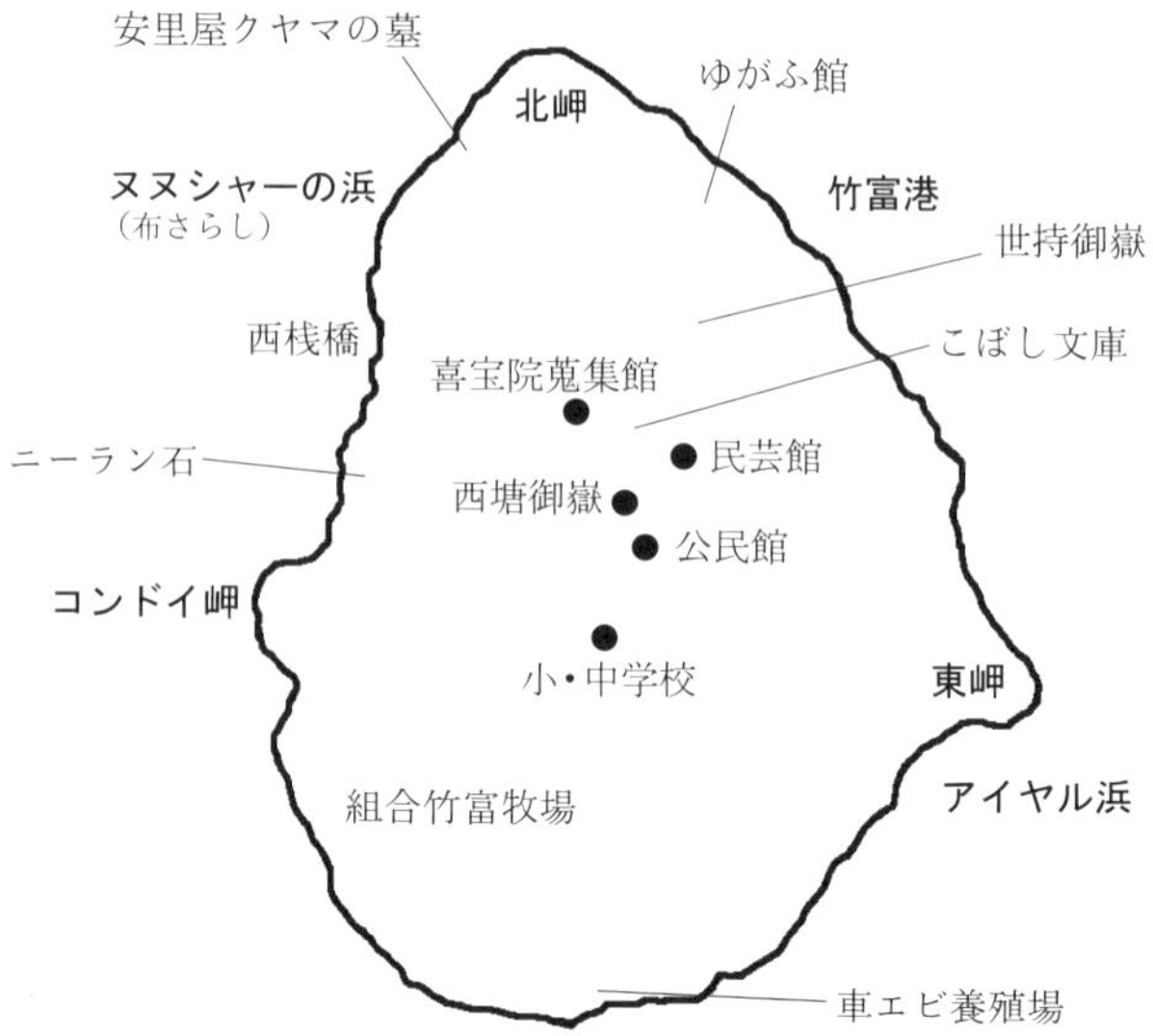

図7—4　竹富島

翌年、「竹富島を生かす会」が設立され、土地の買占めに反対する運動が始まった。同会が掲げた標語は「お金はひととき、土地は末代」である。この言葉は米軍による強制的な土地接収に反対した伊江島の闘いからうまれた(3)。

一九八二年に日本習字教育連盟が習字師範研修所、会員制レクリエーション施設を建設するために竹富島の大半の土地を買収したことを契機に、島の長老、上勢頭《うえせど》亨《とおる》を中心にして「竹富島を守る会」が結成された。同年、「竹富島を守る会」が八重山毎日新聞に掲載したアピール文には「観光資源として竹富島を残すのであれば、適正規模があるはずで、数〔観光客数〕だけ増えれば善しとするものではない」との一文がある。無限成長を突き進む観光開発に警鐘を鳴らした。(4) 外部資本の土地買占めに対して組織された竹富観光開発会社が土地の買い戻しを行った。現在、竹富島出身の上勢頭保《たもつ》は買い戻した土地において車海老の養殖事業を展開している。

一九八二年、沖縄電信電話管理局が約一億三〇〇〇万円の予算を投じ、竹富島にあった電話用電柱約五〇〇本を撤去して、電線を地下に埋設した。その際、約一七〇〇万円が地元民の負担となったが、ほぼ全員が支払いに応じた。(5) また環状道路を建設することにより、住宅地に入る車の数を大幅に減少させ、小さな珊瑚石が敷き詰められた道を残すことが可能になった。珊瑚石の道は毎朝、島の住民によって掃き清められている。

一九八六年、竹富島憲章が公民館会議において決議された。同年には竹富町歴史的景観形成地区保存条例が制定され、一九八七年、国により伝統的建造物群保存地区に指定された。竹富島憲章の内容をみてみよう。

竹富島憲章

「私達は、祖先から受け継いだ伝統文化と美しい自然環境を誇り『かしくさやうつぐみどぅまさる』の心で島を生かし、活力あるものとして後世へ引き継いでいくためにこの憲章を定めます。

保全優先の基本原則

一、「売らない」島の土地や家などを島外者に売ったり無秩序に貸したりしない。

二、「汚さない」海や浜辺、集落等島全体を汚さない。

三、「乱さない」集落内、道路、海岸等の美観、島の風紀を乱さない。

四、「壊さない」由緒ある家や集落景観、美しい自然を壊さない。
五、「生かす」伝統的祭事、行事を精神的支柱として民族芸能、地場産業を生かす。
私たちは、古琉球の様式を踏襲した集落景観の維持保全につとめます。
私たちは、静けさ、秩序ある落ち着き、善良な風俗を守ります。
私たちは、島の歴史、文化を理解し教養を高め、資質向上をはかります。
私たちは、伝統的な祭を重んじ、地場産業を生かし、島の心を伝えます。
私たちは、島の特性を生かし、島民自身の手で発展向上をはかります。〔中略〕

五、島を生かすために
竹富島のすぐれた良さを生かしながら、住民の生活を豊かにするために、牧畜、養殖漁業、養蚕、薬草、染織原材料など一次産業の振興に力を入れ、祖先から受け継いだ伝統工芸を生かし、祭事行事、芸能を守っていく。
1、伝統的祭事、行事には、積極的に参加する。
2、工芸に必要な諸原料の栽培育成を促進し、原則として島内産物で製作する。
3、創意工夫をこらし、技術後継者の育成に努める。
4、製作、遊び、行事などを通して子ども達に島の心を伝えていく。

六、外部資本から守るために
竹富島観光は、もともと島民が、こつこつと積み上げてきた手づくりの良さが評価されてきたのである。外部の観光資本が入れば島の本質は破壊され、民芸や観光による利益も住民に還元されることはない。集落景観保存も島外資本の利益のために行うのでないことを認識し、次に掲げる事項は、事前に調整委員会に届けなければならない。

1、不動産を売買しようとするとき。
2、所有者が氏名、住所を変更しようとするとき。
3、土地の地番、地目、地積に異動を生ずるとき。
4、賃貸借をしようとするとき。
5、建造物の新・増・改築・取り壊しをしようとするとき。
6、島外所有者の土地に建物等が造られようとするとき。
7、その他風致に影響を及ぼす行為がなされようとしているとき。

この憲章を円滑に履行するために、公民館内に集落景観保存調整委員会を設け、町、県、国に対しても必要な措置を要請する(6)」。

「かしくさやうつぐみどぅまさる」とは「協同一致の精神は一人の人の知恵に勝る」という意味である。通常は企業の誘致を地域活性化の方法と考えるが、竹富島では外部資本に土地を売らず、島民自身が助け合うことに発展の土台をおいていることが分かる。

石垣島出身の私の母は「なまどぅ、てーどぅんからすとっるっとぅ　おーたっちょ(今、竹富島からひょっこりきたよ)」と言って、約六〇年前に竹富島の親戚が母の家を訪ねた思い出を私に語ったことがある。「何もない島」だからお土産を持参しないでやってきたという、竹富島の状況が母の言葉から伝わってくる。竹富島は「いしがんぱらー(石しかない島)」とも呼ばれていた。山や川がない。粟や麦などしか育たない。よって染織等の手仕事が発展し、住民は唄や踊り、祭りに精力を注ぐようになり、文化力を身に付けるようになった。土地が狭く、地味に乏しい「何もない島」、竹富島で長期にわたり安定した生活を維持するために、住民は短期的な利益しか入らないリゾート開発を拒否し、自らの力で創りあげてきた文化を基盤とした生き方を選択したといえよう。

文化が経済を救う

「竹富型の観光」とは竹富島住民による竹富独自の文化を活かした観光のことである。この方式は、外部資本、主に本土資本に対抗するために打ち出された、住民による様々な試みの全体をさしている。「竹富型の観光」という呼び方は、外部の大企業による開発をハワイ型とし、地元主導の観光を竹富型としたことで定着するようになった[7]。

島外の人間が島の土地を買いたい場合、集落景観保存調整委員会に届け出るほか、島の祭りや道路の掃除等に参加することにより、島の文化や生活に愛着を持っていることを島の住民に認知してもらう必要がある。最終的には公民館会議における議決によって土地を売るかどうかを決めているという。全く土地を売らないのではなく、島の自然や文化の中で永住したいという意識があれば土地を確保することができる。公民館を軸にして竹富島の自治が形成されているのである。

このような措置は、資金のある需要者が供給者を見つければ自由にモノの売買ができるという市場経済の原則からすれば、経済行為を抑制する大きな阻害要因であるといえる。しかし、島の住民には将来にわたり島の自然、文化を維持しながら生活をしたいという希望があり、その目標を実現するための組織を自主運営している。自治の力が市場の論理を超えている。

景観のために保存されている赤瓦の住宅（図7―5）は、住民にとっても快適な居住空間であった。竹富島の民家は、台風を防ぐとともに風を取り入れる仕組みが備わっている。赤瓦は雨を吸収し、蒸発させる。建築材としてイヌマキやチャーギの木を使用しているが、それはシロアリに強い木材である。家屋を再建する際、一〇〇年前の建築材を再利用する場合が多い。福木や珊瑚の石垣で囲まれた赤瓦の住宅は台風でも壊れない。また真夏でも涼しい風が開放的な縁側から家の中に入ってくる。以前は赤瓦で飯が食えるかといわれたが、約一二〇の家が保存家屋とされた。国からの支援を受けて建て替えが行われるとともに、文化庁は新築家屋の建造に対しても資金助成を行っている。観光化のために大規模な施設をつくる必要はない。島の人々の営み、生き様という島人の誇りが街並みから伺える。上勢頭芳徳《うえせどよしのり》は、「竹富島では文化と自然を守ることが生活に結びついており、文化が経済を救っている。住民はご先祖に感謝している」[8]と語った。

年間約三五万人の観光客が竹富島を訪問する。現代文明の中で人間が失ったものを探しに来島するのではなかろうか。現代文明に流されず、頑なに自らの島の文化や生活を大切に守り、それを未

図7—5　竹富島の町並み
古い赤瓦や古材を再利用して、家屋の保存修理が行われている。

来に繋ごうとしている人間の生き様に触れたいために、観光客は竹富島にやって来るのだろう。島の文化は長い歴史の中で鍛えられるとともに、「土地を売らない」という住民の強い意志の下に形成されてきた。

竹富島自立の核になっているのが公民館である。その原点は一九一七年に設立された同志会に遡ることができる。「働く者にしか果報はない」と書かれた標語が村中に張られた。竹富島以外に黒島、小浜島、与那国島でも同志会が活動を行っていた。同志会は一九四〇年に部落会に名称を変更した。一九四七年に部落会は住民自らの力で竹富実業高校の校舎を建設し、開校させた[9]。

現在、公民館は法人化し、共有地を公

民館有地に変える手続きを進めている。公民館の運営収入のうち約半分を占めているのは、民宿、レンタル自転車店、水牛による観光案内業者等が売り上げに応じて支払う公民館協力費である。島の全世帯も自治会費を公民館に収めている。二〇〇三年に設立された特定NPO法人「たきどぅん」は、島の文化や歴史を紹介する「ゆがふ館」を運営している。同NPOの収入も公民館の運営費として還元されている。

公民館は島の行政的な活動の一端を担うとともに、祭りの日取り、人と神との仲介者となる司《つかさ》との調整、奉納芸能の準備等も行う。祭り、敬老会等の行事の際にも公民館が分担金を住民から徴収する。最も多くの人間が参加する祭りが種取《たんと》り祭《さい》である。二日間で七八の芸能奉納が島の神に披露される。島の住民や、郷友会（島出身者で他地域に住む人びとからなる組織）の会員が唄い、踊る。島の子供も祭りに参加する。祭りに参加した子供たちは島のよさ、人の心の温かさが心身に刻まれるだろう。子供たちが就学や就職によって一度島から出ても、祭りの記憶が子供たちを島に呼び戻す働きをすると言われている。(10)

竹富島のように住民が憲章を作り、土地を守ろうとしているのが、沖縄島南部の沖合いにある久《く》高島《だかじま》である。今日まで久高島の土地のほとんどは部落有地であり、畑や屋敷は私有化を認められていない。部落有地には山や原野、御嶽《ウタキ》等の拝所、共同井戸、クムイ（溜池）、サーターヤー（製糖小屋）等が含まれる。一九八七年のリゾート法成立以降、島外企業によるリゾート建設の動きがあった。それに危機感を持った島の人たちは、翌年、「久高島土地憲章」をつくり、部落総会で承認された。久高島土地憲章は、島の土地が部落総有の財産であることを確認し、島外者に対して土地の売買を認めないと定めている。部落有地の処分に際しては、共同で所有する人たち全員の同意が必要である(11)。

第四部で論じる太平洋島嶼国においても、親族間で土地を共有しあうという共有地制度が広範に存在している。ほとんどの太平洋島嶼国では外国人や外国企業による土地所有を認めていない。共有地を外国人や外国企業に貸す際、土地の共同所有者全員に加え、伝統的首長の同意を必要とする場合が多い。十九世紀以降、欧米諸国や日本により島嶼の貴重な土地が奪われ、住民の生存が危機的状況に陥った経験を踏まえて、憲法に共有地制度、伝統的首長の権限や役割を明記するようになった。面積の狭い島嶼では、外部勢力によって容易に土地が占有されうる。外部勢力にとって土地は単に生産要素の一つであるにすぎない。しかし、島嶼民にとって土地は先祖が埋葬された聖なる所、祭りが挙行される所、島の人が生活のための資源を採集する所、生きるための空間である。経済的価値以上の価値を有するのが島の土地であり、竹富島では憲章、公民館を通して土地を守る島人の強い意思が示されてきた。

第三節　人間の結び合いを発展の土台にしている島々

波照間島のユイマール

現在、波照間島にはコンビニ、スーパーはなく、五つの村それぞれに南共同売店（図7—7）、丸友売店（北農友協同組合）、名石売店、まるま共同売店、富嘉共同売店がおかれている。例えば、南共同売店では南地区に住む各世帯が共同売店の株を購入し、組合員が売り子として働いている。売店の組合長、専務、理事は二年の任期であり、住民により選出される。利益を貯めて購入した車によって、港から共同売店までの荷物運びを組合員交代で行っている。利益は配当として各組合員にも分配される。また利益の一部は祭りの費用としても活用される。共同売店の営業時間は朝七時半から一二時、そして一五時から一九時であり、農家が畑で働いている時間に合わせている。共同売店は商品の販売だけにとどまらない。売店のノートに名前と金額を書いてお金を貸すこともある。村人が井戸端会議をする机や椅子が売店の中や外に置かれている。島外に住む家族が、年老いた家族の様子を売店の売り子を通じてみてもらうことある(12)。

近年、石垣島に大型スーパーができ、子供の用事で石垣島にでかける機会の多い若い住民の中には大型スーパーで価格の安い商品を大量に買い込む人もいるという。スーパーの中にはまとめ買いをする客のために、港まで荷物を運んでくれるサービスをする店もある。石垣島の近代化が波照間

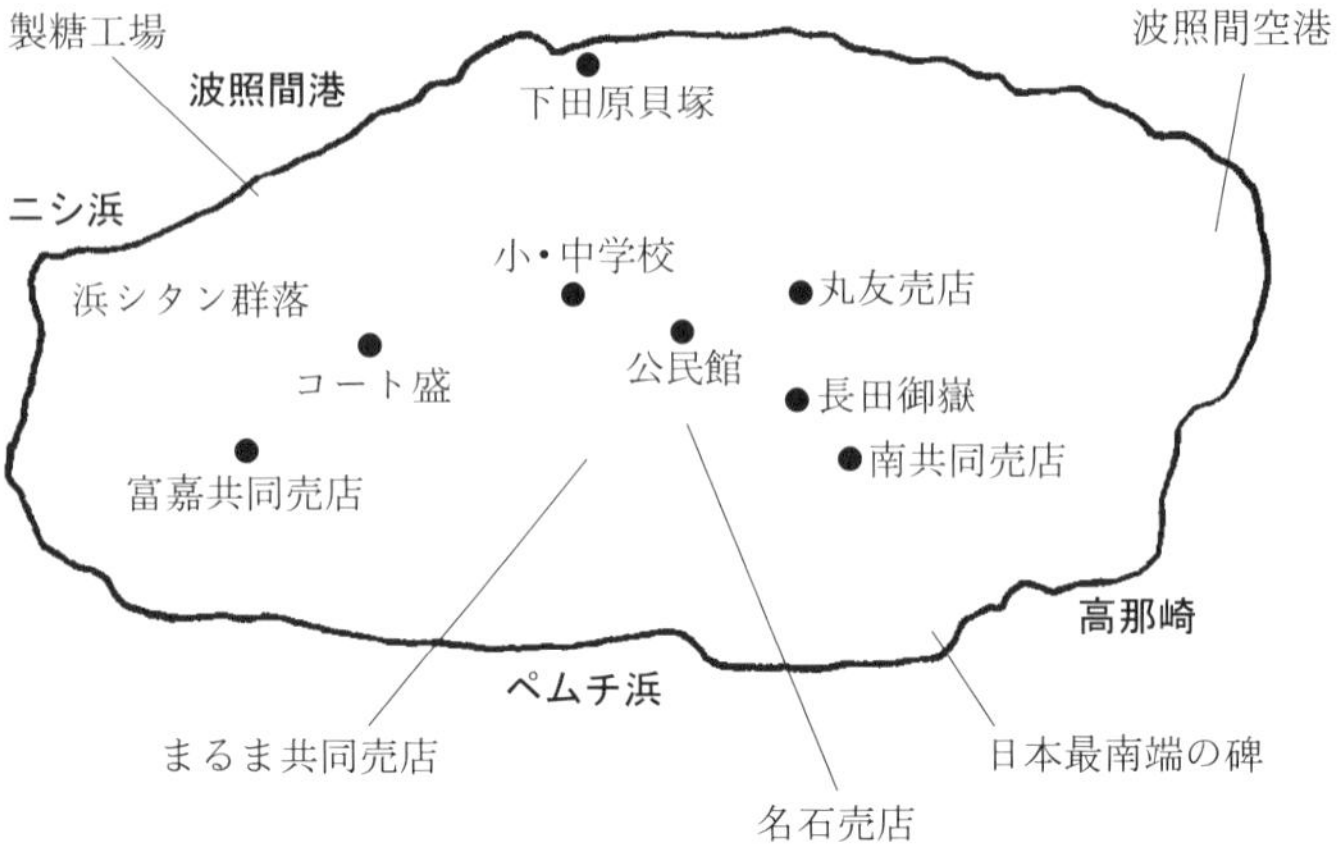

図7—6　波照間島

島の共同売店の経営に影響を及ぼしている。島からあまり出ることのない老人にとって共同売店は、生活また心の支えとしても不可欠な存在である。

琉球における最初の共同売店は一九〇六年に設置された沖縄島北部にある国頭村奥区の共同売店である。それが設置された背景には次のような事情があった。他地域の商人が村の林産物と日用品の交換を独占し、延べ売りを行ったため村人は借金を抱えるようになった。このような困難な状況を克服するために、村人は生産物の共同販売、日用品の共同購入を始めた。共同売店の株は一人一株を原則とし、永住の見込みのある者に限り加入が認められた。奥の共同売店は村内における共同販売や購入以外にも、農林産物の村外への販売、預金・資

図7—7　南共同売店

店内には日常生活用品のほか、島の特産品であるモチキビ、波照間島の泡盛「泡波」等が売られていた。

金の貸し出し、茶の生産、材木の共同集荷等も行った。その後、大宜味《おおぎみ》村、東《ひがし》村、名護《なご》市、本部《もとぶ》町、宜野座《ぎのざ》村、恩《おん》納《な》村、読谷《よみたん》村、伊平屋《いへや》村、伊是名《いぜな》村等の沖縄島北部地域だけでなく、石垣島、宮古島、西表島、波照間島等にも共同売店が置かれるようになった。奨学金の提供、製糖、酒造、精米等も行う共同売店もあった。現在、南琉球には共同売店が約七〇店あり、通常の小売店としての機能だけでなく、電話の取次ぎ、地域や住民への貸し付け、掛買い、地域で生産された物の販売等も行い、地域の共同性を現代に引き継ぐ拠点になっている。[13]

　波照間島の基幹作物はサトウキビである。一九六二年にサトウキビの中型工場による製糖が始まったことで、サトウキビ、米、粟、麦等の多毛作栽培からサトウキビ一本の単作栽培に拍車がかかった。各村に一〇〜一五戸からなる組がつくられ、各組は組長を交換で選出している。各組員が栽培したサトウキビを全組員が共同で刈り取るというユイマール方式と、刈り取りの労働の対価として賃金をもらう、賃金方式とをあわせて行っている。住民の高齢化にともない、組以外からの応援を必要とする組もある。女性だけの世帯でも男性が協力してくれる。(14)

小浜島の共同性

ＮＨＫのテレビドラマ「ちゅらさん」の舞台になったのが小浜島である。島内にはドラマに関連した観光スポットがいくつかみられ、リゾート問題も発生している。他方で島嶼社会の共同性も伺うことができる。公民館は運営費として、企業や住民から戸数割り、生産割りで金銭を徴収している。祭りの費用は村ごとに集めている。ヤマハリゾートの「はいむるぶし」はリゾートの規模をこれ以上拡大しないという契約を公民館との間で結んだ。「はいむるぶし」は公民館の主催で挙行される敬老会やゲートボール大会への寄付を行うとともに、行事の場所をも提供している。(15)

小浜島の豊年祭は島の人が中心に行っており、外部の者には無制限に開放していない。カメラ、筆記用具の持参を禁じている。琉球王国時代、国王の王妃になった女性の生活のために小浜島の細《くま》崎《ざき》に魚垣《ながき》(16)（**図7—9**）が与えられた。王妃の家系である稲福《いなふく》家が代々、魚垣を管理してきた。現在も四月に魚垣を利用したスク漁が行われている。(17)小浜島の人々は外部に開放すべき部分と、そうして

図7―8　小浜島

はいけない部分を明確に分けて、祭りを守り、古来の漁法を現代に伝えている。

各家庭に機織りの技術が伝承されている。女性が織った着物をその家族が祭りなどの時に着る。慶田盛正光《けだもりまさみつ》、慶田盛英子《ひでこ》は自宅の一部を小浜島民俗資料館として、生活民具、農具、着物、機織機、昔の写真等を展示し、島の歴史や文化を観光客に語り、機織を教えることもあるという。慶田盛英子は自分が織った着物を子供や孫が着ているのを見ると、自分が子供や孫を抱きしめている気持ちになると話してくれた。(18)

元小浜公民館長の仲盛長儀《なかもりちょうぎ》は三線の師範であるとともに、島では少なくなった稲作を行っている。仲盛は小浜島の人々の気質を「なろうね」という言葉で表現できると語った。その意味は「できるように。皆

図7—9　小浜島の魚垣

同様の魚垣を、2006年2月に、太平洋諸国の一つ、ツバルで見ることができた。

さんは皆さんで、我々は我々」というものである。[19]時代の流れに身を任せると島の文化がくずれる。島の伝統を守るために、「島は島でやる」という、独立独歩の生き方を貫くという、島人の姿勢を「なろうね」から伺い知ることができる。

黒島青年の役割

黒島でも他の八重山諸島と同じく、「復帰」前後、本土企業の名鉄観光によって島の土地が買い占められた。名鉄観光は観光牧場やゴルフ場の建設計画を策定した。島がリゾート業者の支配下に落ちていくのに対し、若い人を中心にして土地の買戻し運動が始まった。リゾート開発が失敗し、リゾート内で飼育していた孔雀約一〇〇〇羽が野性化し、島中を徘徊

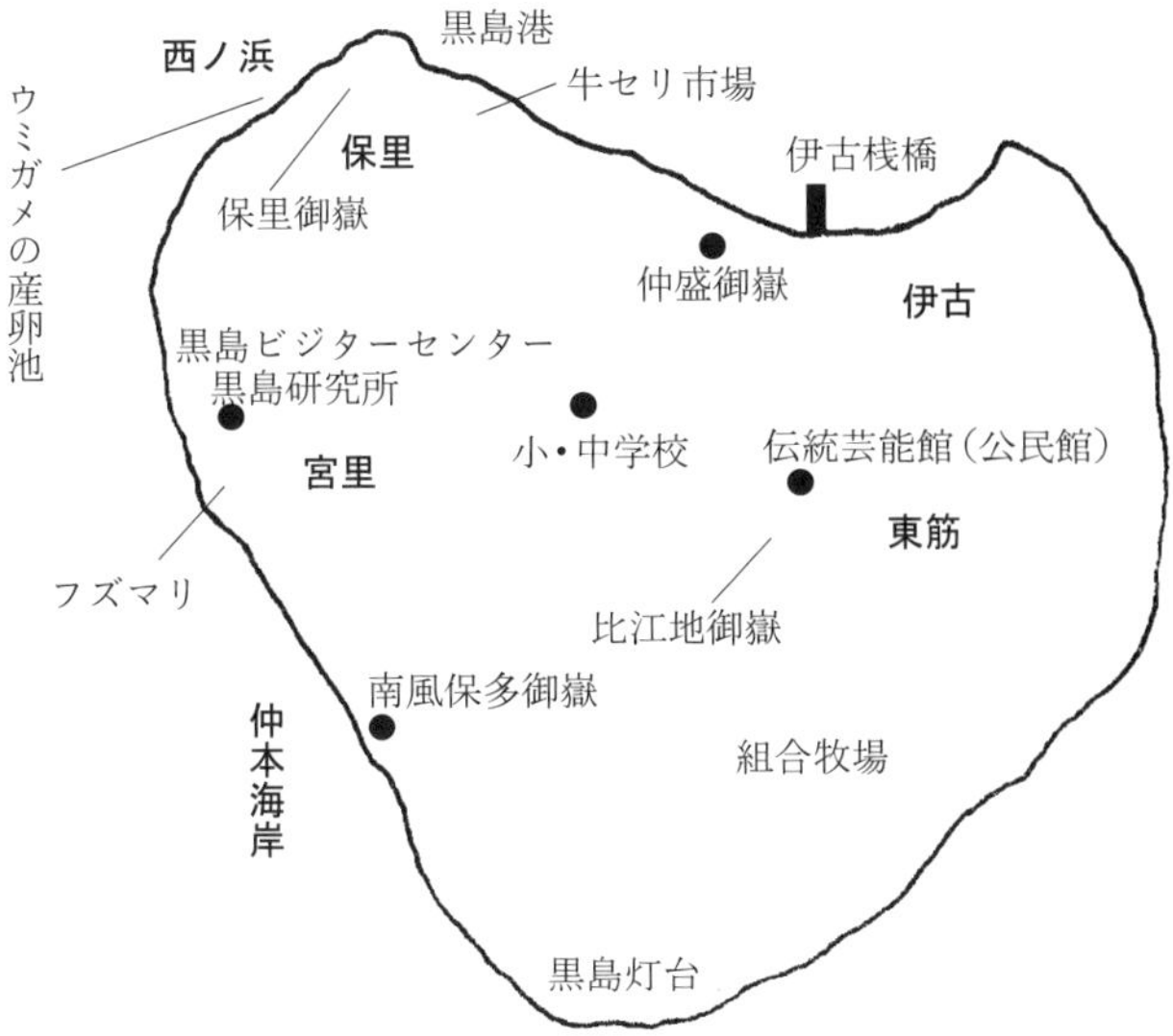

図7―10　黒島

するようになった。現在、孔雀による糞害、野菜や牛舎の肥料への被害が生じている。孔雀は黒島に生息していた鶉《うずら》を絶滅させたという。島に元々存在しない動物を人間が持ち込んだため、島の生態系が変わり、住民にも被害を与えている。[20]

黒島は地中に石が多く、土地を耕し、作物を栽培するのが困難な島であった。土壌も豊かであるとはいえない。島に住み、黒島の牧畜業を成功に導いた人が船道賢範《ふなみちけんぱん》である。戦前、黒島では粟、麦、イモ、大豆、小豆、青豆、ゴマ、コーリャン、サトウキビ等が栽培されていた。戦後、製糖工場がなくなった後、タマネギ栽培や牧畜が始まった。住民はスタビライザーで石を地中から掘り出し整地した後、牧草を植えて牧場を完成させた。現在、黒島には約三〇

図7—11　黒島の牛

毎年２月に「黒島牛まつり」が開かれ、牛との綱引き、牛の体重あてクイズ、民謡大会等が行われる。

○○頭の牛が飼われており、島の一大産業となった（図7—11）。機械での共同作業や、旅行で島から出かける時に牛の世話をしてもらうなど、ユイマールの慣行がみられる。[21]

黒島でも公民館が島の自治の中核的役割を果たしている。黒島公民館の仕事は、祭りの準備や運営、学校の各種行事への協力、町からの委託業務（例えば道路の維持管理）、廃車約一○○台の処理、家電リサイクル法にともなうゴミ処理問題への対応等がある。神山光《かみやまこう》永《えい》公民館長は長年、沖縄県庁で働き、退職した後、先祖の位牌が祀られている実家の仏壇を守るために島に戻ってきた。[22] 公民館長は島の柱であり、報酬は少ないが島人のために働いていた。

終戦後、黒島の人口数は約一六〇〇人、その中で児童生徒数は約三〇〇人に及んだが、二〇〇五年現在、人口数は二三一人、小学生が一一人、中学生が八人であり、複式学級で授業が行われている。児童生徒のうち、本土出身者の小学生が六人、中学生が四人いる。子供の中で黒島の言葉が話せるのはほとんどいないという。しかし、七年程前から二十代青年のUターンが目立つようになった。黒島の牧畜業が好調であり、若者が働ける機会が増えたからであるとされている。[23]

都会から若者はなぜ島に戻るのだろうか。都会では巨大な組織の一部になり、他者との関係も無機的になりがちである。一人の力では社会状況を変えることはできず、大きな流れに身を任せ、受身的な態度になりやすい。だが島では一人で何役もこなす必要に迫られる。お互いの顔がよく見える関係にあり、生活をするうえで隣人の助けがなくてはならない。人口も少なく、若い人の数も限られているため、島の祭り、島おこし、各産業等でも一人一人の役割に期待が高まる。小さな島では自分がやったことの結果が見えやすい。島では、人間としての生活の充実感が大きいという、青年達の声を聞くことができた。

与那国島の自律と交易

与那国島における人口数の推移をみると、一九四〇年が四五八〇人、一九七〇年が二九一三人、二〇〇〇年が一八五二人と減少傾向にある。[24] このような中で与那国島は国の構造改革の煽りを受けつつある。管制塔のない与那国空港において与那国島空港測候所は、飛行場周辺の天候をパイロッ

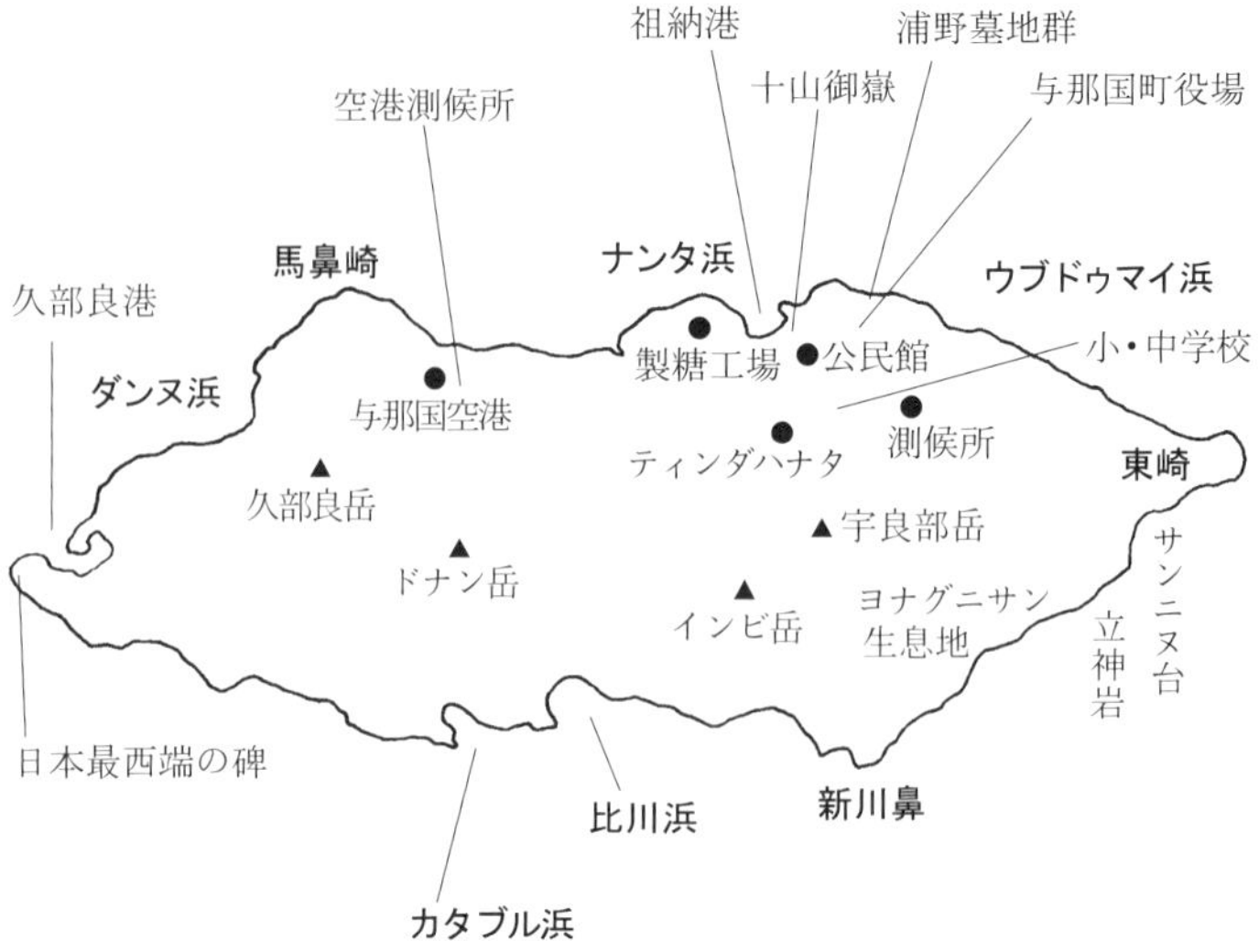

図7—12　与那国島

トに知らせて離発着を誘導するという重要な役割を果たしている。与那国島空港測候所に対する国の予算措置がなくなり、同測候所の業務を専門外である町職員が行わなくてはならなくなった。(25)

二〇〇五年三月一七日をもって、那覇地方法務局与那国出張所が廃止された。同事務所で行っていた登記事務は那覇地方法務局石垣支局で行うことになった。住民は登記の手続きのため、飛行機で片道三〇分、船で四時間かかる石垣島まで行かなくてはならない。郵政民営化により、郵便局の存続も危ぶまれている。八重山諸島の中で銀行があるのは石垣島だけであり、その他の島々では郵便局が金融機関として重要な役割を果たしている。国レベルでの市場原理主義が島々に適用されると、市場の中で競争力のない島々は「敗者」として市場から退場する運命となろう。市場原理主義に突き動かされた国は、日本の最西端の島から人間がさらに消えていくような政策を推し進めている。

与那国町は財政赤字を抱え、石垣市、竹富町との合併をも一時は検討したが、二〇〇四年の住民投票の結果、合併せず単独で財政再建を図ることになった。与那国島の再生を目指して、二〇〇五年、「与那国・自立へのビジョン」が提示された。その中で特に強調されたのが、自治公民館の役割である。自治公民館の公的仕事の範囲を拡大し、役場の業務を縮小して財政支出を削減することが目標に掲げられた。まず、自治公民館を法人化し、自治公民館条例を制定し、NPO、民間ボランティアを育成する。自治公民館の公的仕事としては、老人介護、草刈、簡単な道路の補修、建物補修、島外居住者所有の墓地の清掃、保育サービス等が考えられている[26]。

与那国島は沖縄島、石垣島よりも台湾島の方が近いにもかかわらず、生活・生産物資を遠方から輸送しなければならず、島内の物価高を招いている。物価高による生活苦も人口減少の原因の一つである。台湾島との交流が進めば、島の中で人が働く機会も増えてこよう。以上のような理由から与那国島は台湾島との文化的、経済的な交流を目指し、①国境離島型開港、②台湾島の花蓮港との直接航行、③査証免除を内容とする「国境交流特区」を二〇〇五年に日本政府に申請した。③は日本全体で認められた。①と②を実現するには、外航船の入船数が年間五〇隻以上、貨物量が年間一五万トン以上、港湾施設として五〇〇〇トン級の船舶が着岸できるバースが二つ以上必要であるという、旧大蔵省の内規をクリアーする必要がある。しかし二〇〇五年時点の、与那国島における入船数は年間二〇隻、貨物量は年間六万トン、二〇〇〇トン級船舶用のバースは一つしかない。これらの規制を撤廃して、台湾島との直接交易によって生活苦を緩和するために、与那国町は「国境交流特区」を日本政府に求めたのである(27)。

しかし、日本政府から不許可との回答が下った。その理由は次の通りである。北朝鮮などの船に対して規制を強化している状況の中で、与那国島だけに対して規制を緩和できない。与那国島の祖納港を開港して外国船舶を往来させるには、港に税関、出入国管理事務所、検疫所を置かなくてはならない。しかし、これらの施設の設置が認められるために国が定めた基準を与那国島が充たしていないというものである(28)。

与那国島では国境が島人の自由な移動を妨げ、島は大海の中で孤立している。日本政府は三位一体の改革で地域の自立化を求めながら、全国一律の法規制を与那国島まで機械的に適用し、島を日本の「最西端」の位置に固定化し、身動きができないようにして、島を衰退させてきた。国家が島を押しつぶしている。

太古において東南アジア島嶼や台湾島からカヌーに乗って人びとが太平洋諸島に移住してきた。そして島嶼間を自由にカヌーで移動して、自分の島に無いものを他の島から取り入れる交易活動により島の自給自足体制を補完してきた。もともと海とは島人の移動を妨げる障壁ではなく、移動の手段であった。台湾島が日本の領土であった時代には琉球弧の人々が台湾島に渡った。太平洋戦争直後、国境線が不明確になった時期において、与那国島は台湾・香港・マカオ等と琉球の島々を結ぶ交易の拠点として多くの人びととの往来がみられ、島は活気に満ちていたという。与那国島と他の島の間に海が存在していたのであり、島と島を結びつけていたのが海であった。琉球弧の島々の連なりをさらに台湾島まで広げ、そしてさらに中国、東南アジア、太平洋諸島の島々や沿岸部とつなぐことで、琉球弧は多様な島人が交流する豊かな文化の花が咲き誇る地域となろう。日本は琉球に米軍基地を押し付けるだけにとどまらず、閉鎖的な国家体制をも強制しているといえよう。

第四節　自給自足ができる村

イノーの経済

石垣島白保《しらほ》村の人口は約一六〇〇人である。白保の地先の海は「魚湧く海」、「海が育ての親」、「命をつなぐ海」、「海の畑」といわれ、住民の生命を守ってきた場所である。赤瓦の漆喰、踏み石、井戸の材料として珊瑚石が利用されてきた。漁民だけでなく、農民も海からその日のおかずを取っていた。一二〇種類以上の造礁珊瑚があり、七種の海草が確認されている。旧暦三月三日の浜下り、旧暦五月四日のハーリー（船漕ぎ競争）等の祭りも海と結びついている。白保の豊年祭（図7―13）においで人々は巻き踊りをするが、踊り唄の中にケーラという海の幸に感謝する唄がある。[29]

かつて珊瑚礁を埋め立てて新空港を建設する計画が浮上した際に賛成派と反対派に白保村が分裂し、公民館も二つに別れた。開発により同じ村人であり、親戚であっても口をきかないようになっ

図7—13　白保の豊年祭(プーリー)

「稲の一生」として、村の各班が稲作過程を毎年異なる形で演じ、踊るのが祭りの特徴である。

た場合もある。その後、公民館は一つに統合された。現在、白保村の近くに建設予定の新空港に対して、白保公民館は反対の意思を示しておらず、かつてのような大きな反対運動はみられない。

白保村では島おこし、自然との共生を目指した試みがみられる[30]。世界自然保護基金（WWF）が白保に設置した「しらほサンゴ村（WWFサンゴ礁保護研究センター）」において、二〇〇四年から白保郷土料理研究会の活動が始まった。それはイミジナー、長命草等、人間にとっても有用な自然の有り難さを知るために、自然の素材を活用した料理法を地域の住民が学びあうという活動だ。また、サンゴ村では「ゆらてぃく白保日曜市」が開され、村のもち屋、味噌屋等、手作り食品の良さを地元民、観光客が知って、村の小さな産業を育てるという試みも行われている。「ゆらてぃく」とは「寄ってらっしゃい」を意味する。

白保郷土料理研究会は料理をつくるだけでなく次のような活動も行っている。二〇〇五年一一月、同研究会は「人と自然の調和に関する座談会」を開き、以前の村の生活について話し合い、次のようなことを決めた。集落内や庭では除草剤を使わない。庭に白い石を撒き、食べられる野草を植えて雑草が生えないようにする。昔の庭地図を作り、野草料理のレシピを広め、かつて食べた野草を増やす等である。二〇〇六年一月、私が集落内を歩いたとき、赤瓦の屋敷に混じって、幾つもの野菜畑をみることができた。

白保村のイノー（珊瑚礁／図7―14）では、世界的にも貴重な青珊瑚の群落がみられる。シュノーケルやグラスボートで珊瑚を見る観光コースもある。干潮時にはボートが青珊瑚の群落まで航行することができない。しかし、観光客の中には「飛行機の出発時間が迫っているから」という人もおり、業者は干潮時でもボートを引きずり、珊瑚を破壊しながら、現場まで行かざるをえない場合もある。珊瑚を見たいという観光客の欲望、時間に追われた観光スケジュールが貴重な自然環境を破壊している。

このような珊瑚の破壊を食い止めるために、公民館、ハーリー組合、シュノーケル業者八社が参加し、「白保魚湧く海保全協議会」が結成された。同協議会は、海のルール作りを行っている。珊瑚

図7—14　白保のイノー
干潮になれば歩いて海の生物と交わり、生活の糧を得ることができる場所である。かつてはこのようなイノーが琉球にたくさんあったのである。

礁を見る際に注意すべきことを観光客に伝えたり、海垣（インカチィ、小浜島にあるような魚垣）を復元させた。

現在、白保では「白保村憲章」づくりが進められている。次のような六つの基本方針が示されている。

一、伝統芸能や風習、文化遺産を受け継ぎ、独自の文化を未来につなげます

一、世界一のサンゴ礁環境を守り、人と自然の豊かな調和を図ります

一、石垣、赤瓦、フクギを愛し、落ち着きのある街並みをつくります

一、恵まれた自然を活かし、自然循環型農業、畜産業、漁業を振興します

一、地域の教育力を高め、次世代を

担うたくましい子供たちを育てます

一、ゆらてぃく〔寄ってらっしゃい〕の心を守り、広く世界の人々と触れ合います

公民館役員、老人会、婦人会、青年会、移住者、郷土料理研究会、白保魚湧く海保全協議会等、白保に住む人々が車座で村の憲章について話し合い、さらに具体的な内容を決めている。

白保のユイマールとして次のような活動がある。村人にとって神聖な拝所《うがんじょ》であるオンをヤマニンズ〔山を守る大勢の人々という意味〕と呼ばれる人々が清掃をし、守っている。成人式でも行政にまかせるのではなく、新成人自らが協力して準備、運営、片付け等を行う。また地域資源の乱獲を防ぐために、かつて、一定期間、山や海への立ち入りを禁じる、山留め、海留めという慣習があった。白保は人間が生活しやすい村であるという話をよく耳にした。石垣市街地は島の内外から人が集っており、都会的な冷たさがある。他方、白保では村の人全体で子供を見てくれ、叱ってくれる。顔が見える、安心できる社会であるという。近所から野菜をもらい、家の行事でも近所の人が手伝いにくるという関係が現在も続いている。(31)

人間と自然との共生の営み

白保村に住んでいる、八重山織物組合理事長の松竹喜生子《まつたけきおこ》の生き様をみると、染織の手作りを通した、人間と自然との共生の形をみることができる。松竹は次のように語ってくれた。沖縄島の工業高校で紅型を学び、京都でデザインの技を習得したのち、二十歳で石垣に帰ってきた。石垣島で

はこれまで三回、八重山上布織物組合結成の動きがあったが、パイン工場に人手がとられて実現しなかった。一九七六年、同組合が結成された。七〇代、八〇代のオバーたちから染織の技を学ぶことができ、八重山上布の継承が可能になった。現在、組合員は九〇人に及ぶ。

毎年、織物協同組合は後継者育成のための技能講習会を開いている。日本列島出身者で受講したい場合、長期にわたって石垣島に定住するかどうかを面接で確かめた上で、受講を認めているという。糸うみの作業は六〇人程度のオバーたちの仕事である。組合員による八重山上布の年間生産高は約六〇反である。松竹は大量生産を行いたくないという。島でできる範囲、自分たちでできる量でいい。韓国、中国、カンボジア等で生産される値段の安い糸を利用して、上布を織るという話も持ち込まれたが、相手にしなかった。「便利」という価値観に基づいた営みではない。「しらほサンゴ村」で糸作りの講習会を開いているが、地域の人に島の文化の大切さを知ってもらいたいと願っている。

苧麻は日本全国で栽培できるが、冬でも栽培できるのは琉球のみである。組合の畑で栽培された苧麻から糸を紡ぎ布にしていく。染料の素材は福木、クール、ヒルギ、藍である。布の色を通して植物の姿が浮かんでくる。染織の過程で身の周りに育つ自然を活用して、人間が身につける物が生まれることを体感することができる。石垣島のいたるところに自生している、誰もが知っている植物が形になるということが大切である。石垣島に住めてよかったと思う。島の風景はすべて好きである。この島で自分がやりたいことを見つけることができて幸せである、と松竹は語った。(32) 心から島の自然や文化に愛着をもち、島によって自分自身が生かされていると自覚することが、開発から島を守ることにつながるだろう。

白保村に住む九十二歳の慶納《けいのう》ナエの生き方をみてみよう。慶納は次のように語ってくれた。添加物が含まれた物を食べず、昔から伝えられた物しか食べない。水道水も薬品が入っているから最近まで雨水しか飲まなかった。裏の畑で野菜をつくり、イノーで魚やアーサー（アオサ）を採って食べている。魚の中でもカジキなど、遠くの海で採れた魚は食べない。宴会で出されるオードブル料理は食べず、浜辺で行われる海の食事会には参加してイノーで採れる海の幸をいただく。誰にも世話にならず、できるだけ自分の力だけで生きていく。金を借りて立派な家を作ろうとも思わない。昔のありのままの生活の方がいい。貧乏でもいい[33]、と。

二十一世紀の現在、白保の豊かな自然の中で自給自足の生活をしている人がいる。琉球弧の島にある本当の豊かさをそのまま享受すれば、人間は自給自足の生活を生き、長寿を生きることができることを証明している。市場経済化の流れに抗して、人間らしい生き方にこだわる人びとによって、島の完全な近代化、商品化が辛うじて止められている。このような人びとの営みを、これからの世代が継承していけるかどうかが問われている。

第五節　島の内にこそ発展のモデルがある

振興策に対して非協力が必要とされている

琉球弧の開発一〇〇年史を振り返ってみると、開発によって島が経済自立しなかったことが明白になった。「復帰」後の開発政策が失敗したことにより、琉球では市場経済が十全に機能しないという、市場の失敗が歴然となった。開発という人間の暴力に対する、島の拒否反応が環境問題という形で琉球の各地で発生した。人間の都合通りにはいかない。自然を人間の力で手なずけようとしたが、島の自然は市場の支配に屈しなかったといえる。

われわれは開発によって島々を自らの手で管理・統制し、経済利益を無限に生み出そうとしてきた。われわれ自身が島々を開発してきたのだ。そこに琉球におけるエリート層への期待が生まれ、経済学が琉球を開発する上で特殊な位置に持ち上げられた。経済学者たちは政府の審議会等で開発にお墨付きを与え、開発を正当化してきた。

琉球の近代化、開発によって実現したことは、中央により管理しやすい島になったことである。新たな軍事戦略を琉球に押し付ける際、振興開発策をニンジンにして島民を自らの意向に従わせることができるという認識が広まった。島民の方は、もう一つの生き方という選択肢が奪われ、ニンジンを食べないと生きていけないと思い込まされてきた。「経済自立」はいつまでたっても実現することはない。開発を正当化するための建前の言葉に成り果てた。

琉球における観光・開発・基地の三位一体によって琉球の自治が大きく損なわれた。現在、琉球の真の自治を回復するには、日本政府に対する非協力の姿勢が重要であると考える。基地移転のための話し合いとは言葉を変えると、新たな経済開発の交渉に他ならない。それに応じることは、従属の道をさらに歩み進めることを意味する。八重山諸島における「経世済民」の事例でみたように、経済振興策に頼らなくても、人間は島の上で生きていける。政府の経済振興策に対しては非協力の姿勢を保ち続けることで、持続可能な発展が約束されよう。

これまで琉球の開発においてモデルとされてきたのは、日本、香港、シンガポール、アイルランドのダブリン等、経済発展が著しい場所である。しかし、外部モデルの琉球への当てはめは失敗に終わった。琉球という生態的、社会的に独特な性格を有した地域には、地域独自の発展の方法があってしかるべきである。琉球の発展において参照にすべきは、島外ではなく、まさに琉球そのものの島の中にある。市場経済化に抗して二十一世紀の現在まで島々の中で存在し続けてきた、再分配、互酬の社会システムをもう一度見直すべきであろう。

琉球弧の島々の中には、市場経済よりも、再分配、互酬等の部分が大きな割合を占めている地域が多い。市場の論理だけでは非効率性、不合理性が顕著になるのが島の特徴である。経済利益の追求に身を費やす経済人（ホモエコノミカス）はより多くの利益を得るために島から出ていく。このような経済人が住むような環境にすべく、島を無機的で画一的な空間に変えるべきではない。島に住むメリットとして一人ひとりの住民自身が担う役割や、生活の充実感が大きいという点がある。便利さなど、島にないものを強調して、それを埋めようと近代化するのではなく、島の本来の豊かさに目を凝らし、伸ばしていく必要がある。

島の中にある再分配、互酬の働きを制度的に保障しているのが公民館である。竹富島では公民館の自治により、島が市場経済に全面的に覆われ乱開発されるのを防ぐことができた。また島社会の再分配、互酬関係が若者の島へのUターンを促している。

琉球型文明の形成を目指して

今後の琉球弧の島々の発展はどうあるべきだろうか。まず埋め立て、赤土流出等によって珊瑚礁をこれ以上、破壊しないとともに、破壊された珊瑚礁を復活させる必要がある。一度失われた自然を回復するのは容易ではない。琉球弧を死んだコンクリートで埋め尽くすのではなく、生命溢れる珊瑚礁の島に再生させることで、人間も島や海の恵みを享受し、自給自足ができる空間を拡大させる。

そしてスワデシ（国産品の生産や愛用／**図7―15**）をさらに拡大させる。琉球には県産品愛用運動の伝統がある。それは戦後の米軍統治時代、米軍が為替政策により安価な物資を琉球に輸入したのに対し、島の製造業者を中心にして島産品の愛用を呼びかけた運動である。米軍統治時代は現在の琉球よりも島内自給率が高かった[34]。現在、域外住民や観光客を対象にした特産品や土産物が脚光を浴びている。しかし、生活必需品の自給化の方が、琉球人の基本的な生存を保障するという意味で重

図7—15　県産品愛用を訴える伝統工芸の店

７月1日の「県産品の日」から１カ月を「県産品奨励月間」とし、「沖縄の産業まつり」が毎年開催されている。

要である。

珊瑚礁の恵みのほかに、琉球弧の島々で作物を育て、それを加工した、島民を主な対象とした「地産地消」の活動をより一層拡大することで、島嶼経済の基盤を確立する。価格変動の激しい世界市場や日本国内との物流に大きく依存することで被る、経営の不安定性から脱却し、島民の需要に基づく、安定した経営体制を築くことも可能となろう。なぜなら琉球人の生活に根ざした慣習、需要、嗜好は、簡単には変わらないからである。自分の島で不足している物品を他地域から補い、島内で余った作物や商品を他地域に送る交易活動の可能性も、島内の内発的発展が充実してこそ生まれてこよう。

栄養価の高い琉球産の長寿食を食べることで住民も健康になり、地方自治体の社会保障費も減少するだろう。琉球弧の各地において公民館の活動をうながし、住民自らで地域作りを行い、行政依存の状態から脱する。

スワデシはユイマールに基づいた社会経済活動によって展開されるだろう。生産者・消費者協同組合、NPO・NGO、共同売店、公民館等、地域の社会的まとまりを土台とする発展を軽視してはならない。競争原理や効率化を推し進めることで失業者を増やすのではなく、人間が地域の中で活躍できる場を生み出す。所得が少なくても「豊かな生活」を享受できる社会を構築する。高い失業率、低い県民所得等の問題を解決するために、あくなき近代化、開発を「経済自立」という名で推し進めているのが現在の琉球である。雇用を多面的、所得を相対的に考える必要がある。

琉球弧最大の産業である観光業のあり方も変更を要する。これまで観光業者の利益の大半は、琉球弧の外に還流していた。琉球という場所だけが利用されてきた。このような搾取状況を変えるために地方自治体は、琉球弧で経済活動を行う企業に対しては、本社が島外にあろうと、公正な税金を課し、財政収入を増やす必要がある。観光業によって環境が破壊されないように、エコツーリズムを観光業の中心に据える。同時に、島々のゾーニング(立ち入り禁止地区)を設定し、入島税の賦課を行う。徴収した入島税は島の環境保護のために活用する。小さな島々において観光業の無限成長を追及するのではなく、琉球の島々の許容量に応じて入域観光客数を制限することで、観光業を持続可能な産業にすることができよう。

島々にはそれぞれ生態的、地理的な特徴があり、産業構成も異なる。島々における自給自足を補完するために対外交易を行う。琉球弧の近傍にある、台湾、東南アジア諸国、太平洋島嶼国、韓国、中国等との交易を促す。南琉球にとって歴史的、文化的に最も重要な島々は北琉球、つまり奄美諸島である。しかし現在、琉球弧の島々は沖縄県と鹿児島県に分断されている。奄美諸島は鹿児島経済圏の一部になっており、琉球弧内の経済的交流は必ずしも活発ではない。琉球弧の島々の交易をさらに推進することで、琉球弧の歴史的、文化的、経済的一体性も回復されよう。また島嶼間の交流が進めば、住民同士が知恵を出し合って、島が抱える諸問題を解決する糸口を見出すことも可能になろう。

琉球における経済発展と基地は、日米両政府、そしてわれわれ自身によって強くリンケージするようになった。琉球の基地問題は日米両国による、琉球に対する抑圧の構造から生じたものである。基地の呪縛から脱するには、抑圧の構造に抵抗するとともに、経済振興策に協力しない琉球人の生き方が求められる。基地問題とは琉球人自身の生きる姿勢にかかわる問題である。

インドのグジャラート語で「文明」は「良い行い」を意味する。マハトマ・ガンジーがいうように、スワラージ（自治）の前提は自分自身を支配できることにある。生活の近代化、都会化、便利さ、利潤追求型社会の形成等が文明の証ではない。自然や社会に対して良い行いをする人が増えれば増えるほど、地域の文明の度合い深まるのである。琉球人が自らの欲望を支配できれば、振興策に振り回されず、制度的な自治も達成できよう。

琉球人は、文明を近代化と同一視せず、琉球独自の新たな文明の形成を目指すべきであろう。新たな文明は誘惑と搾取に対する防波堤になり、外国からの政治経済的、軍事的な支配や侵略を防ぐことも可能になる。暴力（軍事基地）によって琉球を守るのではなく、非暴力（内発的発展）によって琉球を守る。

琉球における同化と異化

琉球において近代化を受け入れる生きかたを同化とし、近代化に抗する姿勢を異化として考えることもできる。辰濃和男《たつのかずお》は琉球の同化と異化の思想を次のようにまとめている。「同化思想の中にあるのは、本土志向型の発想、ヤマトンチュになりきることで生活を向上させることができるという幻想、あるいは信仰、沖縄的な幻想の世界を捨てて近代的な合理主義の世界にはいりこむこと、一体化政策に協力すること、土着の文化を軽視し、なまりのない標準語がしゃべれるように努めること〔中略〕異化思想の中にあるのは、そういう一体化を拒み、日本人のような残虐性は持つまいと考え、戦争に加担するような国になるまいと考えること、近代が生んだ能率主義や競争社会のむごたらしさを拒むこと、孤島の文化と言葉をたいせつにすること」(35)。

同化思想の源流として日琉同祖論をあげることができる。それは、琉球と日本は元をたどれば文化的に同一であるとの主張である。同祖論を主張する文として次の二つをあげることができる。

「熟々思惟するに、此の国の人の生れ初めは、日本より渡りたる事、ゆめ疑いあるまじく、さればこそ、末世の今に至るまで、天地山川五倫鳥獣草木の名に至るまでも、皆日本と共通である。さりながら言葉の末に多少の相違あるは、遠国の上に、久しく通融絶えたる為めである。五穀も人種も同時に日本から渡って来たものである故に、右の祭礼も久高、知念とは限らず、何処で行われても同じ事である(36)」。

この文は十七世紀初頭、琉球王府の摂政となった羽地朝秀《はねじちょうしゅう》によるものである。一六〇九年、薩摩藩に武力侵攻された琉球王国は国内体制を立て直す必要に迫られ、羽地が中心になって各種の施策を行うなかで、日琉同祖論を提示した。

次の文は、近代琉球において新聞社の主筆として大きな影響を与えた太田朝敷《おおたちょうふ》の言葉である。

「沖縄今日の急務は何であるかと云えば、一から十まで他府県に似せる事であります。極端にいえば、嚔《くしゃみ》する事まで他府県の通りにすると云う事であります。〔中略〕全国の百分の一しかない地方でありますから、其れ位な勢力では、到底従来の風習を維持して行くことは出来ない。維持が出来ないものとせば、我から進で同化するか、又は自然の勢いに任すか、取るべき道は此二ツであります(37)」。

太田の時代も、一八七九年に日本政府により王国が滅亡し沖縄県が生まれるなど、政治経済的体制が大きく揺らいだ、琉球史の大きな変動期にあった。太田の「同化論」は社交方法、家族制度、日本語の習得、衣服の改善など外見的な側面に限られており、琉球社会を近代化させることに主眼がおかれていた。[38] この近代化により琉球の経済的力を増し、琉球の従属的、差別的状況を改善しようというのが太田のいう「積極的同化」であった。同化を唱える一方で太田は県庁が琉球の歴史を教えようとしない事に対して「歴史湮滅主義[39]」と批判している。琉球的なものを全て排除するのではなく、琉球に対する差別を避け、近代化を促すための方法として太田は同化論を唱えた。

「琉球、琉球人」はかつて差別用語として日本人によって利用された。琉球の独自性を異質性とみなし、同化するために差別したのである。差別される側は、標準語奨励運動を行い、方言札を琉球の子供たちの首にかけて罰した。「格差是正策」によって日本と同じような「近代化された光景」にしようとした。

近年における同化の動きとして指摘できるのが、大衆的に盛り上がった「祖国復帰運動」である。日本を「母国」、「祖国」と呼び、「民族の統一」が唱えられた。このような中で新川明《あらかわあきら》は次のように「反復帰論」を唱えた。

「日本国が持つカードを奪い返す思想としての『反復帰』論は、現今の日本国の国家体制（システム）が、たとえば天皇制が廃絶され、完全な自治権を持つ道州制に変わるというような劇的な変化がない限り生命力を失うことはない、と言えるだろう。琉球弧の島々が歩んできた固有の歴史時間と、その歴史時間の中で人びとが生み出してきた固有の文化（精神）によって担保される人びとのアイデンティティは、単一化された国家ナショナリズムに無抵抗のまま溶解されるわけはないからである[40]」。

新川はまた以下のように述べている。

「〔琉球独立論は〕沖縄人が日本国とは別に独自に歩んできた歴史によって培われた日本国に対する民族的な異族感、あるいは文化的な異質感に立って、沖縄人が主体的に自らの人間的な生存を保障する社会空間と社会形態を希求し、構想する営みの発現でもある[41]」。

異化の思想とは、日本国に対する「異民感」、「異質感」を抱きながら、琉球弧の固有の歴史、文化、そしてアイデンティティを保持し、主体的に生きる社会空間を広げようとする琉球人の生き方であるといえよう。

日本を正しい基準とし、日本という国家体制の中に無理やり琉球を押し込めようとする状況の中で、琉球は異質とされ、同化に駆り立てる衝動が琉球人の心を支配し、同化、異化という琉球人内の分裂が生じたのである。日本を中心とし琉球を周辺とせずに、琉球自体に立脚して政治経済、社会や文化のあり方を確立する必要がある。開発も琉球と日本とを同一化するという同化政策の一つであるといえる。開発という同化政策が続くなら、琉球はあえて異化の道を進まなければ、琉球の独自性が失われるであろう。

琉球史の地下水脈の中にはこのような異化の思想が脈々と流れてきた。近代化という同化の嵐が吹きすさぶ琉球において、二十一世紀を生きる琉球人の一人ひとりが異化の心に徹し、どのように琉球を守り、新たな文明を形成していくかが問われている。

第四部　琉球の真の自治とは何か

琉球における自治の本源的な目的とは何であろうか。それは島の現在と未来の方向性を住民自身の手で決めることであり、独自な歴史、文化、自然というヴァナキュラーな価値に根ざした地域の形成を目指す試みである。琉球の全てを市場化、商品化して売り物にするのではなく、琉球社会の中に経済を埋め込むことを自治によって可能にする。

琉球の自治を考えるにあたって最初に、一八七九年以来現在まで続いている琉球独立運動の意味について考える。次に大英帝国内における独立運動、ガンジーの思想、太平洋島嶼国における独立や反開発・反基地・脱植民地化運動について検討することで、どのように独立や分権化が実現したのか、何のために独立したのか、真のスワラージ（自治）とは何なのかについて考えてみたい。

琉球が日本から独立することに究極的な目標を置いてはいない。本章では琉球人の真の自治を確立し、近代化、開発主義を超越し、琉球に真の平和をもたらすためには、誰が何をすればいいのかを提言したい。

第八章　琉球独立を巡る動き

第一節　日本人の未解決の課題としての琉球独立問題

琉球独立運動の背景

日本の中で独立運動が長期に渡って行われているのが琉球である。琉球はかつて琉球王国であったが、一八七九年に軍事力により日本に併合され、沖縄県が誕生した（「琉球処分」）。その際、清国に琉球人が亡命して、琉球の独立を求める運動が日清戦争後まで続いた。また太平洋戦争後の米軍統治時代において結成された、沖縄民主同盟、共和党、琉球国民党、琉球独立党等は独立運動を繰り広げた。琉球人による日本への「復帰運動」が展開されるなか、数千人の住民は「沖縄人の沖縄をつくる会」を結成し、「復帰」に反対し、独立を求めた。

琉球の「日本復帰」後も、太平洋島嶼国等をモデルとした独立論が琉球人から提案され、「琉球共和社会憲法私案」、「琉球共和国憲法私案」も提示された。一九九〇年代半ば以降、米軍人による少女暴行事件を契機にして、基地反対運動がさらに激しくなった。また、二〇〇二年に「日本復帰」三〇年を迎えて、「日本復帰」の功罪を検証する議論が活発になった。そのような中で琉球独立関連集会の開催、書籍の出版が相次いだ。琉球人を先住民族として位置づけ、世界の先住民族とともに自決権の行使を求め、日米両政府による不当な琉球支配を国連等の国際舞台で訴える、若い世代を中心とした団体も活動している。

二〇〇五年、琉球において住民のアイデンティティに関する意識調査が行われた。調査結果によると、住民のうちウチナーンチュ（沖縄人）と意識している人は全体の四〇・六%、日本人は二一・三%、ウチナーンチュでありかつ日本人は三六・五%であった。また、独立すべきと答えた人が全体の二四・九%、独立すべきではないと答えた人は五八・七%、地元住民が決めるべきと答えた人は二・八%であった。独立すべきでないと答えた理由として「沖縄は日本の領土だから」としたのは一割程度である。「自立能力」の不備を独立反対の理由として挙げた人は二七・八%であった。「経済自立」に見通しがみえたなら、半分以上の人が独立に賛成すると予測される[1]（図8―1）。「経済自立」のために、より一段の開発を琉球人の手で成し遂げることを独立の条件とするなら、独立は乱

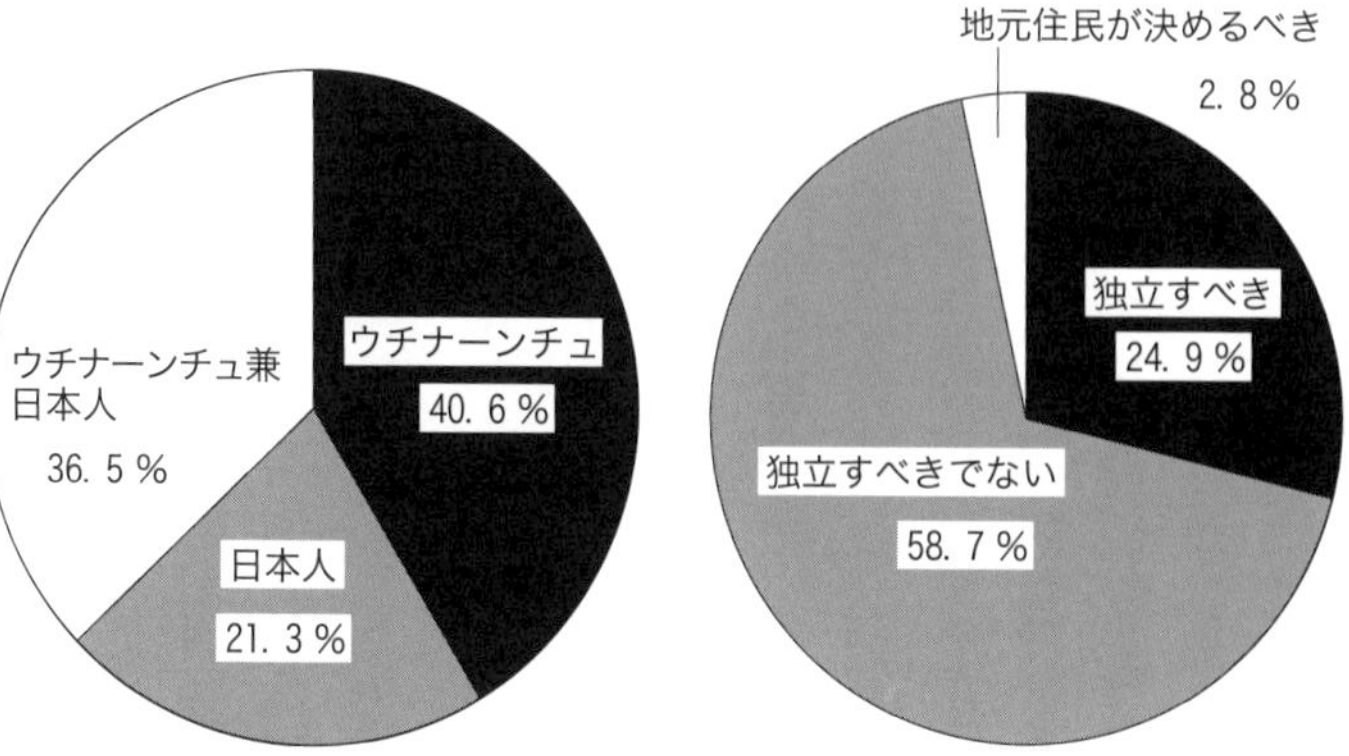

「自分を何人であると感じるか？」　「琉球は独立すべきか？」

図8—1　琉球人のアイデンティティに関する意識調査

琉球大学の林泉忠の調査よる。

開発をともない、島の文化や自然は大きな変容を被るだろう。

琉球において独立運動が盛んである理由として、次の諸点を挙げることができる。琉球は一八七九年まで約四五〇年間続いた琉球王国という独立国家であり、また米軍統治時代において、主に琉球人が運営する琉球政府が存在していた。日本とは独立した、琉球人を担い手とした政府があったという歴史的事実が、将来の独立に対しても琉球人に自信を与える要因として働いている。人口約一三六万人の南琉球よりもはるかに人口規模が小さく、同じ島嶼である太平洋諸島が独立を勝ち取り、独立国家として現存していることからの影響もあろう[2]。

近年のアジア経済の興隆と、琉球王国の大交易時代とを重ねあわせ、経済自立の方法として独立に期待を寄せる意見も聞かれる。その背景には、

「日本復帰」後、沖縄開発庁が主導する形で実施されてきた振興開発政策が失敗に終わり、開発により島の環境が大きく破壊された事実がある。琉球の自然環境を無視した全国画一的な開発手法を琉球に適用しており、失敗は当然であったといえる。

また日本への従属度も深まり、補助金に大きく依存する状況に陥った。独自の自然環境を残しながら、日本政府による経済的、法制度的縛りから脱却して経済主権を奪回し、アジア経済と琉球経済をより太い糸でリンケージさせるために、独立という選択肢の可能性が探られている。

さらに在日米軍基地の約七五％が琉球に押し付けられ、犯罪・事故・騒音等が多発し、琉球人にとって大きな負担になっている。琉球人は「日本復帰」直後から基地の縮小や撤廃を主張しているにもかかわらず、米国の軍事戦略と日本の安全保障を重視する日本政府は、琉球人の立場に立った積極的行動をしてこなかった。独立をすれば日本政府の意向に関係なく、例えばフィリピンのように米軍基地を撤廃できるとして、琉球独立を求める人々もいる。

近年の琉球文化の興隆によって、自文化に対する自信が深まり、ウチナーンチュであるというアイデンティティが強化され、人々の独立への志向性が強まったとも考えられる。琉球人という意識の高まりは心の問題にとどまらず、先住民族として琉球人を考え、国連、国際NGO、先住民族団体等と連携をとり、国際法に基づいて日本や米国による琉球支配を世界に向かって告発するという新しい段階に入っている。つまりこれまでのように日本国内にある諸団体からの支援を求めるのではなく、日本を越えて琉球と世界が直接結びついて琉球の現状を変革しようとしており、運動や意識の面での独立性が、より明確になっている。

欧米諸国と同様に、日本も帝国としての性格を有しており、島嶼・琉球からの抵抗に晒されている。日本にとって独立問題は決して他人事ではなく、また歴史的に決着のついた問題でもなく、日本人一人ひとりに対して今まさに解決が求められている課題であるといえよう。

第二節　奄美諸島と琉球独立

奄美の独立運動

奄美諸島は一六〇九年に琉球王国から分断され、薩摩藩の直轄領になった。通貨の使用や造船が禁止され、系図や古文書も没収された。住民に対してサトウキビ栽培が強制され、薩摩による経済的搾取の対象となった。

十九世紀初頭、奄美諸島に家人（ヤンチュ）が存在していた。ヤンチュとは、薩摩藩の黒糖収奪体制のもとで生み出された債務奴隷である。ヤンチュは、衆達（シュウタ）と呼ばれる豪農たちに租税を肩代わりしてもらい、債務を返済できずにシュウタに身売りした人々である。シュウタの中でも米や砂糖の献上等で特別の功績があった者には郷士格身分が与えられた(3)。

シュウタにとってヤンチュこそが唯一の財産であり、ヤンチュを生殺与奪する権限を有していた。このような体制は明治初期まで続いた。人口の約三〇%がヤンチュであったといわれ、ヤンチュは牛馬のごとく扱われ、売買の対象にもなった。[4] 一八七五年から一八七八年にかけて徳之島と奄美大島においてヤンチュたちによる解放運動が繰り広げられた。[5]

喜界島、奄美大島、徳之島の北三島は一七〇〇年代初めからサトウキビの強制耕作が行われた。他方、与論島と沖永良部島では一八〇〇年代半ばまでは基本的に稲作が中心であった。[6] サトウキビ・モノカルチャーは島々に飢饉をもたらした。例えば、徳之島では一七五五年に約三〇〇〇人が餓死し、一七七二年には大熱病の流行で一七〇〇余人が死亡した。[7]

一六〇九年以降、奄美諸島は他の琉球弧から切り離された。その後も奄美諸島が琉球文化圏の中に含まれていたことは言うまでもない。[8] 琉球文化の基層において北琉球と南琉球とは、言葉、信仰、音楽等、多くの文化的な共通点を有している。北琉球の中でも特に沖永良部島と与論島は、南琉球との関係が深かった。例えば、沖永良部島と与論島の民謡は琉球音階である。[9] 沖永良部島と与論島の言語は、沖縄島北部地域の言語圏に属している。一六〇九年以降も沖永良部島と沖縄島との交易は続き、テーサン船（クミウバ）やマーラン船と呼ばれる平安座船が頻繁に両島間を往来していた。[10]

薩摩藩は琉球弧を分断して、奄美諸島を直轄領とし、琉球王国に役人を常駐させて王府を監視した。これは琉球弧の支配を容易にするやり方であった。同じような関係におかれた太平洋の島々として、サイパン島、テニアン島、ロタ島で構成される北マリアナ諸島と、グアム島がある。二つの地域ともチャモロ人という先住民族が住み、スペインの植民地になった。一八九八年の米西戦争で米国がスペインに勝利したのち、グアムは米国属領となり、北マリアナ諸島はドイツに売却された。

北マリアナ諸島は第一世界大戦後、日本の植民地になり、第二次世界大戦後は米国の信託統治領になった。そして一九八六年に北マリアナ諸島は米国のコモンウェルスとなったが、現在でもグアムは、北マリアナ諸島よりも自治度が低い、米国属領のままである。[11]近年、米政府は原子力潜水艦や爆撃機の配備、海兵隊の移動計画等、グアムの軍事機能を強化している。それが可能なのはグアムの自治権が弱く、米政府が一方的に政策を実施することができるためである。米国は同じ民族が住む島々を分断して支配することで、島々を軍事戦略的に自由に利用しようとしている。[12]

薩摩藩によって分断された琉球弧の島々は、太平洋戦争後ともに米軍の統治下におかれ、再び共通の歴史過程をたどることになった。奄美にも米軍基地があった。例えば、一九五〇年から一九七三年まで沖永良部島には米軍の地域防空戦闘指揮所の大型レーダーサイトが設置されていた。[13]

南琉球と同じく奄美諸島でも独立運動がみられた。一九四七年に奄美共産党が創立され、奄美人民共和国憲法草案が採択された。奄美共産党の行動綱領には、奄美人民共和国政府の樹立、奄美人民共和国憲法の制定とともに、日本に人民共和国が成立したときには、日本共産党への合流が明記されていた。同共和国憲法草案には次のような記述があった。「我々二十二万の人民は、ポツダム宣言の趣旨に沿って、平和と自由と民主主義の原則を基礎とする独立国家をつくり、占領軍の理解の下に、世界の平和国家の援助を得て、理想的な永世中立国家を樹立して二十二万人民の平和と繁栄をはかりたい。我々は、日本本土がポツダム宣言の誓約通り、真の民主主義国家として再出発した時は、相互理解の上に立って、同一民族として統合国家または連邦制国家をつくることを究極の目的とする」[14]。奄美共産党による独立論は、先に日本共産党が主張した「沖縄民族独立論」、および米軍の「解放軍規定」の影響を受けていた。一九四八年八月には日本共産党が「沖縄民族独立論」から「沖縄日本復帰論」へ転換するとともに、奄美共産党内でも奄美人民共和国政府樹立の行動綱領を否定する見解が主流になった[15]。

一九四六年三月の米軍政施行から一九五二年四月の琉球政府発足まで、奄美諸島には臨時北部南西諸島政庁（その後、奄美群島政府に改称）が存在していた。米軍の圧倒的な管理下にあるとはいえ、自前の政府を有し、奄美諸島を行政範囲とする首長を直接選挙によって選出したことは奄美史上初めてのことであった[16]。琉球王国、薩摩藩、鹿児島県の支配下に置かれてきた奄美諸島において制度的な自治の可能性がみえたのが、もう一つの支配者である米国の統治時代においてであった。

奄美諸島の「日本復帰」を前に、米軍の支配が強化されている南琉球との関係を薄くすることで、「復帰」の時期を早めようとする動きがみられた。例えば、「頭に物を載せて運ぶな、着物の帯を前結びするな。琉球民族と間違われ、日本復帰に差し支える」との意見が聞かれた[17]。

一九七〇年代、奄美諸島にある枝手久島における石油備蓄基地建設計画に対する反対運動を行った、新元博文《にいもとひろふみ》は奄美独立に関して次のように考えていた。

「各部落《シマ》に自治を認め、連合して、防衛、外交、教育等については共通の問題としてスクラムを組むことである。もっと言えば奄美連合共和国と言ったものであろう[18]」。奄美諸島の基本的な自治単位であるシマの人びとが、平等な立場で連合して独立する形が望ましいと考えていた。

徳之島の核燃料再処理工場建設計画に反対する人びとが作った垂れ幕には「徳之島核再処理計画反対、祈琉球弧独立！」と書かれてあった[19]。石油備蓄基地、核燃料再処理工場等、日本企業による経済開発、環境破壊に抵抗するなかで、奄美独立、琉球独立を求める声が大きくなった。

次の引用のように太平洋の島国であるパラオの独立運動は奄美諸島にも大きな反響を与えた。

「ベラウ共和国の非核独立は、琉球弧にとって強烈な刺激であった。宇検村から戦前南洋方面の漁業基地に行っていた漁民も多い。『何！　パラオが独立した。たった一万五〇〇〇人のパラオが……！　奄美はその一〇倍じゃ、独立しても可笑しくない』と、久志の老人たちは言うのである[20]」。

石油備蓄基地建設計画に対して、琉球弧の人びとと共に抵抗したパラオの人びとが非核独立を目指していたこと、パラオ諸島が奄美諸島よりもはるかに小規模社会であったことが、琉球弧の人びとに独立への期待を抱かせたのである。

幾重もの支配の綱によって縛られてきたのが奄美諸島の歴史であった。従属の関係性を断ち切り、琉球文化圏という文化的、歴史的、生態的な共通性を有する琉球弧の中で、奄美の人々が真の自治を確立するにはどうすればいいのだろうか。琉球王国時代のように、王府が存在していた首里を中心に奄美諸島、先島諸島を周辺とする中心―周辺システムからの脱却がまず必要であろう。琉球弧の島々は多様な文化、生態系を有しているが、島の価値は同じであり、住民も平等であることはいうまでもない。

一九五三年の「日本復帰」以降実施されてきた、鹿児島県による奄美諸島に対する開発行政は失敗に終わった。島の産業は衰退し、人口も激減し、島の環境も大きく損なわれた。島の開発や近代化を根源的に問う必要があろう。その上で、琉球弧の島々が共有する文化的、歴史的、生態的な基盤を活かしながら、互いの自治を強化し、島嶼間交易によって島の自給自足体制を補完し合うことが可能になれば、新しい琉球弧の歴史を始めることができよう。

第三節　現在まで続く琉球と中国文化圏との関係

華人ネットワークと久米村人

琉球が日本に対して独自な位置に立つことができる理由の一つとして、琉球と中国文化圏との関係が現在でも続いていることを指摘できよう。中国の明朝時代の一三九二年、光武帝が琉球に明への朝貢を勧めるとともに、「閩人《びんじん》三十六姓」と呼ばれる中国人を琉球に移住させ、両国の政治経済的、文化的関係を強化しようとした。これらの中国人は沖縄島の久米村で生活していたことから、久米村人（クニンダー）と呼ばれた。久米村人は外交文書の作成者、通訳、進貢船の船員、外交使節団の一員等として琉球王国の外交、対外交易において大きな役割を果たした。東アジア、東南アジ

図8—2　孔子廟

王国時代に孔子廟があった場所に現在、別の孔子像が立っている。上の孔子廟は1975年に、那覇の波上宮近くに建立された。

アの華人ネットワークの一拠点として琉球の久米村が位置付けられていた。久米村人の中で優秀な人物は数年間、北京や南京にあった教育機関である国子監で学び琉球に帰国した。一七一八年に久米村人の子弟のための学校、明倫堂が設置され、一七九八年に王国の最高学府である国学が創建されると、久米村人が教鞭をとった。

一六七四年に久米村内に孔子廟が建立された（図8—2参照）。孔子廟では王府により祭典が挙行され、三跪九叩頭の礼が行われた。孔子廟は太平洋戦争で破壊されたが、一九七五年に再建された。同年の落成式には、中華民国孔孟学会代表、台北孔廟管理委員会主任、台北崇聖会代表、中琉文化経済協会理

図8—3　天妃像

航海安全の神、天妃（天后、媽祖とも呼ばれる）信仰は15世紀初めに琉球に伝えられた。華人が住むアジア各地にも天妃宮がみられる。華人ネットワークの象徴的存在であるといえる。

事長等が参列した[21]。現在でも孔子廟は久米村人の子孫たちを中心とする人々によって崇敬されている。

孔子廟の敷地の中には天尊廟、天妃宮等、道教関係の廟もおかれている。天尊廟には商売繁盛の神、天妃宮には航海安全の神がそれぞれ祀られている（**図8—3**）。孔子廟には受験の神としてお参りする人も多い。毎年九月二三日になると孔子廟の扉を開き、孔子の霊を導くという、釈奠《せきてん》が行われる。

孔子廟を管理しているのが、久米村人の子孫で構成される崇聖会である[22]。久米村人の子孫は御配領（国王から与えられた土地）の管理や、模合《もあい》（琉球の頼母子講）等によって資金を貯めて崇聖会を設立し、運営している。

久米村人は琉球王国時代、中国文明の様々な文物（芋、三線、空手、書籍等）、技術や制度や儀礼（製糖技術、製紙技術、工芸品製作技術、法制度、墓・先祖祭祀・魔除等）を琉球にもたらし、交易活動、学問、国政等に従事してきたとして自らのルーツに誇りを持っている人が多い。先祖と自分との関係を明示する家譜やその他の文献資料を大切に保管している。中国伝来の先祖祭祀である清明祭等の諸儀礼においても、琉球の他の親族集団である門中《もんちゅう》と異なる仕来りを有し、供え物も違うという。

崇聖会は人材育成、道徳教育にも力を入れている。那覇市育英会に育英資金を寄付している。久米村人の子供たち一〇人を、福州と北京に派遣したこともある。久米村人の子供の中には中国の大学に進学する人もいるという。また、崇聖会は琉球王国時代の漢詩人、名護親方が中国から琉球そして日本に伝えた『六諭衍義』（江戸時代、寺子屋でも使用された道徳書）の内容を読みやすく漫画本にして、南琉球の小中高校に配布している。崇聖会敷地内にある明倫堂において論語の講座も開いている。

那覇市内には、久米村人の氏集団毎の会館がいくつかある。その中で、阮《げん》氏の組織である沖縄阮氏我華会の活動を紹介しよう(23)。同会には約三〇〇世帯がメンバーとして登録している。同会はビル、アパート三棟を管理し、その収益を会の運営資金に充てている。久米村人の他の氏には、組織はあるが、資産や建物が存在しない場合もある。

現在、阮氏我華会は東アジアにわたる活動を繰り広げている。同会は四万ドル提供して福建省にある阮氏の祖廟を改修したが、祖廟の使用権は琉球の阮氏が有している。アモイ大学に琉球の阮氏のメンバーが留学したこともある。中国と台湾に住む阮氏同士は経済的なパートナー関係を築いている。多くの阮氏出身者が中国、台湾、香港、ベトナム、タイ、シンガポール、マレーシア、フィリピン、インドネシア等に住んでいる。アメリカ、イギリス、ハンガリー、イタリア等にもいる。台湾の彰化《しょうか》県の知事も阮氏であり、琉球の同会会長と電話一本で話せる関係にあった。同知事の協力によって、我華会事務所に設置されている祭壇がつくられた。

一九九七年、阮氏始祖阮国公来琉四〇〇年そして阮氏我華会創立一〇周年記念式典が那覇市で開催された。その際、琉球における台湾の総領事館としての役割を果たしている、中琉文化経済協会琉球弁事処の蔡明耀《さいみんよう》代表は次のような祝辞を送った。「阮氏は琉球の発展や中琉間の交流にかなり大きな貢献をしました。心から阮氏の皆様に敬意を表する次第でございます。〔中略〕私達は国籍や氏名や居留地が違っていても体の中に流れている血は同じ、皆中華民族の子孫であると強調したいのでございます。と言うわけでひきつづき、中琉の交流を促進しながら、中華民族の未来の自由民主、平和繁栄の建設にお力をお貸しくださいますようお願い致します」(24)。台湾政府は、久米村人を中華民族の仲間であると認識し、台湾と琉球との関係強化の担い手として期待していることが分かる。

琉球は日本固有の領土か

琉球と台湾は次のような関係を築いてきた。台湾が日本の植民地になると、琉球、特に八重山諸島の人びとが働く機会を求めて台湾に渡った。因みに筆者の父親は台湾の基隆《きりゅう》で生まれ、叔母は台湾で働いたことがある。また戦前から台湾人も琉球に移住し、労働者、経営者として働いた。台湾から水牛、新型の稲品種、パイナップル栽培等が琉球に導入された。

琉球の孔子廟が再建される際、中琉文化経済協会理事長であった方治《ほうち》が協力し、台湾から祭祀道具、孔子廟建設資材などが琉球にもたらされた。石垣島にある唐人墓も方治を中心にして建立された。方治はまた、琉球の独立運動をも支援したといわれている。現在でも毎年、中琉文化経済協会琉球弁事処代表、琉球華僑総会の人々が釈奠に参加している。台湾観光客も団体で孔子廟を訪問している。

台湾政府は琉球をどのように認識していたのだろうか。一九六二年、台湾政府の沈昌換《ちんしょうかん》・外交部長は議会において「琉球列島に対する日本の潜在主権は認めない」と答弁し、一九七二年の「日本復帰」に際しては反対の意思を示した。台北の空港には日本人や外国人とは別に「琉球」専用のゲートがあり、検査も厳しくないという(25)。

一九四八年から一九八九年までの四〇年余りにわたり、台湾で琉球の独立運動を展開していたのが、琉球出身者の喜友名嗣正《きゅうなしせい》である。喜友名は、「琉球革命同志会」と「台湾省琉球人民協会」の代表であった。台湾の国民党は同人民協会に対して資金協力をしていた(26)。琉球を中国文化圏に引き付ける上において台湾は大きな役割を果たしてきた。

琉球には大勢の台湾人が居住し、琉球華僑総会を組織している(27)。同華僑総会は二〇〇六年に三五周年を迎える。会員は約四〇〇世帯に及ぶ。会員登録をしていない台湾人は数万人に達するとみられている。

一九七二年に日本が中国と国交を結んだため、台湾人の身分が保障されず、台湾人間の相互扶助のために華僑総会が結成された。台湾人は在留許可をえて、一斉に日本国籍を取得した。台湾人は琉球において貿易業、果樹栽培業、スクラップ業、テーマパーク、ホテル、マンション、レストラン、旅行代理店等を営んでいる。

琉球華僑総会は、会員の小中学生を対象にして無料で中国語学習会を行い、台湾人としてのアイデンティティをもたせている。久米村人の中にも、家譜をもってきて華僑総会に入会した人もいる。琉球華僑総会の理事長・新垣旬子《あらかきじゅんこ》は次のように語った。「台湾政府は琉球を愛している。台湾政府は沖縄県民を自分の国民と思っている。沖縄に中華街がないのは、台湾人が沖縄に同化しているからである」。

琉球において活動している台湾人の組織として、琉球台湾商工協会がある。現在、同協会が行っている主な事業は、県内六大学の学生に対する奨学金の提供である。中国語に関心があり、成績優秀な学生一一人に対し年間一〇万円を提供している。

琉球は歴史的にも、地理的にも日本と中国との間に位置して、双方から影響を受け、独立国として存立していた。現在、琉球は日本国の一地方でしかない。しかし、琉球社会の中には中国文化の要素が深く刻み込まれており、琉球は日本固有の領土であるとは明言しかねる、独自の存在感を有している。久米村人による孔子廟管理や儒教教育、華人ネットワークに連なる久米村人の人的交流、琉球に住む台湾人の活躍等、中国文化圏の中の琉球という位置づけも可能である。今後、琉球が自治を確立する際、日本と中国との狭間にある、独自なポジションという有利性を活用して、琉球が日本、米国、中国、台湾等をどのように牽制していくかが重要になるだろう。

第九章　世界の独立運動と琉球

第一節　イギリスにおける独立・分権の歴史から学ぶ

主権国家合同の意味

イギリスの近世・近代史は、イングランド人による「ケルト辺境」の併合の歴史であった。「ケルト辺境」とは、ケルト人が優越していたウェールズ、スコットランド、アイルランド、西南部のコーンウォール等を指す。一五三六年にウェールズは併合され、一七〇七年にはスコットランドが併合されて、国名も「グレイトブリテン王国」となった。一八〇一年にはアイルランド合同法が成立し、

「グレイトブリテンおよびアイルランド連合王国」が樹立された。[1]

イングランドがノルマン征服を経験する十一世紀には、スコットランドはすでに統一王国を形成しており、イングランド王権による攻勢に対抗して、フランスと同盟を組んで独立を維持していた。一六〇三年にはスコットランドの王家であるスチュアート家がイングランド王位を継承して同君連合が成立した。一七〇七年のグレイトブリテン王国の成立は、スコットランドのイングランドへの併合という性格が強い。同時に、主権国家同士の合同という側面もある。ウェールズとアイルランドはいずれも中世に統一国家を形成することなく、イングランドによって侵略され、その支配下におかれた。[2]

日本の近世・近代史も、北海道、小笠原諸島、琉球王国の日本への併合過程であった。近世期の琉球も、スコットランドと同様の経験をした。琉球王国は中国に対し朝貢や交易を行う、独立国家であった。スコットランドがイングランドに併合された約一〇〇年前である、一六〇九年、薩摩藩が琉球を侵略し、江戸時代の間、王国は薩摩藩の政治経済的支配下におかれた。薩摩藩の侵略後も王国体制は存続し、清国に対する朝貢、交易関係は続いた。十九世紀半ば、琉球はアメリカ、オランダ、フランス等と修好条約を締結しており、欧米諸国も琉球を主権国家であると認めていた。近世期における、琉球王国と日本との場合も、主権国家同士の合同であり、決して元々日本であった場所が日本に帰属したわけではなかった。そのことの意味は、現在も問い直して然るべきであろう。

イングランドの航海法の規定によって、アイルランドはイングランドの海外植民地と同列に扱われた。イングランドのウェストミンスター議会の成立により、アイルランド議会は、ウェストミンスター議会に対して立法・司法上の従属を余儀なくされた。自分たちの代表がいないウェストミンスター議会の立法・司法権に服さねばならないというのは、イングランド王の臣民としての自由に対する侵害であると、アイルランド側は異議申し立てをしたが無視された。十八世紀後半、英領であった北アメリカ植民地が武力を用いてグレイトブリテン王国から独立した。その後、一時的にアイルランドに立法上の自治が認められたが、一八〇一年、アイルランド議会が廃止され、グレイトブリテン王国とアイルランド王国との合同が断行された。(3)

第一次世界大戦中、ゲール文化の復興によりアイルランドのナショナルアイデンティティを形成しようとした、ゲーリック・リーグ運動が展開された。一九一六年、ダブリンで武装蜂起(イースター蜂起)が発生した。その後、政治経済、文化等の諸分野においてアイルランドの自立を模索していた様々な運動体がシン・フェインに結集し、議会においても多数の議席を獲得した。一九二一年に北部のアルスタ六州を除く地域でアイルランド自由国が樹立された。(4) そして一九四九年にアイルランド共和国として完全独立した。

イギリスの分権化と琉球

一九六〇年代後半にスコットランド国民党、ウェールズ国民党が勢力を伸ばした。一九七五年秋、イギリス政府は、「変化するわが国の民主主義——スコットランドとウェールズへの権限委譲」と題する白書によって両地域に独自の議会を設置する方針を発表し、一九七九年に地方分権化法案をめぐる国民投票が実施された。スコットランドでは投票者の五二%が賛成の意思を示したものの、有権者の四割の賛成が必要という条件に達しなかった。ウェールズでは賛成が投票者の二〇%にとどまった。(5)

一九九七年にスコットランドとウェールズにおいて議会開設の是非を問う国民投票が行われ、両地域ともに賛成票が多数を占めた。ブレア政権はスコットランドとウェールズに独自の議会を認めた。一九九八年に北アイルランド紛争の和平合意が成立し、北アイルランドでも独自の議会と、南北アイルランドの評議会が設置された。この評議会を通じて、アイルランド共和国は北アイルランドの内政に関与することが可能になった。(6)

かつてイギリスの一部であったアイルランドが独立し、スコットランドやウェールズにも独自な議会が設置された。日本とは異なる歴史、文化を有し、別個の政治体制を歩んでいた琉球もまた日本と制度的に対等な関係を構築しても、世界の潮流には反していないということが、イギリスの事例から明らかとなる。

具体的に分権化が進むとどのようなことが可能になるのだろうか。例えば、琉球内にある大学で学んだ学生の中には教員を目指す者も多い。琉球内の大学も日本列島の大学と同じく、日本政府が定めた学習指導要領にそって教員を養成しなければならない。日本人の子供を対象にした教育方針が琉球人にも適用されている。琉球人の子供のための教育が行われていない。つまり琉球語、琉球史、琉球生態史、琉球の政治経済等が教員のための必修科目になっていない。日本とは異なる気候、自然環境、風土、歴史、文化、社会制度等を有する琉球には琉球独自の学習指導要領があってしかるべきである。スコットランドは分権化により完全な教育権を手に入れ、地域独自の教育指導システムを実施することが可能になったという。自分たちの子供のために、自分たちの歴史、文化、風土、自然等に合致した教育を行う権利もまた自治権の重要な要素である(7)。

南琉球には沖縄県議会がおかれているが、審議・決定事項は南琉球内のことに限られ、日本の国会の下部機関としての性格しか持っていない。米軍基地問題に関して県議会で反対の決議がされても、国会によって覆され、日本の国策が琉球に押し付けられている。その結果、米軍基地の約七四%が多数の琉球人の意向に反して南琉球に集中する事態が現在も続いている。このような状況は民主主義とはいえない。イギリスの事例を参照して、琉球も道州制への移行とともに、独自の議会や政府を樹立し、日本と対等な立場で連邦化を目指すという選択肢があってもよいのではないかと考える。

第二節　ガンジーの思想から学ぶ

自治について

インドの独立運動の過程をみると、一八五七年から一八五九年にかけて戦われたインド大反乱のように戦闘に訴えることもあったが、非暴力的不服従を独立運動の基本的な特徴とした。これは運動のリーダーとなったマハトマ・ガンジーの思想、実践に負うところが大きい。独立運動の過程で中心的な役割を果たした組織が国民会議派である。一九〇六年、国民会議派は植民地政府がベンガル地方をムスリム居住地域とヒンドゥー居住地域とに分割した「ベンガル分割令」に反対し、外国製品購入のボイコット、国産品愛用運動、自治、民族教育を求めた。インド政庁によるインド人弾圧法である「ローラット法」の準備の動きに対して、一九一九年から、第一次サティヤーグラハ（非協力運動）が始まった。運動の内容は、インド産製品の使用、公立学校の一斉休業、税の不払い、公職や名誉職の辞退等である。一九二九年には国民会議派はラホール大会において完全独立（プールナ・スワラージ）を決議し、一九三〇年、植民地政府による製塩禁止令に反対し、次のような要求を掲げてガンジーを中心にした「塩の行進」が行われた。塩税の廃止、地租の減額、ルピーの対スターリング換算比率の切り下げ、高級官僚の給与減額、外国布への保護関税の賦課等である。一九三五年に州の自治を認める「新インド統治法」が制定された。そして一九四二年に国民会議派は英国のインドからの即時撤退（クィット・インディア）を決議し、一九四七年、インドは独立を果たした。[8]

　ガンジーは自治をどのように考えていたのだろうか。ガンジーの思想を導きの糸として琉球における真の自治のあり方を探ってみたい。

「私たちが私たち自身を治めることこそが自治ですし、その自治は私たちの手中にあるのです[9]」。

「(1)自治は私たちの心の支配です。(2)その鍵はサッティヤーグラハ、魂の力あるいは慈悲の力です。(3)その力を行使するために、完全に国産品を使う必要があります。(4)私たちがしたいことは、イギリス人への敵意からではなく、罰するためではなく、そうすることが義務だからです。ですから、イギリス人が塩税を撤廃し、奪った富を返還し、すべてのインド人に高い地位を与え、軍隊を引き揚げたら、私たちが工場製の布地を身につけたり、英語を使ったり、工業技術を使うというものではありません。そのすべては実際にしてはならないことですから、しないと私たちは理解しなければなりません。私がいったことすべては、イギリス人への敵意からではなく、イギリス人の文明への敵意からいっているのです[10]」。

一般的に自治とは制度的な分権であり、住民が政治的決定権を有することと考えられている。しかし政治的決定権の前提になるのが、住民が自らの心を慈悲の力によって治め、近代文明がもたらす害悪を乗り越えることである。自治とは、住民一人一人の心構え、生き方にもかかわる問題であるといえる。

ガンジーは次のように、近代化、生活水準の向上ではなく、道徳を基準に文明を考えるべきであると主張した。「インド文明の傾向は道徳を強化する方にあり、西洋文明は不道徳を強化する方にあります。ですから西洋文明を非文明(クダーロ)といいなさい[11]」。

非暴力について

武器、軍事に対してガンジーはどのように考えていたのだろうか。「インドを武装させることは、インドをヨーロッパのようにすることと同じです。もしそうなると、ヨーロッパの悲惨な状態がインドのものとなるのです。簡単にいうと、インドはヨーロッパの文明を受け入れなければなりません。ほとんどの場合、武器の力よりも慈悲の力がもっと強力です。武器には害がありますが、慈悲にはけっしてありません」(12)。

米軍基地や武力に反対する理由の一つは、基地や戦争が西洋文明を象徴しているからでもあろう。武力ではなく、慈悲の力によって島を守るという方向性もガンジーの思想からみえてくる。ガンジーの非暴力の思想は次のようにまとめることができる。

(a) 非暴力は、人間としてできうる限りの完全な自己浄化を意味する。

(b) 人間対人間では、非暴力の力は、非暴力者が暴力を加えうる能力(意志ではなく)と完全に比例する。

(c) 非暴力は例外なく暴力にまさる。すなわち、非暴力者の意志のままになる力は、その人がもし暴力の人である場合にもつであろう力よりもつねに大きい。

(d) 非暴力には敗北などというものはない。これに対して、暴力の果てはかならず敗北である。

（e）非暴力の最終的な結果は——非暴力にこのような言葉が用いられてよければ——かならず勝利である。実際には、敗北の意識のないところには、勝利の意識もないのであるが。(13)

非暴力とは人間浄化という道徳的活動に基づき、暴力よりも大きな力を発揮し、必ず勝利を迎える。琉球でも戦争、基地という暴力行為に対して、暴力で対抗するのではなく、非暴力をもって、暴力を加える存在に対して向き合ってきた。(14)

自立について

本書の第六章で論じたように、琉球では「経済自立」という言葉がよく使われてきた。「自立」についてガンジーは次のように語っている。「インドが自給・自立して、誘惑や搾取をゆるさなくなったとき、西洋や東洋のいかなる国家権力にとっても、インドは貪欲な誘惑の対象ではなくなるだろう。そしてそのとき、インドは高価な軍備の重荷を担うまでもなく、身の安全を感じていられるだろう。インドの国内経済こそが、侵略に対するインドの最強の防波堤である(15)」。

真の経済自立とは、島を近代化し、経済的利益を追求することではなく、自給・自立することにより他からの誘惑や搾取を拒絶することである。それにより、他からの侵略を防ぎ平和な島になることができる。

経済自立と平和との関係について、ガンジーは以下のように述べている。「もしインドが、国内で生産できるどんなちいさな物でも、外国商品を用いることを罪であると考えるようになったら、日本とてインドを侵略しようとは思わないだろう。インドは食べるだけのものは十分つくれるし、またこの国の人びとは、彼らの裸をおおい、寒さから身を守るだけの衣料なら容易に生産できる。われわれが外国人に依存しようという気持をもって彼らに接し、彼らの欲望をそそるとき、われわれは侵略の餌食となるのだ。われわれはだれにもたよらぬことを学ぶべきである[16]」。

琉球弧での地産地消、自給自足を可能な限り行い、外部勢力に対し経済的に大きく依存せず、欲望をそそられないことで島は守られるのである。

経済学について

次に、経済学についてのガンジーの語りをみてみたい。「本物の経済学は決して最も厳しい倫理基準にそむくものではありません。同様にその名に値する正真正銘の倫理学は、同時にすぐれた経済学であるべきです。富を崇拝することを教え、強者が弱者を犠牲にして富を蓄えることを許す経済学は、偽りの出来の悪い学問です。それは死を招きます。本物の経済学は社会的公正を支持し、最も弱い立場の人々も含めすべての人が平等に利益を得られるものです。〔中略〕個人あるいは国家の道徳性を損なう経済は、道徳に反していますので罪悪です。ですから、ある国が他の国を犠牲にすることを許すような経済は、不道徳であり、『低賃金および過重労働』によって作られた商品を購入し、使用することは罪深いことです[17]」。

競争を煽り、「勝者」と「敗者」を生み出す市場原理主義に基づく経済学ではなく、また米軍基地による被害者の犠牲の上にたって経済的利益の獲得を許す経済学でもない、社会的公正を実現する本物の経済学が琉球において求められている。

ガンジーは次のように、新しい経済学を「カディーの経済」と名付けている。カディーとは手紡ぎ、手織りの綿布を意味している。世界商品としての機械製綿布とは対照的にカディーは生産地内で消費されるべきであるとガンジーは説いている。「現在の世界の商業活動は、公正な配慮に基づいていません。その原則は、『油断するな、買った者に責任あり』です。カディーの経済の場合は、『すべての人に公正さを』です。普通の経済学では人間的要素は考慮しませんが、カディーでは、人間のことだけを考えます。普通の経済学は率直な話自分勝手です。競争も、また値段もカディーの経済学からは除かれています[18]」。

たとえ過酷な労働条件下において生産されても、価格が安ければどんな物であっても輸入し消費してもいいというものではない。世界の全ての人が公正に扱われるような経済学が必要とされているとガンジーは指摘している。

ガンジーは弱肉強食の原則に基づく自由貿易主義に反対の立場である。米軍時代から現在まで、琉球が経済発展するための戦略の柱として自由貿易地域の設置があった。自由貿易地域内の規制を緩和し、優遇税制を実施して島外資本を呼び込んで資本蓄積を図るという経済政策である。現在も自由貿易地域那覇地区、特別自由貿易地域が沖縄島におかれている。後者は沖縄島東海岸にあった広大な珊瑚礁を埋め立てて造成された土地の上にある。

自由貿易政策の問題性

しかし、自由貿易政策は次のような問題を有している。貿易を推し進めると、輸送費が高騰するとともに、遠隔地にある供給先や市場への依存度が増大する。そして輸出拡大のために、ある産業に特化することにより、人間が生きていく上で必要な活動（生存用食糧の生産、地域活動、祭り等）が圧迫されてしまう[19]。特化した後の国や地域は貿易に大きく依存してしまい、世界市場の価格変動、需要の変化、軍事情勢の悪化等により地域経済が振り回され、安定した生活が失われよう。

さらに自由貿易による国際競争は費用の外部化を推し進め、質の高い生活や労働基準を有している地域の生活が破壊されやすくなる。例えば、過酷な児童労働、女性労働によって賃金を下げたり、低い環境保護基準の下での生産が可能な外国の自由貿易地域と競争して勝ち残るには、こちら側も費用の外部化を進んで行うように迫られるだろう。職場の安全、最低賃金の保障、福祉、社会保障、人の健康を保つ労働時間、児童労働の廃止、医療保険、汚染規制、自動車賠償責任保険等、人間に対する社会的・環境的な配慮はすべて費用を高くする傾向にあり、これらを切り捨てさせることを費用の外部化という。人間を守る基準が低い国との自由貿易によって引き起こされる基準引き下げ競争に耐えられる国や地域は少ない。自由貿易は、共同体で暮らしている人々の環境や暮らしに対する権利を大幅に低下させるだろう[20]。

世界の他の自由貿易地域との競争に晒される琉球は、人間としての権利が失われ、多くの犠牲を強いられ、共同体も崩壊してしまう恐れがある。自由貿易地域における人権侵害は世界中から報告されており、琉球の自治も自由貿易主義によって弱められるだろう。

一九九〇年代半ば沖縄県庁は、米軍基地を琉球から撤廃した後、全島を自由貿易地域にして開発を進めるという国際都市形成構想を提示した。米軍基地には反対だが、開発は良しとする考え方である。その背景には南琉球の平和、自治の実現には経済開発による経済自立が不可欠であるとの近代化論があった。米軍基地が存在しないことによって生まれる平和と、自由貿易や開発は矛盾しないという認識がみられた。しかし先に考察したように、自由貿易や開発と、平和とは対立している。自由貿易や開発は、琉球社会に不公正や競争原理をもたらし、環境を破壊しており、一種の暴力行為であるといえる。

以上、ガンジーの思想を導きの糸として、琉球が歩むべき道について考えてみた。真の自治は、非暴力に徹する一人ひとりの住民の心性に基盤を置き、公正さと慈悲心に基づく経済学によって国産品愛用を進め、基地と開発の暴力をともに拒否することで実現されよう。

第三節　太平洋島嶼国の独立から学ぶ

なぜ太平洋諸島は独立したのか

太平洋島嶼国の独立年と現在の人口数を次に列挙する。サモア独立国（西サモアから国名変更）は一九六二年・約一八万、クック諸島は一九六五年・約二万人、ナウル共和国は一九六八年・約一万人、トンガ王国は一九七〇年・約一〇万人、フィジー諸島共和国は一九七〇年・約八四万人、ニウエは一九七四年・約一八〇〇人、パプアニューギニア独立国は一九七五年・約五六三万人、ソロモン諸島は一九七八年・約四七万人、ツバルは一九七八年・約一万人、キリバス共和国は一九七九年・約九万人、バヌアツ共和国は一九八〇年・約二二万人、ミクロネシア連邦は一九八六年・約一三万人、マーシャル諸島共和国は一九八六年・約六万人、パラオ共和国は一九九四年・約二万人である(21)。南琉球の人口約一三六万人よりも人口が多いのはパプアニューギニアだけである。大半の島嶼国は数万、数十万という単位である。

太平洋島嶼国は人口規模が小さく、市場が狭い。また資源も少なく、面積も狭いため生産の拡大も望めない。では、なぜ太平洋諸島は独立の道を選んだのだろうか。それは、島の文化、島嶼固有の発展、島嶼民の生存を守るためであった。

各島嶼国は、独自の土地制度や首長制度、自国民優先の投資制度を採用し、憲法でもそれらが明

図9—1　太平洋島嶼

記されている。島嶼国にとって土地は単に生産要素の一つではない。島の土地は、村落共同体の基盤、伝統的首長の権威の拠り所、祭りや儀礼が挙行される聖なる場所、生きるための糧を得る所、広範なサブシステンスを提供し、経済指標では明示されない「島の豊かさ」の土台という、多様な価値を有する場所である。

近代の植民地時代において、太平洋島嶼国の人々は資本をより多く所有する島外の企業や個人に土地の大部分を保有され、政治経済的に疎外された経験をもつ。島という狭い空間において土地を奪われたら生存できないという強い危機感を島嶼民は抱くようになった。次の表（**表9—1**）にみられるように、島嶼国は独立国家の権限を行使して、共有地制度の保障、外国企業によ

表９―１　太平洋島嶼国の土地制度、外国人雇用制度、外国投資制度

ミクロネシア連邦	土地の所有権は同国市民にのみ認められる。土地の大部分は共有地。現地住民パートナーとの合弁が望まれる。国内に人材がいない場合、外国人労働者が認められる。
マーシャル諸島共和国	土地の所有権は同国市民にのみ認められる。外国人に対する土地リースは最長 50 年。
パラオ共和国	外国人は土地を所有できない。外国人に対する土地リースは最長 50 年。多岐にわたる投資規制が外国人投資家に課せられる。パラオ人の応募がない場合に外国人労働者が認められる。外国人の投資が制限される業種がある。
キリバス共和国	政府が国土の 3 分の 2 を所有。外国人が民有地を 21 年以上リースする場合、地方開発・内務名誉大臣の同意が必要。
ナウル共和国	国土に開発の余地がないため、外国からの投資に関する政策なし。
ニウエ	外国人による土地所有禁止。外国人に対する土地リースは最長 50 年。
クック諸島	全土地は慣習法下にあり、外国人は土地所有できない。外国人に対する土地リースは最長 60 年。国内に人材がいない場合、外国人労働者が認められる。
サモア独立国	土地所有権はサモア人のみ。国内に人材がいない場合、外国人労働者が認められる。
トンガ王国	外国人は土地を購入できない。
ツバル	土地のリースは自然資源省の許可が必要。
フィジー諸島共和国	国土の 83 ％がポリネシア系住民の所有地、10 ％が自由保有地、7 ％が政府所有地。自由保有地の中から外国人は土地をリースできる。国内に人材がいない場合、外国人労働者が認められる。
パプアニューギニア独立国	国土の 97 ％は共有地。国内に人材がいない場合、最長 3 年、外国人労働者が認められる。
ソロモン諸島	土地所有権はソロモン諸島民のみ。国土の 88 ％が慣習的所有地、12％がリース地。外国人に対する土地リースは最長 75 年。外国人労働者は現地住民を訓練する能力を有していることが条件。外国人投資家は適切な訓練を現地住民に与え、最終的には企業の全ての役職に現地住民を就かせることが義務付けられる。
バヌアツ共和国	国土の 90 ％が慣習的所有地。リース期間は 50 ～ 75 年。国内に人材がいない場合、外国人労働者が認められる。

太平洋諸島フォーラム事務局(2001)を基にしてまとめた。

る土地所有の禁止、外国人労働者の選択的活用等を通じて、外国企業や外国人による経済支配を食い止め、社会的、文化的画一化を防いでいる。

島嶼国の土地制度、文化、儀礼等を保持し、発展させる上で大きな役割を果たしているのが伝統的首長である。マーシャル諸島の伝統的権利裁判所では、慣習法に関する裁判が行われている。首長達の合意形成機関である首長評議会は、伝統的権利と関連のある法案について国会に再審議を要求することができる。[22]

ミクロネシア連邦の憲法には、慣習および伝統により認められた首長の役割もしくは機能を憲法のいかなる条項も減ずることはできないと明記されている。首長評議会も設置されている。連邦憲法、州憲法において伝統的首長の地位、慣習法が認められている。特にヤップ州において首長評議会の影響力は大きく、伝統的事柄、土地、慣習に関する法案に対し拒否権を有している。[23]

パラオ政府は憲法に反しない範囲において、首長の役割を保障している。パラオ憲法には慣習法が制定法と同程度の効力をもち、慣習法と制定法が対立する場合は制定法が優越する。しかし、その場合でも慣習法の原理を覆すことはできないと記されている。各州の首長により組織される首長評議会は、慣習法、慣習に関して大統領に助言することができる。首長は中央政府と州政府との間、州政府相互間における争いや対立を調整する。もし、中央政府の政策が州民にとり不利であると首長が考えれば、中央の行政府や立法府に州民の不満を伝え、政策を変更させるためのロビー活動を展開する。[24]

首長は急速な近代化による社会的混乱、環境問題への取り組み等においても中心的役割を果たしている。次節で詳しく考察するが、例えばパラオにおいて、一九八〇年代、巨大な石油化学コンビナートを建設する計画が浮上したが、それに対して首長たちは反対運動の先頭に立ち、建設を阻止した。首長は漁業資源の枯渇を防ぐために一定期間の漁獲禁止命令を出したり、観光客に対して入島税を賦課し、入域制限措置を推し進め、島の環境を保全してきた[25]。他の太平洋島嶼国にも首長制度が強固に残り、憲法でもその役割が明記され、国内政治、土地、慣習法等に関して首長は大きな発言権を有している。ミクロネシア三国を含む、太平洋島嶼国は欧米諸国の植民地となり、独立とともに、近代的な法制度を採用した。しかし、近代法に全てを委ねるのではなく、島嶼民が生存するための慣習法、首長制度、独自な土地制度をも保持することにより、近代化の荒波に飲み込まれるのを防ごうとしたのである。

島嶼間ネットワークの形成

島嶼は独立を達成したが、独立により孤立の度合いを深めたのではなく、島嶼間のネットワークを広げた。植民地化される前に太平洋諸島の人々はカヌーで島々を自由に行き来して、太平洋上に幾つかの海を包み込む生活圏を形成してきた。文化、制度上の類似性を島々は共有するようになり、様々なレベルでネットワークの網を太平洋上に張り巡らしている。現在において、島嶼のネットワークは帝国の抑圧構造に対する抵抗手段として機能している[26]。

一九四七年、オランダ、イギリス、フランス、アメリカ、オーストラリア、ニュージーランド等の旧宗主国が太平洋島嶼民の社会経済的福利の向上を目指して、南太平洋委員会(South Pacific Commitee: SPC、現在は「太平洋共同体〔Pacific Community : PC〕」に名称変更)を設立した。しかし同委員会では太平洋における核実験、島嶼の独立等の政治問題を議論しない傾向にあった。一九六六年より仏国は仏領ポリネシアにおいて核実験を実施しており、一九七〇年、同委員会にフィジー、パプアニューギニアの代表が核実験反対決議案を提出したが、採択されなかった。

そこでサモア、クック諸島、ナウル、トンガ、フィジーが中心になって、太平洋地域の政治問題も討議できる地域機構として南太平洋フォーラム(South Pacific Forum:SPF、現在は「太平洋諸島フォーラム〔Pacific Islands Forum : PIF〕」に名称変更)を一九七一年に結成した。現在、同フォーラムには島嶼国一四カ国、オーストラリア、ニュージーランドが加盟している。一九八五年の同フォーラムの年次総会において、南太平洋非核地帯条約が調印された。

メラネシア諸国間の政治経済上の協力機関として、一九八八年にパプアニューギニア、ソロモン諸島、バヌアツがメラネシアン・スペアヘッド・グループを結成した。一九九六年には同グループにフィジーが加盟した。島嶼間貿易の促進、ニューカレドニアの独立支援等を行っている。

太平洋諸島の大半は独立を達成した。だが今日においても、国連、太平洋島嶼国、島嶼国のNGO等の支援を受けながら独立運動が展開されている島々が存在する。仏国の領土であるニューカレドニアでは、一九七〇年代から独立を求めた運動がみられる。最大の独立政党はFLNKS(カナク社会主義民族解放戦線）であり、地元の言葉で教育するカナク人民学校、協同組合などを設立して、仏国からの独立を求めている。(27)ニューカレドニア以外でも、仏領ポリネシア、米領土のハワイやグアムにおいて独立を求めた政党や組織が活動している。

琉球もまた自治度を高めて内政権、外交権を有するようになれば、太平洋諸島フォーラムに参加して他の島嶼と協力しながら国際平和の構築に貢献することが可能になろう。太平洋諸島と琉球は歴史的、文化的にも近い関係にある。戦前、ミクロネシア諸島が日本の委任統治領であったころ、多くの琉球人が移住し、ミクロネシアの人々と共に働き生活をした。(28)琉球人とパラオ人は双方の島々において石油化学コンビナートを設置させないために互いに協力しあった。二〇〇〇年、石垣市長がパラオを訪問し、二〇〇三年にはパラオ大統領が石垣島を訪問した。パラオ側が石垣市側に対して、黒真珠養殖、ウリミバエ根絶に関する技術協力を求めた。また竹富島の事業家がパラオで魚の養殖を行い、太平洋諸島と宮古・八重山諸島のジャーナリストや住民による交流事業も展開されてきた。

太平洋島嶼国も様々な問題を抱えている。それらは援助金依存、財政赤字、貿易赤字、貧富の格差拡大、海面上昇による国土の喪失、環境破壊、民族対立、再周辺化等である。(29)独立によって必ずしも島民が幸福になったとはいえない。独立をすれば全ての問題が解決されると考えるのは誤りである。ガンジーも、独立だけが目的の全てではなく、闘争の過程において、民衆の精神的・道徳的水準を高めることこそ急務であると説いていた。(30)

太平洋島嶼国が独立によって手に入れたものは、経済自立ではなく、近代化、開発に抗しうる、島独自の慣習法、首長制度、共有地制度、投資制度等を憲法上に明記し、島嶼間のネットワークを構築したことであった。それによって、市場経済が島を席巻し、住民が支配・搾取・疎外され、自然が破壊されるのを防ごうとしてきたのである。

第四節　パラオ、グアムの反開発・反基地・脱植民地化運動

開発を拒否したパラオ

一九七四年、パラオにおいてスーパーポート建設計画が浮上した。同計画の内容は、パラオのコッソル水道にある珊瑚礁を埋め立てて、イランから運んだ五八〇〇万キロリットルの原油の貯蔵タンク、積み替え施設、精油所、原子力発電所、港湾施設を建設するというものである。総事業費は約三億ドルであり、約五〇〇〇万ドルの年間収入が見込まれていた。[31]

同計画を中心になって作成したのがニューヨークに拠点をおくコンサルタント会社、ロバート・パネロ・アソシエーツである。一九七六年、日本興業銀行、日商岩井、米政府はフィージビリティ調査に関する契約を交わした。[32] 国立イランタンカー社は一九七七年、同調査のモニターをすることに合意し、イラン政府の関係者がパラオを訪問した。[33]

ユタカ・ギボンズ南部大首長やウセビオ・テルメテート北部大首長が反対派のリーダーとなり、

図9—2　パラオ

「パラオ救済委員会」を設立し、反対運動を推し進めた。一九七七年に開催された米上院エネルギー天然資源委員会の公聴会において、ユタカ・ギボンズ南部大首長は次のように述べた。この開発計画がパラオの島、海、社会に悪影響を与えることは明確であり、反対の意思を示したパラオ人一二〇六人分の署名を提出する。スーパーポートの建設により我々の最も神聖な土地の伝統的利用権が侵される。ある調査によれば、建設や施設の維持管理のために一万二〇〇〇人から一万四〇〇〇人の外国人がパラオに来ると予測されている。外国人の来島により伝統的な土地利用方法が変わり、売春が横行し、犯罪率が高まり、われわれの国の中でパラオ人が少数者になる恐れがある。スーパーポートから得られる利益の全ては日本、イラン、米国に還流するであろう。米国は過去三〇年におけるパラオの統治策に失敗した。われわれの伝統、文化、社会に対する悪影響を考慮することなく、スーパーポート建設を経済発展の起爆剤として我々に押し付けようとしており、非常に懸念している[34]、と。

同じ公聴会において、米国務省のロバート・オークレイ東アジア太平洋問題担当次官補は以下のように述べた。環境面で問題がなければ、この開発計画によりパラオは大きく発展するであろう。それは信託統治協定に記された米国の義務を果たすことにつながる。日本、イランは米国の友好国、同盟国である。両国からの投資家を丁重に扱いたい[35]、と。さらに米政府の領土問題事務所長も、米上院小委員会において「スーパーポート建設がミクロネシアにおける唯一実現可能な経済発展の道である[36]」と述べた。

しかしパラオを訪問した国連の視察団が、高校やミクロネシア職業センターの学生と話し合った際、学生からは海水や海岸の汚染、魚の被害を心配し、スーパーポートに反対する多くの声が聞かれた。他方、計画が実施されることで雇用機会がふえ、収入が増えることを期待する意見もあった[37]。国連視察団は「パラオ救済委員会」のメンバーとも話し合ったが、委員会のメンバー達は次のように語った。スーパーポートの建設によりパラオの環境、経済、社会が破壊される。就職の機会が与えられても、未熟練労働者としてパラオ人は低い地位におかれる。島の環境、文化が破壊されるだけでなく、先進国が抱えている様々な問題がパラオで発生するにちがいない[38]、と。

反対運動は国際的に拡がった。日本の消費者団体は日本の政党、米議会、国連の信託統治理事会等に対して建設反対を訴えた。(39) 一九七五年に開催された第三回太平洋科学連合会議において、海洋生物学者等が同計画について議論を行った。開発により環境問題が引き起こされるとして、同連合会議は反対決議を採択した。しかし、計画を後押ししていた米政府は、同連合会議が派遣した海洋生物学者による珊瑚礁調査の実施を認めなかった。(40) スーパーポート建設計画はパラオ内外で激しい反対運動が展開されたために実現されることはなかった。

この反対運動の中でパラオと琉球との連帯がみられた。「琉球弧の住民運動」の人びとはパラオ人を琉球弧にまねき交流会を開いた。石油備蓄基地の建設に反対する沖縄島金武湾や奄美諸島の人々のなかには戦前、南洋群島に移住していた人が多く、交流会等でパラオ人を暖かくもてなしたという。奄美大島の新元博文《にいもとひろふみ》、沖縄島の安里清信《あさとせいしん》、照屋寛徳《てるやかんとく》等はパラオ自治政府の樹立式典に参加した。(41)

二万人の島が二億人の国に抵抗

一九七九年、非核条項を含むパラオ憲法が起草され、住民投票において九〇%の賛成票を得て承認された。しかし米政府は、パラオ憲法の規定のなかに自国の安全保障戦略と合致しない部分があるとして次の三点の変更を求めた。①パラオ諸島の外縁部にある島々を結び、そこを基線とした二〇〇海里をパラオの領海とすること、②土地の強制収用権を外国政府や組織のために使用されないこと、③非核条項である。これらは米軍が自由にパラオ領海で活動し、陸上に基地を建設し、核兵器を持ち込むことに制限を加えるものであった。

特にパラオと米国はパラオ憲法の非核条項を巡って鋭く対立した。非核条項とは憲法一三条第六節の次の一節である。

「戦争に使用することを目的とした核兵器、化学兵器、ガスもしくは生物学的兵器、原子力発電所およびそこから生じる核廃棄物のような有毒物質は、この特別な問題について提起された国民投票における、投票数の四分の三以上の明白な承認がなければ、パラオの領域内において、これを使用し、実験し、貯蔵し、または処理してはならない(42)」。

パラオが独立に際して米国と締結しなければならない自由連合協定には、核兵器の通過や上空飛行、非常時における核兵器の貯蔵を認める条項が含まれている。よってパラオが自由連合協定を承認するには、住民投票で四分の三以上の賛成をもって憲法を修正する必要が生じた。その後パラオでは非核条項をめぐり八回も住民投票が実施された。パラオは米国と自由連合協定を締結しないと独立できず、米国は非核条項の削除を求めることによりパラオの独立を阻んだといえる。

非核条項を立案した日系人のトシオ・ナカムラは次のように語っていた。「もし第二次世界大戦中、日本軍がパラオに駐屯していなければ、米軍がパラオを攻撃することはなかった。同じように今日、米軍がパラオに核を展開しなければソ連に攻撃されることはないだろう(43)」。

小さな島が大国間の衝突の舞台になったという戦中の経験と、東西冷戦の脅威が非核条項成立の背景にあったことが分かる。

パラオ人の中には非核憲法が自由連合協定の原則に反するとして、新たに憲法草案を作成する者もいた。同憲法草案では米国が反対した非核条項が削除されていた。しかし修正憲法は、非核憲法草案の作成者やその支持者から強く反対され、一九七九年の住民投票でも否決された。翌年、非核憲法草案が投票者全体の七六％の賛成を得て承認された。一九八一年、パラオ憲法が発布され自治政府が発足した。

アルフォンソ・オイッテロン自治政府副大統領とトシオ・ナカムラが中心になってピープルズ・コミッティーを結成し、署名活動をおこなう等、非核憲法の堅持を訴えた。非核憲法支持派の一人、アルフォンソ・ケベコルは次のように述べている。「昔、パラオにはたくさんのオキナワ出身者がいたので、日本のラジオを聴いていてオキナワの話題が出ると気にかかります。一度土地を手離してしまうとだめですよ。土地は返ってこないし、軍隊に働きに行かなければならなくなります(44)」。米軍基地の建設のために土地が接収され、島の住民も軍雇用員として基地で働く琉球のようにパラオがなっては駄目だという認識がうかがえる。

一九八三年から一九八五年まで自由連合協定に関する住民投票が五回実施されたが、七五％の同協定に対する賛成票が集まらなかった。それだけパラオ人が米国の軍事戦略に強く反対していたことを意味する。一九八七年、憲法に規定されている同協定承認条件を住民投票の七五％から単純過半数に修正するための住民投票が実施され、賛成多数で承認された。その直後二八人のパラオ人女性は、パラオ政府が米国の軍事計画を認めるために違憲行為をしたとして提訴に踏み切った。キッタレン（Kital Reng、パラオ語で「一つの心で」という意味）という女性団体は自由連合協定の各条項について検討し、各村においてパラオの平和を訴える運動を繰り広げた。パラオ政府も住民に同協定を承認させるために各種の集会を開き、ラジオを通じた宣伝活動を行った。[45]

係争中であるにもかかわらず第六回目の住民投票が実施され、七二％の住民が賛成票を投じた。このまま協定が承認されるはずであったが、一九八八年、パラオ最高裁は一九八七年の憲法修正を違憲とし、六回目の住民投票は無効であるとの判決を下した。

以上のように協定承認にかかわる住民投票が失敗に終わった後、パラオのラザルス・サリー大統領は九〇〇〇人の政府職員を解雇した。解雇された政府職員はパラオの全就業者の約三分の二を占めていた。職員解雇の背景にはパラオ政府の財政悪化と、米政府による資金上の締め付け策があった。サリー大統領は米内務省に対して補正予算として約一七〇〇万ドルを求めたが、拒否された。解雇された政府職員は、自由連合協定が認められれば職場復帰できると考え、非核憲法堅持派に対し批判の矢を向けるようになった。[46]

協定に反対する国会議員に対して脅迫状、脅迫電話等の嫌がらせが行われ、車、家屋が破壊された議員もいた。[47] 一九八七年、反対派弁護士のローマン・ベドゥールの父親が殺害された。一九八五年にレメリーク初代大統領が暗殺され、八八年にはサリー大統領が不審な自殺を遂げ、政府庁舎の放火、非核憲法擁護派へのテロ行為が頻発した。米国が非核条項の撤回を求めたことで小さな島が分裂し、お互いに傷つけあう状況に陥った。

経済振興と軍事権との交換関係

一九九〇年米内務省は、パラオの自治権を当面の間制限することを定めた内務長官令三一四二号を発令した。内容はパラオ政府の予算、債務、決算、外国政府との関係を含む行政、立法、司法の三権について、米政府による事前承認を義務付けるものであった。[48]たとえば二五万ドル以上のパラオ政府の借り入れは内務次官補が事前に認め、パラオ政府と外国政府間の通信内容は内務次官補に提出された後、国務省の了解を得る必要があった。資本改善プロジェクトの資本額や優先順位、金銭にかかわる立法活動についても内務次官補の承諾が求められた。[49]

グアム議会はこのような米政府の措置を「パラオの再植民地化」であると非難し、米内務省に対し内務長官令を即時撤回すべきとする決議案を全会一致で採択した。[50]

パラオのエピソン大統領は米内務省次官補宛の書簡のなかで、パラオ憲法を守るか内務長官令に従うかの二者択一の選択を自分が迫られた場合、前者を選ぶと述べた。このような大統領の意向に対し同次官補は、内務長官は国連信託統治協定に基づき、適切であると考える措置をとる権限を有し、内務長官令はパラオ憲法に優先すると応えた。[51]この言葉には、単なる行政府の長官命令がパラオ自治政府の憲法を超越するという、米国の植民地主義が如実に示されているといえよう。

一九九〇年、米内務省からパラオ政府へ次年度の行政経費として約一六〇〇万ドルが与えられたが、同時に予算支出内訳の明細が求められた。しかしエピソン大統領は国内歳入を超過する、約二八七〇万ドルの行政予算案（公務員の給料引き上げ分を含む）に署名した。これに対し内務次官補は、予算は歳入の範囲内に抑えるべきであると注意を促した。そして内務長官令をもって予算の主要部分の執行を停止させた。パラオ議会は、米政府の措置はパラオ憲法が規定する予算手続きを著しく阻害し、信託統治協定に明記された自治の促進という規定から大きく後退していると反発した。[52]

米国は自国の軍事戦略を貫くためには小国の自治を侵し、経済的な圧力をかけて非核憲法の修正を急がせ、島嶼社会を分裂に追いやることも厭わない国であることが分かる。

他方、パラオ内では独立が実現しないことへの苛立ちがつのり、一九九二年、協定承認基準を投票総数の七五%から過半数に修正するかどうかを問う住民投票が実施された。修正案に対し六二%の賛成票が投じられた。翌年、パラオ最高裁判所は憲法修正が有効であるとの判決を下した。

一九九三年、パラオと米国の対立を打開するため、米政府のクリストファー国務長官は自由連合協定に関して次のような内容の書簡をクニオ・ナカムラ大統領に送付した。①米政府は現在、パラオに基地を建設する予定はない、②パラオに軍を展開するのは有事の時に限る、③平時においてパラオの領海、領土を核または化学汚染した場合には責任をもってこれに対処し十分な補償を行う、④財政援助の内容については協定成立後も話し合いに応じる。[53]

パラオ側への譲歩を示したクリストファー長官からの書簡と、協定承認基準が過半数に修正されたことを受け、第八回目の住民投票が一九九三年に実施され、六八%の賛成票により米国との自由連合協定が承認された。翌年、パラオは独立を迎えた。しかしパラオ憲法に規定された非核条項は、米国に限り適用されないことになった。

他のミクロネシア諸国である、ミクロネシア連邦、マーシャル諸島が一九八六年に独立する際にも、米国との間で自由連合協定が締結された。パラオを含む、ミクロネシア三国の広大な海域、島嶼、空域における軍事権は米国が掌握し、その代わりに財政収入の半分以上を占める資金を米国が提供することになった。基地と振興開発との交換関係により米国の軍事権を確保するという従属構造を、琉球とミクロネシア諸国は共有している。

一五年間、パラオ人は自らの「平和」を守るために、人口の一万倍の国に抵抗してきた。非核条項の米国への非適用という妥協をパラオは強いられたが、他方、米国も譲歩を迫られ、パラオに大規模な基地を簡単に建設できない状況におかれるようになった。

琉球の「日本復帰」と自由連合協定の締結には、次のような関連があった。一九六九年に佐藤栄作総理とニクソン大統領の共同声明により、琉球の「日本復帰」が合意された。同年はミクロネシア諸島の将来の政治的地位に関する協議が始まった年であるとともに、ニクソン・ドクトリンが発表された年である。ニクソン・ドクトリンとは、米国の新防衛ラインをアジア大陸からハワイ、グアム、ミクロネシア諸島に移動させるというものである。大陸からの後退の原因はベトナム戦争における米軍の敗北であった。琉球の「日本復帰」により米軍基地の機能が低下することを懸念した米軍は、ミクロネシア諸島を代替基地の候補地として考え、同諸島における軍事権の確保に重点をおいた。[54] 米国はミクロネシア諸島の完全な独立を認めず、米軍の自由裁量権を自由連合協定により確保した。米軍は琉球の「日本復帰」後も基地機能を実質的に低下させなかった。米国は、琉球、日本、グアム、ミクロネシア三国を相互に関連させる形で、軍事戦略を展開してきたのである。

グアムにおける脱植民地化運動

米国がグアムを自国領土としたのは、一八九八年の米西戦争においてスペインに勝利したことによる。その後、米海軍による統治が行われた。グアムの先住民族であるチャモロ人は米国市民権の付与を求めたが、海軍は軍事的理由で反対した。海軍は教育、行政機関において英語のみの使用を強制した。一九二二年にはチャモロ語英語辞書を集めて焼いた。英語だけを強制する政策は一九五〇年代まで続けられた。チャモロ語を話すと体罰も加えられた。また米国防省もグアムにおける経済の発展は他地域との交流を促し、米国の安全保障にとり脅威になるため、発展を抑えるべきだと考えていた。[55] 米国はチャモロ人に英語を強制することで同化を推し進め、経済自立を妨げて米国への依存度を深めさせ、チャモロ人の人権を認めず、住民を自らの意思に従わせて島を軍事基地として自由に使おうとした。

一九四九年、グアムに対する管轄権が海軍から内務省に移り、一九五〇年にグアム基本法が米議会を通過し、自治的未編入地域（Organized Unincorporated Territory）という政治的地位が与えられ、住民には米市民権が付与された。自治的未編入地域とは米連邦憲法が完全に適用されない地域をいう。

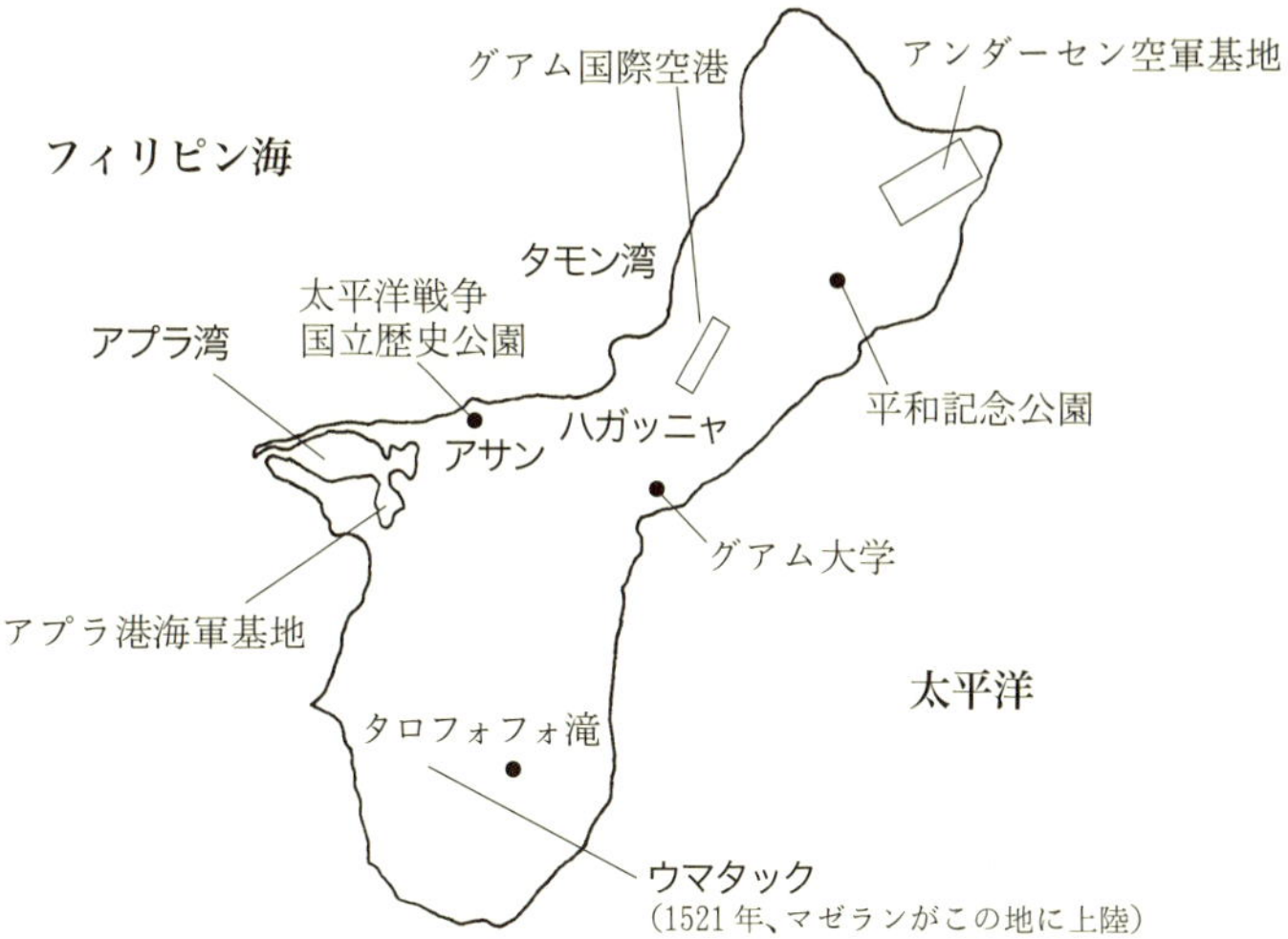

図9—3　グアム島

グアムには独自の議会があり、知事も民選で、裁判権も住民の名において行使され、米本土への渡航、就職が自由に行える。しかし、住民は大統領選挙に対する投票権を持っていない。グアムで選出された連邦下院議員は議会において発言権はあるが投票権は持っておらず、政治的権利が大きく制限されている。グアム基本法により、米連邦議会はグアムに影響を与える法律を、グアム側の同意を得ずに採択することが法的に可能になった。

筆者は一九九七年から二年間グアムで生活した。グアムの太平洋戦争国立歴史公園博物館、海軍基地内の戦争博物館では、太平洋戦争中に同島を占領していた日本軍を追放した米軍、その中でも活躍が顕著であった海兵隊が賛美されている。グアム大学の入り口にはゲリラ戦用の櫓がおかれ、迷彩服の軍人学生が学び、地元高校の廊下では生徒が模擬銃で行進の練習をしていた。グアム政府の公式行事にも、軍人が招かれ上座にいた。島の主要道路である「マリン・コープス・ドライブ（海兵隊道路）」は島の南部にある海軍基地と、北部にある空軍基地とを結ぶ形で島を縦断している。さらに大規模な軍事訓練が実施される際にはホテル、コンドミニアムに軍人が滞在し、現金を落としてくれるとして軍事訓練を歓迎する人もいる。

グアム周辺のミクロネシア地域が独立、コモンウェルスへと自治性を高めていくなかで、グアムは米属領のままであった。チャモロ人が先住民族としての権利の獲得を目指して行ってきたのが、自決権運動である。国連の各種委員会にグアム政府代表団を派遣し、国連の先住民作業部会に諸団体が参加するなど、世界の先住民族による自決権運動との連携を図ろうとしてきた。

「自治的未編入地域」という名称には「自治」という言葉が入っている。しかし一九四六年、国連の非自治地域リストにグアムが登録され、現在もリスト上にある。グアムの実態は非自治地域であると、国際的にみなされている。国連は、米政府に対しグアムの自治を発展させ、住民の政治的希望を実現するように求めた。国連の政治的地位委員会は、一九七四年にグアムに関する報告書を提出した。その内容はチャモロ人の自決権に基づき、グアムの政治的地位を変更する必要があるというものであった。[56]

一九九四年、グアムからの代表団は国連脱植民地化特別委員会において、米国による国連憲章違反を調査すべく、国連調査団をグアムに派遣するように求めた。国連憲章違反とは、米国が国連憲章に明記されている民族自決権をチャモロ人に認めていないことを指す。国連脱植民地化特別委員会に参加したグアム代表団には、グアム知事室長、「先住民族の権利のための民族組織（OPIR）」のメンバーが含まれていた。グアム代表団は国連で次のように訴えた。

①グアムは他の米国の地域と制度的に異なり、米属領のままであり、米国法や国際法によって保護されていないという中途半端な状態にあり、チャモロ人は怒っている。
②入国管理の不備により、グアムの中でチャモロ人が少数派になりつつある。
③第二次世界大戦中における、日本軍のチャモロ人に対する残虐行為への賠償責任を、米国がサンフランシスコ講和条約によって免責したことで、処刑、強制労働、屈辱的取り扱い等で苦しんだチャモロ人は償いをうけることができなかった。
④基地建設を目的にしてグアムの主要な土地が米軍により占有されたため、農業発展が阻まれ、食料の自給自足が困難になった。[57]

以上のようなチャモロ人の訴えをうけて、一九九八年、国連脱植民地化特別委員会において次のような決議案が採択された。

①チャモロ人の自決権に基づく自立が実現するまで、グアムは国連の非自治地域のリストから削

除されない。
②米国はグアムが新しい政治的地位を実現できるように協力する。
③米国は連邦政府所有地の中の遊休地を返還する。
④農業、漁業の振興等、産業の多様化を進める。
⑤第二次世界大戦後、グアムへの外国人の移住によりチャモロ人が少数派になりつつあることを認める。(58)

チャモロ人は米連邦政府や連邦議会に対しても自決権運動を行っている。一九八〇年、グアム政府内に自決委員会が設立された。一九八七年の住民投票においてコモンウェルス法案が承認された。この法案によりチャモロ人は、自らの民族自決権と相互同意（mutual consent）の考えに基づいて連邦政府との関係を再構築しようとした。

相互同意とは連邦政府がグアムに影響を与える法律、制度を制定し、実施する際にはグアム側の同意を必要とするという民主主義の基本的原則である。一方的にグアムの運命を決めるのではなく、チャモロ人の声も聞き、それを政策に反映して欲しいという訴えである。また、連邦政府保有地の無条件返還、グアムの陸上や海洋資源に対する管理権も求めた。さらに移民及び労働政策に関する管理権を連邦政府からグアム政府に移行すべきであるとしている。ただチャモロ人は、コモンウェルスは暫定的な地位であり、将来的には米国の州、自由連合国、完全独立国という選択肢もありうると考えている。

何度も同法案が提出されたが、米政府は憲法上、軍事上の理由を挙げて拒否してきた。住民の意思にかかわらず自由にグアムを軍事的に利用したいという、米政府の姿勢は一〇〇年前と何ら変わっていない。

琉球の兄弟島としてのグアム

チャモロ人は自文化の復興運動にも力を入れている。一九七五年、英語とともにチャモロ語を国語に指定し、学校でもチャモロ語の授業が開設されるようになった。一九九八年にはグアムの首都名を「アガナ（Agana）」から「ハガッニャ（Hagåtña）」に変更した。これまで米国人が「ハガッニャ」を発音しにくいとして、「アガナ」とされていた。その他、街や道路の名前もチャモロ名に変える動きがある。一五二一年にマゼランがグアムに上陸して以降、ミクロネシア諸島の中では最も長い期間にわたり欧米諸国の支配を受けてきたチャモロ人は、植民地時代において失われた自らの言葉を回復しようとしている。

グアムは大勢の日本人が訪れる観光の島である。観光開発はチャモロ人の聖なる空間に侵入してきた。一九八八年、日航ホテルの建設地から古代のチャモロ人村が発見された。考古学的調査が始まると、頭蓋骨、陶器、釣り針等も発掘された。先祖の墓を暴くという侮辱をやめさせ、先祖の村を守りたいと考えていたチャモロ人は、ホテル建設、考古学的調査を中止させるために裁判所に訴えた。その後、関係者間で妥協がはかられ、ホテルの近くにチャモロ村の記念碑が建てられることになった。[59]

チャモロ人による自決権運動として注目すべき活動をしているのが、チャモロ・ネーションという団体である。一九九一年七月二一日の「解放記念日」[60]の際にチャモロ・ネーションが設立され、約五〇〇〇人以上のチャモロ人がチャモロ・ネーションに登録した。同団体は同日を解放記念日としてではなく、米軍がチャモロ人の土地を奪った、米国の「グアム再占領の日」であると位置付けている。[61]

チャモロ・ネーションは米軍基地に対する抵抗運動を行ってきた。一九九二年二月、軍用ヘリコプターが民間の公園に着陸し、翌月も軍用ヘリコプターがグアム大学に着陸するという事件が発生した。これらの事件に関しチャモロ・ネーションのエンジェル・サントスは、次のような内容の文書を米海軍に手渡した。米軍は住宅地、人口が密集したグアムにおける全ての軍事航空訓練を中止すべきである。米国のグアム支配は、土地、水域、空域、天然資源に対する先住民族の権利を侵すものである、[62]と。

一九九二年八月、チャモロ・ネーションのメンバーは海軍航空基地のゲートを乗り越え、航空訓練に反対した。その際、サントスが逮捕された。また翌年三月には海軍航空基地の閉鎖を求めてチャモロ・ネーションが抗議活動を行った。[63]同基地は一九九五年に閉鎖され、国際空港として転用されることになった。

一〇〇年以上にわたり米国は軍事的要衝としてグアムを位置づけ、属領としての地位の変更を認めず、軍事を最優先とした政策を実施してきた。コモンウェルスの実現を希望するチャモロ人の自決の叫びは米政府や議会の高い壁の前で打ち消されてきた。しかし、チャモロ人は諦めず、国際法で保障された先住民族の権利を拠り所にして自らの運命を自らの手で決めるための運動を続けている。

なぜグアムは琉球から八〇〇〇人の海兵隊が移設する予定地になったのか。それは、グアムが米国の自治的未編入地域という、民主主義が制限された地域だからである。たとえグアムの人々が反対しても、米政府・議会の意向を一方的にグアムに適用できる。基本的人権の尊重、国民主権、市民平等を謳う日本国憲法の中にある琉球もグアムと同じく、住民がどんなに反対の意思を示しても、日本政府は自らの意図を実現させようとしている。グアムへの海兵隊の移設は、チャモロ人の米国への従属をさらに深めることを意味し、日本政府は膨大な資金によってそれに加担することになろう。グアムと琉球は大国に支配されてきたという歴史を共有し、現在も大国の政治経済的、軍事的従属下におかれている。いわばグアムは琉球にとって兄弟のような島である。グアムは米国であるから海兵隊が移設されても当然であると考えずに、琉球と同じような境遇にある島であるという観点からもグアムについて考えてみたい。大国の意図によって左右されない自治の島になることが、両者の大きな課題である。

第一〇章　琉球の将来像

第一節　大交易時代における琉球の自治から学ぶ

古代琉球の海洋ネットワーク

「究極的には日本歴史の一環」であり、「沖縄人は日本民族の一分枝」であり、「沖縄と本土との真の（民族）統一」を実現するという問題意識の下に、「日本復帰」前において琉球史の研究がなされてきた[1]。琉球は、日本列島から十世紀ほど遅れた後進性の強い社会であると考えられていた。それは農業生産力の成長に基づく時代区分論から大きな影響を受けている[2]。このような琉球の「停滞史観」が、経済政策においては「格差是正策」となり、無闇に開発を推し進める原動力となった。日本史の歩みを「正常」とし、それを基準にして琉球史のあり方を「異常、遅れ」とみなすのではなく、琉球弧独自の歴史に着目する必要がある。

琉球史の研究者である豊見山和行《とみやまかずゆき》は、「日本史そのものを自明の前提とするのではなく、琉球・沖縄史という固有の歴史性に注視することで新たな地域世界像を浮き彫りにしたい」[3]と語っている。新しい琉球史の研究は日本史という枠組みから独立し、島固有の歴史的展開、アジアとの関係性をも含んだ、琉球の多様な側面を分析対象にするようになっている。

琉球弧は太古より交易を通じてアジアとつながり、島の生活を豊かにしてきた。琉球弧の珊瑚礁に生息するゴホウラ、イモガイという大型の巻貝が腕輪の材料として九州にもたらされた。弥生時代における九州の首長や司祭者たちが、自らの権威や威力を示すものとして貝製の腕輪を着用した。これらの貝は北海道、朝鮮まで運ばれたという。琉球弧から朝鮮楽浪の土器が発見されており、朝鮮との間でも貝が交易されていた。また唐の開元通宝の圧倒的多数が琉球列島、特に八重山諸島から集中的に出土されている。唐時代に発達した螺鈿の材料として、琉球弧に生息していたヤコウガイが求められたのである。[4] 珊瑚礁という琉球の個性がアジア間交易を可能にしたのだ。

ヤコウガイ交易は日本との間でも行われた。ヤコウガイ交易にともない、七〜十世紀における琉球弧ではヤコウガイを大量に集積し、加工する拠点が形成されるようになった。特に琉球から中国に近い久米島において大規模なヤコウガイ集積・加工遺跡が発見された。久米島からは開元通宝も

見つかっている。(5)

十一世紀後半から十二世紀前半頃、徳之島において高麗から陶工を招いてカムィヤキという焼き物が作られるようになった。カムィヤキは約三〇〇年にわたり琉球弧全域において流通した。(6)

貝塚時代と呼ばれる琉球の先史時代の先島諸島は、フィリピンの先史文化圏に含まれ、沖縄諸島との交流もほとんどみられず、北からの縄文文化も弥生文化も波及しない独自の文化圏を形成していた。先島諸島がグスク時代に奄美・沖縄・先島と一体となる文化圏が生まれた。グスク時代の琉球弧から中国陶磁器や日本製の武具が出土するように、中国を中心とする東アジア交易圏の中に琉球弧も含まれていた。(7) 十四世紀になると東南アジア産の陶器もグスクにおいて増大し始めた。(8)

十四〜十五世紀の西表島祖納半島において勢力を有していた、大竹祖納堂儀佐《おおたけそのうどうぎさ》が祀られた大竹御嶽から鍛冶遺跡が発見され、そこから大量の中国製磁器やタイ産の染付けが見つかった。また西表島の内離島《うちばなりじま》からは九世紀の中国製白磁が発見された。(9) 中国、東南アジアに近い西表島においてもアジアとの交易が行われていたのである。

中国型華夷秩序と海洋国家・琉球

資源が少ない島嶼である琉球が独立国家として存立するためには、広大なアジアを覆う中国型華夷秩序に積極的に参入して、多国間の外交的、経済的ネットワークを構築する必要があった。十四世紀から十五世紀にかけて大型グスクに拠点をおいた寨官《さいかん》（大型グスクを拠点にして地域を支配した領主）の政治力を培ったのは、海外交易から得られる利益であった。寨官が交易により鉄材を入手し、配下の按司《あじ》（各地に割拠した首長）に分配することで各集落の余剰生産物が寨官の下へ集まり、これを寨官が交易の交換物として用いるという流通システムが確立されていた。このような寨官支配から三山時代そして王国統一へと向かう契機になったのが、中国との朝貢交易であった。なぜなら寨官が行なう交易よりも朝貢交易の方が多くの富の獲得が約束されていたからである。(10)

一三七二年、中山王察度《さっと》が初めて明国に朝貢使節を送った。その後、山南王、山北王も朝貢体制に入ったが、最も中山王が積極的に交易活動を行った。琉球王国が統一されるのは一四二九年である。しかし三山時代の各王の正式称号が「琉球国中山王」、「琉球国山南王」、「琉球国山北王」であったように、「琉球国」という認識枠組みは王国統一前に存在していた。(11)

琉球側から朝貢品（馬・硫黄・銅等）が提供されると、常に皇帝から回賜品（王装束、反物等）のお返しがあり、朝貢貿易では原則的に免税措置がとられた。(12)

明朝初期において、航海に必要な船舶や航海術、外交交渉に熟達した中国人を皇帝から授かることで海洋国家・琉球としての性格を明らかにしていった。交易による富を基にして琉球国内に神社仏閣の建造、鐘や貨幣の鋳造、国家諸制度が整えられた。一四五八年、尚泰久《しょうたいきゅう》王が鋳造させ、首里城正殿前に吊るされた「万国津梁の鐘」には次のような記述がある。

「琉球国ハ南海ノ勝地ニシテ、三韓ノ秀ヲ鍾《あつ》メ、大明ヲ以テ輔車トナシ、日域ヲ以テ脣歯《しんし》ト為ス、此ノ中間ニ在リテ湧出スルトコロノ蓬莱島ナリ、舟楫ヲ以テ万国ノ津梁ト為シ、異産至宝ハ十方刹ニ充満セリ(13)」。

琉球側からみた世界認識は決して東アジアの大国の属国としての琉球ではなかった。むしろ、中国、朝鮮、日本と対等な立場で、それらの国を琉球存立のために活用しているという見方である。そこには弱小国の卑屈さはない。危険を冒しながら航海をしているという海洋民族の誇りがある。古琉球時代の王府にはヒキと呼ばれる一二の家臣団が存在していた。それぞれの統率者は船頭（勢頭）と称され、ヒキの名前は貿易船の名称と一致していた。琉球において知行は旅役の回数に応じて行なわれており、旅役は唐旅《からたび》、大和旅《やまとたび》、地下旅《じげたび》（琉球内）に分かれていた。旅役が少なければ先祖伝来の知行が否定されることもあった(14)。国家行政の組織名と船の名前が同じであり、役人の領地や俸禄は交易活動の内容により査定されていた。交易には船が不可欠であるが、海洋国家・琉球は自らを船に見立て、アジアの海を五〇〇年以上にわたり航海していたのである。

琉球と東南アジア諸国とは言語、風俗、政治形態も異なり、距離も非常に離れているため、本来なら両者には接点がなく、相互間に何らかの関係性が生じることはないように思われる。しかし、共通言語として中国語が存在し、相手に対して礼をもって接するという対外関係における平等性と友好性が儒教倫理によって保障された。また華夷秩序が中国を中心に同心円的にアジアに拡大したことで、アジア諸国間相互に関係性が生じ、それに基づいて広い空間における交易活動が可能となった。琉球にとり中国型華夷秩序は、活動範囲の拡大をもたらし、数多くの国との外交関係を確立したという意味で、島嶼という地理的限界性をこえさせる制度的な枠組みを与えたといえる。

近世になると琉球の交易は中国と日本との間に限定されたが、王国は積極的に交易を行った。清国の最盛期にあたる十八世紀前半、琉球にとり清朝から得られる頒賜品等は経済的メリットが大きかった。一七二五年に清国が琉球の朝貢品の一部免除を命じたため、頒賜品も大幅に減る可能性が生じた。琉球は従来どおりの朝貢維持を清国に求めた。二年一貢にこだわったのは、経済的理由のほかに華夷秩序の中で朝鮮に次ぐ第二位のランクを維持し、東南アジア諸国に席次を奪われたくなかったからでもあった[15]。

十七世紀後半以降、琉球王府は砂糖の増産に力をいれ、その売却益によって、清国に輸出する渡《と》唐銀《とうぎん》を調達し、交易の継続が可能になった。琉球国内の農業生産と交易活動が、より強く関連し始めたのである。一七六七年において、清国から琉球にもたらされた輸入品の内容をみると、最も多いのが七万個以上の竹製品である。それは収穫した米穀や籾殻と、ゴミをえり分ける、琉球でミーゾーキーと呼ばれる竹で作られた農具である。他の輸入品には、薬、胡椒、線香、蛇皮(三線用)、茶、紙、粗夏布、粗冬布、扇、唐傘、鉄針等の生活用品があった[16]。交易は琉球人一般の日常生活と深く関係していたのであり、島に不足していた物が交易により補われていた。

琉球は日本と清国の物産交易を仲介するだけでなく、琉球の物産を輸出することで国内の経済発展にも刺激を与えた。十六世紀後半に東南アジアとの貿易が終了するとともに、胡椒や番錫等の物産の入手が困難となり、その代わりに琉球で作られた土夏布《どかふ》が中国に送られた。このような交易と島内経済発展の有機的関係の強化が、近世琉球においてさらに進められたのである。

十九世紀の琉球から清国にもたらされた輸出品の約九割が、海産物であった。乗船者は海産物を個人的に持ち込み、それを売ることで利益を得ることが認められていた。海産物の内訳をみると昆布、鮑、鰹節、しゅくなし物（スクガラス）、角俣（海草）、干イカ、干タコ等であった(17)。海産物の中には琉球国で獲れた物も大量に含まれていた。琉球の漁業も、製糖業とともに交易にとって欠かせない人びとの営みであった。

多国間関係と琉球の自治

琉球人は、東アジアの大国の従属国としては琉球を認識していなかった。中国、朝鮮、日本、東南アジア諸国と対等な立場で、それらの国々を琉球国の存立のために活用していると考えていた。琉球人主導の貿易運営を軸にしながら、久米村人に外交文書作成や航海等を任せ、日本との貿易には琉球に滞在している僧侶を仲介者にしたこともあった。また中国の国子監に留学生を送り込むなど、技能を有した人物を国家規模で育成して、彼等を東南アジア、中国、朝鮮、日本等に派遣し、物産の価格差を利用して富を蓄積し、国の独立性を保った。朝貢・冊封《さっぽう》体制という中国型華夷秩序を利用したことにより、東アジア、東南アジアを覆う大交易ネットワークを築くことが可能になった。

冊封とは、中国皇帝が琉球王の就任を認めるための使節団を琉球に派遣して、王の就任儀礼を執り行うことである。琉球側が冊封を要請（請封）してはじめて、皇帝は冊封使を派遣して国王を冊封した。どの時点で請封するかは琉球側の判断に任されており、琉球が主体的に朝貢・冊封体制に参入したといえる。清国は、琉球王国は清国の「属邦」であるが、内政面では清国のコントロールを受けない「自主の国」であると認識していた。琉球も自ら一国をなし「自治」を認められていると考えていた[18]。

このように、琉球にも自治の時代があったことがわかる。琉球国は単一の国に加重に依存することなく、さまざまな国との関係性を構築し、交易活動を展開し、国家財政を潤すとともに生活をするうえで不足している生活用品を他所から得てきた。このような琉球王国のあり方を、今の琉球人は学ぶことができよう。琉球の自治は、多様なネットワークでアジアと琉球とを結びつけ、多地域間関係を形成し、島の自律性を増すことによっても実現されることが分かる。

薩摩藩の武力侵攻後、琉球は経済的に搾取され、政治的な介入も受けた。しかし、王国体制を立て直し、清国との交易・外交関係を強化し、交易活動と国内の経済発展の関連度を深めることで独立国家として存続してきた。琉球は太古から交易によってアジア諸地域と繋がっていた。決して孤島ではなかった。交易活動によって島の生産性を促し、島のリーダーたちを生み出すことで政治体制も形成された。アジア諸国から人や物だけでなく、制度、慣習、儀礼、墓制等、現在の琉球生活の一部を構成しているものも交易によってもたらされた。

琉球国が日本の直接統治下におかれる一八七九年まで、交易を通じて琉球は独自の歴史的歩みを長期にわたり続けてきた。しかし、太平洋戦争後、琉球を米軍基地や軍事訓練域が覆うようになり、「日本復帰」以後は日本の政治経済的な管理下におかれるようになった。戦後の琉球の歩みは、一〇〇〇年以上の自治的な琉球の交易時代に比べて、一瞬のような時代である。長期の琉球の歴史からいえることは、アジア諸地域と海を通じて平等な立場で多角的な外交・経済関係を結び、その中で琉球が自治を実現していたということである。

現在の状況を脱却し、琉球を自治の島にするうえにおいて、かつて琉球人の祖先が「自治の国」を作ってきたという事実は大きな自信を与えよう。また琉球王国時代に交易していた国々と、歴史的関係性を土台にした新しいネットワークを構築することもできよう。長期の歴史の流れからみれば、現在の状況が永遠に続くという保障はない。アジア太平洋の時代状況を的確に読み取り、積極果敢に外交・経済関係を展開し、海洋ネットワークの形成と島内の自治、発展とを連携させていくという課題をどのように、現在の琉球人が受け止め、実行していくかが問われているように思われる。

第二節　経済主義的独立・自治論からの脱却

「芋と裸足」論の再検討

琉球が独立すれば「芋と裸足」のような「貧しい生活」に逆戻りするという言説が一般に流布し

ている。しかし、これまで「芋と裸足」という言葉が使われてきた背景を検討してみると、この言葉は現状維持を求める人びとによって語られてきたことが分かる。例えば、一九七二年の「日本復帰」に反対し、米軍統治の継続を希望する人々は次のように述べていた。「日本復帰をしたならば一、二の産業を除いてほとんどの企業がぐらつき、多くのものが時日を待たず倒産するだろうということだ。すなわち、現在の沖縄のそれらの生産業は輸入品に対する消費税、物価税によって保護されていることからもこのことが言えると思う。〔中略〕芋（いも）を食べ、はだしになっても早く日本に帰ろうではいくまい[19]」。

米軍統治時代、最高権力者の地位にあったアンガー高等弁務官は、以下のように述べていた。「万一基地が縮小されるか撤廃されるようなことになれば、琉球の社会は再び（戦前のような）『イモと漁』に依存した、『ハダシ』の経済にすぐもどってしまう」。自民党は高等弁務官の言葉を受け売りして、「さきに復帰した奄美の状態を見よ」と広く宣伝し、「芋と裸足」論が選挙において政策的対決の一つの焦点となった[20]。

「復帰」すれば「芋と裸足」の生活に戻るという言説が、次には、独立すれば「芋と裸足」の生活になるという脅しの言葉として使われるようになった。「貧困イメージ」を作り出し、開発の道を走り続けることを煽っている。しかし、「芋と裸足」が貧困状態であり、近代化された状態が豊かであるとは簡単にはいえない。

人間にとって「食う」とは何であろうか。琉球では多くの住民が移入食料品を購入し、外食をし、歩かなくなり、南琉球は日本一の肥満地域になってしまった。南琉球内の三〇代以上で肥満と診断された人の割合をみると、男性が四六・九％、女性が二六・一％であった。男女ともに全国一位であった。琉球人男性の肥満率は全国二位の北海道のそれの三四・八％を一二ポイント上回っている。二〇〇〇年における都道府県別生命表をみると、琉球人男性の平均寿命が二六位に転落した。(21) 生活の近代化により琉球の人々の身体は確実に弱っている。

「芋と裸足」は島で育った物を食べ、車に依存せず、よく歩くという生活習慣をも暗示しており、琉球人の本当の幸せを考えた場合、一蹴できない意味内容を含んだ言葉である。「芋と裸足」論が有する近代主義を超える必要があろう。

独立・自治論と経済開発

これまで琉球における独立運動は、開発志向が強かったといえる。日本に「復帰」する前、琉球議会という、「復帰」に反対し独立を求めた団体があった。琉球議会の人々は以下のように経済発展の方向性を示した。「従来通り基地からの収入はすべて琉球に還元されるようにすべき。沖縄を自由貿易地域にする等各種産業の復帰対策について沖縄側の企画を全面的に受け入れ、本土の経済成長に見合う経済成長が可能になるよう復帰前に保障すること。〔中略〕干拓による土地を造成して産業誘致のための用地を確保し耕地の交換分合による機械化農業を推進するなど積極的に重軽工業への産業転換を図ること(22)」。琉球に自由貿易地域を設置して、企業を誘致し、工業化、機械化を図り経済成長の実現を独立の前提にしていた。

「琉球独立党」の党首であった野底土南《のそこどなん》は、西表島の銅山、尖閣列島の石油を琉球全体が管理すべきであると主張した。(23)

現在、琉球単独での道州制を目指す議論が盛んに行われている。「琉球自治州」の実現を目標に掲げる、「琉球自治州の会」は次のような経済構想を示した。「大田〔昌秀〕県政が策定した『国際都市形成構想』『基地返還アクションプログラム』の今日版を策定します(24)」。「尖閣列島の海底油田など、琉球自治州内の天然資源は州政府の管轄とします。〔中略〕これが琉球自治州の管轄となれば、経済自立を目指す県民にとって大きな希望であると同時に、開発企業の受け入れなどによって州政府税収の大幅アップが期待できます(25)」。「沖縄の経済界がいつまでも復帰特別措置に甘んじることなく、自力で企業の存続と発展をはかること。そのためにも全県フリーゾーンは必要だろう(26)」。海底油田の開発、全島の自由貿易地域化、企業の誘致等、開発、市場原理主義に基づいた道州制が提示されている。しかし、独立後の琉球の自然は大規模開発により破壊され、琉球人は開発企業の支配下におかれ、真の自治はもたらされないだろう。

また「リッチな琉球国への道――日本から独立し、油田開発を」と題する次のような論考が地元紙に掲載された。「沖縄には、尖閣列島がある。日本政府と中国政府がガス田問題でぎくしゃくしているが、大交易時代の好を顧みると、中国政府と琉球国の構図が最良の問題解決の糸口をつかみ、両国に益をもたらし、無尽蔵の海底資源は琉球国民を永久に潤すだろう。〔中略〕琉球国が誕生すると、中国との友好が復活し、油田開発の交渉が成立し、油田で国を潤すリッチな琉球国人が見えてくる[27]」。独立がさらなる近代化のための手段として考えられている。

沖縄自治研究会は、日本国憲法九五条に基づく沖縄自治州の基本法制定を目指している。これまでの自治政府構想が埋もれた原因として、次の諸点を指摘している。第一は、財政的に中央政府に依存してきたことである。第二は、本土政府の画一主義を改革できないという事大主義である。第三は、これまでの自治政府構想が財政的な裏付けや既存の国の枠組みに基づいていないため、理念が先行し、多くの一般の人々が生活実感を持って運動に関わりにくかったことである[28]。

これらの反省を踏まえて、沖縄自治州は次のような権限を持つ自治州議会、自治州政府の樹立を目指すという。自治州政府は琉球に関連する法案を国会に対して提出する権利をもつとともに、これまで国の権限とされた事項を、沖縄自治州に移行させる。例えば自治州政府は一部外交権を保有する。経済基盤としては財政調整という方法をとる。全国平均と同等の一人当たり公的支出と国境・離島地域としての地域特性を加算し、財源委譲を一括して行い、予算・決算に関する権限は自治州議会が有する。原油、天然ガス、熱鉱床に対し自治州税を賦課する。米軍基地も課税対象とし、税収を増大させる[29]。日本政府は補助金を毎年度、提供するのではなく、一括で投与し、それを権限が強化された自治州政府が自由に使うことで、沖縄自治州の財政的基盤が確立されるとしている。

だが、財政的裏づけがないと琉球の自治は実現しないのだろうか。道州制をめぐる議論は財政的基盤の内容に終始する嫌いがある。琉球がより分権化が進んだ道州になり、または独立することで、さらなる開発、近代化に拍車がかかるようでは、何のための自治なのかという疑問が湧いてくる。財政的基盤に固執すると、他者からの誘惑に乗り、他者の侵略を招く恐れも生じてこよう。資源開発、企業誘致、補助金の一括投下等に期待するのではなく、本書三部で論じたように、琉球弧の島々における内発的発展の地道な実践を広げていくことが、島の持続可能な発展につながるだろう。

奄美諸島を「琉球自治州」に含めようとする南琉球側の提案に対して、沖永良部島在住の前利《まえとし》潔《きよし》は次のように述べている。「『琉球王国』の記憶だけでもって奄美諸島を『沖縄（琉球）「自治州」』の中に位置づけることができるのだろうか。〔中略〕『琉球弧』という言葉は奄美諸島の島びとも受け入れている。しかし、『琉球弧』と『沖縄（琉球）自治州』という言葉の間には深い谷間がある。その谷間に橋を架けるためには、『琉球王国』の記憶（アイデンティティ）ではなく、新たな自治の思想が必要である」(30)。琉球王国は奄美諸島を軍事的に制圧して自国領土とした。薩摩藩の直轄領となった後の歴史的歩みは、南琉球とは異にしている。琉球文化圏という共通の土台を共有したうえで、奄美諸島の歴史的、文化的違いを理解し、どこにも中心を置かない、平等な島の関係を構築すべきである。自治についても根本から問い直さなければ、北琉球と南琉球とを結ぶことはできない。

自治を行政的、経済的な側面に限定するのではなく、住民の意識の持ち方や生き方にまで掘り下げる必要がある。経済成長を自治の前提または目標にすべきではない。経済成長が人間に対しても つ負の側面を認識し、本当の豊かさを自治の根幹に据える。これまでの自治論は財政主義、経済主義に傾斜しがちであった。財政破綻よりも怖いものは、人や島のさらなる近代化、破壊である。財政収支を均衡化するために開発を推し進め、人間が生きる基本的な土台である、自然環境、共同体社会、文化を喪失してしまったら、琉球人の存立自体が危うくなる。自治の大前提はカネではなく、島で平和に暮らしたいという人々の強い思いと実践である。

第三節　琉球の真の自治を実現するために

開発によって本当に豊かになるのか

市場原理主義を盲従している日本の後ろを追うのではなく、琉球は異なる道を歩むべきである。現在、琉球における米軍再編にともない、那覇市から名護市までのモノレールの延長、鉄道建設、一世帯当たり一億五〇〇〇万円の補償等、大型公共事業、金銭が取引材料として琉球人側から提示されている。これらの近代的諸物や金銭は、琉球の人々を本当に幸せにするのだろうか。スピード社会が推し進められ、日本の過酷な競争原理がさらに広がるだろう。島の中で所得格差が拡大し、貨幣崇拝の風潮が人心を不安定にする懼れもある。

琉球は島社会である。無限成長を信じて狭い島を開発すればするほど、廃棄物の行き場所がなくなり、島内に溢れかえる。島の許容量に応じた発展があってしかるべきであり、観光客数の制限、立ち入り制限、入島税の賦課等、島を守るための措置が必要になる。リユース、リサイクル、ゴミの減量化を推し進めるとともに、個々の人間もまた欲望を抑制しなければならないだろう。そのためには共有地やイノーを回復し、人間と自然との共生、近隣社会における相互扶助活動を促すなど、非市場的な人間活動のなかに、経済を埋め戻す。

基地が返還され、開発が進み、基地の時代よりも地代、雇用、売上額等、経済効果が高いと跡地利用は成功したと認識されることが多い。この成功が基地を否定する理由として挙げられている。北谷町の美浜（図10―1）、那覇市のおもろ町や金城町等、米軍基地の跡地には大型ショッピングセンター、飲食店、ゲームセンター・パチンコ・スロットマシン等の遊技施設が軒並み建設された。例えば、近年開発が著しいおもろ町には大型商業施設、ブランド販売店、高級住宅、遊技施設等が建設され、高額所得者が住む地域になっている。これらの大型開発により琉球人の欲望が煽られ、消費中毒になり、ギャンブルに身を費やす人も少なくない。琉球人の間の所得格差も拡がるだろう。二〇〇五年の南琉球における企業売り上げランキング（金融業を除く）をみると、三、四、五位は大型スーパーが占め、増収率ランキングの一、二、三位は遊技場を経営する会社が並んだ(31)。

戦後形成された基地は琉球の歴史、文化、自然の連続性を断ち切ったという性格を有する。基地跡地利用は、基地によって消し去られた歴史、文化、自然の復興に重点を置くべきであろう。戦前の記憶を辿りながら、自然環境を蘇らせ、歴史遺跡を掘り出し、御嶽《ウタキ》を中心に祭りを再生させる。琉球人の生き方、思想を跡地利用に体現する。開発、近代化を超越する試みとして琉球は世界中から注目されるだろう。

琉球における地域単位は島である。島の中でも公民館が置かれた各村が、人の顔が見え、自然環

図10—１　北谷町の基地跡地「美浜《みはま》タウンリゾート・アメリカンビレッジ」
人工ビーチ、アミューズメント施設、ショッピングセンター、高層ホテル等がある。2001年、同地において米軍人による婦女暴行事件が発生した。

境と人間の身体が交感し合う空間となろう。八重山諸島では現在でもユイマール活動がみられる。島外に発展のモデルを求めるのではなく、琉球の島々の中で住民が営々と築いてきた助け合いの生きる様式を琉球再生の指針にすべきであると考える。

現在、「沖縄ブーム」とされ、琉球に関する書籍が溢れ、テレビ、映画、音楽等のメディアでも「沖縄イメージ」が巷に氾濫している。琉球の若者は「沖縄ブーム」の中でもてはやされ、問題意識が育たず、自治の担い手であるという意識が希薄であるとの指摘もある。(32)ハワイ、グアム、ニューカレドニア、仏領ポリネシアでは一九七〇年以降、自文化に対する意識の高揚が独立運動と結びついたが、それとは対照的である。

日本のマスコミが琉球文化を商品として流通させているだけであり、琉球人は自らも認められていると錯覚しているのではないか。住民の心性は暖かく、琉球は住みやすいという画一的な「沖縄イメージ」が流布している。理想の島として完結された「沖縄イメージ」が琉球の若者にも感染し、問題が山積している、自分の島を変えるという自覚が減退してきている。現実の様々な問題群が「沖縄ブーム」によって見えにくくなっている。「沖縄ブーム」への依存である。しかしブームは市場によって作り出されたものであり、一時的な現象でもあり、時間が経てば冷めてしまう。琉球は「癒しの島」、「楽園」のように観光産業が作り出した虚構の空間ではない。琉球人は島の現実の諸問題に向かい合って生きなければ、自らの生活の基盤が掘り崩されよう。

琉球人が琉球における政治主体であるとともに、経済主体でもある。しかし、これまでの琉球弧における開発によって、琉球人は他者への依存度を大きくした。他者が島の将来を決めてくれるという、人任せの風潮が生れた。他者による開発が失敗すれば、他者に責任を擦り付ければ済む問題ではない。琉球弧の人間が自らの未来を決められない状況は悲劇である。「沖縄ブーム」の虚構性を打破し、依存状況から抜け出すことが、まさに琉球人自身、特に若者の大きな課題であるといえる。

真の自治のためにすべきこと

琉球はかつて独立国家であった。琉球は歴史的、文化的、生態的な独自性を有し、中国文化圏とも現在まで続く関係を有している。日本と琉球は本来、同格の存在であると考えられる。琉球にも住民の権利を守るための日本国憲法と同じよう憲法があってもいいのではないか。日本国憲法では基本的人権の尊重、主権在民、市民平等などの原則が明記されている。しかし、多くの琉球人が拒否しているにもかかわらず、米軍基地が集中しており、日本国憲法によって琉球人が守られていないという状況が、「日本復帰」後から現在まで続いている。

人口二万のパラオには連邦憲法とともに、一六の州毎に憲法があり、中央政府も無視することができない各州の権限が保障されている。竹富島では憲章をつくり、島の自治を住民自ら創りあげてきた。琉球独自の憲法（少なくとも憲章）を制定する必要があろう。琉球弧全体を対象にした憲法（憲章）である。この憲法（憲章）を基にして、琉球弧の生態的、文化的、歴史的一体性を回復し、「沖縄県と鹿児島県」に分断された琉球弧の歴史を終焉させる。そして、開発と軍事基地双方を拒否する真の平和と自治を、平等な島々の連なりである琉球弧に実現させる。

独立を達成すれば全ての問題が解決するわけではない。独立を最終的な目的に掲げるのではなく、また制度的な自治の実現で事足りるわけでもない。琉球弧における開発、近代化は、島嶼環境の破壊をもたらしたほか、他者への資金的・精神的依存、近代的施設・設備への人間の依存、行政への依存、専門的知識を持った人への依存等、他者への依存度を深化させた。これらの依存から個々の琉球人が自立し、地域社会を自らの手でつくる。開発、近代化を前提とする道州制や独立によっては、他者依存、機械文明依存を脱却できない。琉球人は真の自治を心身ともに体得することにより、琉球弧の中に埋め込まれたスワラージ（自治）の伝統を活かせば、島々の生命、共同体、宇宙観と人間とが共生しうる社会を実現できよう。

真の自治を達成するために琉球がまずなすべきことは、東京に拠点をおいて琉球の開発を推進している内閣府沖縄担当部局を廃止することである。これは中央政府主導の補助金行政、基地と補助金との交換関係の廃止をも意味する。「日本復帰」以後の「琉球の大転換」から今日まで、多額の経済振興資金が投下された。しかし現在、琉球各地の地方自治体の財政が破綻し、東京主導の開発行政の失敗は明白となった。これまでのやり方によって琉球は存続できないだろう。また国から一時金が供与され、それを基金化して琉球側が自由に利用するという案も示されている。しかし、巨額の資金が琉球側に流れ込み、大型投資や開発に費やされるだけではないか。

琉球の税収を一旦、中央政府に納め、その後、補助金という形で分配されるシステムから脱し、中央政府からの補助金をなくし、琉球内での税収で財政をまかなう体制に移行する。税収分だけの行政を行い、地域づくりの根幹は住民の自治に委ねる。

琉球は域外からの移入品に大きく依存している。これまで移入品に依存していた物を自分たちで生産、販売、消費することで島内の雇用機会も一段と拡大するだろう。資本集約的な産業によって生産された物を移入するより、島内で労働集約的な生産体制を拡げる、つまり自給自足体制を確立する方が雇用拡大の面において波及効果が大きい。失業者の多い琉球においては、機械化、近代化によって生産性を向上させて労働者を削減するのではなく、働く場所を増やすことに重点を置く政策が求められている。また生産労働だけでなく、生活労働という広い意味での労働が琉球社会をより豊かにすることを忘れてはならない。

そのためには、琉球弧各地に自治、自立的な生活や生産を学びあう場を設置してはどうだろうか。そこで開かれるワークショップに住民が参加して、真の自治について学ぶ。そして、琉球にはどのような政治経済的、社会的問題があり、それを解決するために必要とされることは何かを話し合う。自分たちの関心、技、知識や知恵を持ちより、力を提供し、自分たちでできる範囲内で協力しながら様々な生活や生産の場を作り上げていく。自給自足や地産地消の産業を構築する場が琉球弧の各地で育てば、住民参加による内発的発展は自ずと実現するだろう。琉球弧の島々のそれぞれが有する諸条件に合わせて、市場、再分配、互酬がバランスよく存在する状態が望ましい。

琉球弧の政治体制としては、各島々の分権を確立することに重点を置くべきだろう。奄美諸島政府、沖縄諸島政府、宮古諸島政府、八重山諸島政府による連邦制を樹立する。各諸島に議会を設置するとともに、連邦議会をも開設する。琉球連邦政府は外交権を有し、太平洋諸島フォーラム等の国際機関への参加を果たす。米軍基地の取り扱いに関して琉球政府側の意見が十分尊重され、民主主義制度が保障されるならば、日本政府とも連邦を組む可能性がある。

川勝平太は、日本連邦（コモンウェルス）を提唱している。つまり北海道・東北を「森の洲」、関東を「平野の洲」、中部・北陸を「山の洲」、近畿・中国・四国・九州を「海の洲」と名付け、自立した四つの地域による連邦制である。[33] 琉球は九州ではないから、日本と連邦を組む場合には「琉球弧」

として他の地域と平等な立場で参加することになろう。琉球人が日本の連邦制に加わるのか、独立を選ぶのかは住民投票の結果に従うべきであろう。

琉球は「軍事的な要衝」であるといわれてきた。他国からの侵略を防ぐには、軍事力の増強ではなく、琉球を非暴力、慈悲心が溢れる島にすることで他国の警戒感を削ぐことが肝要である。暴力に対し暴力でもって対抗すると、暴力の応酬がいつまでも続くというのが歴史の教訓である。島を巡り周辺大国が領有権を主張する場合、大国の間に緩衝地帯を設けることにより、両国の対立を緩和する。幸いにして琉球は日本文化、中国文化が融合している島である。琉球を、東アジアにおける様々な対立を解決するための対話を促し、平和を醸成する場所にする。

人間を紛争に駆り立てる力、すなわち貪欲と妬みを増大させる経済活動の上に平和を築こうとすることは疑いもなく空想的である。[34] 開発という暴力、戦争という暴力双方ともに排除する場所になることが琉球における真の自治の目標になろう。世界平和を構築する上で琉球が大きな役割を果たし、世界の人々から信頼を集め、武器や基地を有せずして他国からの侵略を防ぐという、新たなる文明を創ることも可能になろう。[35]

本書における「真の自治論」は理想論として一蹴されるべきものだろうか。人間には理想や目標がなければ諸問題を解決して、より良い生活をつくりあげることはできない。開発を中心において基地、観光、道州制、経済自立論等が議論されているのが琉球の現状である。このままの状態が進めば、開発によって琉球は無残な姿をさらすことになろう。「真の自治論」は琉球の人びとの生活に根ざした具体的な対応策であると考える。

問題解決の糸口はモデルとされた他所ではなく、琉球の島々の内部にしかない。問題を解決するのは誰であろうか。高度な知識を有する他者ではなく、琉球人自身である。他者は琉球から利益が得られなくなれば出て行くが、琉球人は島に住み続け、諸問題に直面し、悩まなければならない。

世界中からノーベル賞級の学者を琉球に集めた大学院大学によって琉球は本当に経済自立するのだろうか。ノーベル賞級の学者が琉球を発展させてくれる救世主のように考えてはならない。琉球人自身しか島の問題を本気で考えないし、解決できない。

琉球人、特に若い琉球人が本書を読んで、琉球を再生させるために自分たちが必要とされていること、自分たちが考え、行動しなければ誰も動かないことに気付いてくれれば幸いである。

ウェーデン、ロシア、フィンランドの統治下に置かれてきた。琉球と同じように、地政学的に重要な場所に位置し、大国の支配を受けてきたのがオーランドである。1921年、ドイツ、フィンランド、スウェーデン、エストニア、フランス、米国、イタリア、ラトヴィア、ポーランドによって、「オーランド諸島非武装化中立化協定」が調印された。同協定の内容は、オーランド諸島において軍事基地および戦争遂行を意図するいかなる施設も設置しない、戦時にはオーランド諸島は中立地帯とみなされ、戦争行為に関与しないというものであった。

オーランド自治法に基づき、島議会はフィンランドが加盟するいかなる国際条約でも拒否する権限を有している。島法はフィンランドの国会が制定する法律と同格の法的地位をもつ。住民の大半はスウェーデン語を話し、公的機関でもスウェーデン語のみが使用され、税金が投下されている学校ではスウェーデン語による教育が行われている。文化的独自性も法的に認められている。また住民は島民権を有しており、島民権によって投票、不動産の取得、営業活動が可能になる。島民権が島民の経済的生存権を守っているのだ（古城［2006］）。

軍事的要衝を非武装・中立・自治化することにより、周辺諸国の勢力均衡が保たれ、平和が実現されている。琉球の米軍基地は暴力の連鎖を生む拠点である。非武装・中立・自治の島という、もう1つの選択肢を選ぶことで、アジアに平和がもたらされ、琉球の住民も安心して生活ができるようになろう。

2) 同上論文、17 ページ。
3) 同上論文、83 ページ。
4) 安里（2003)、94 ページ。
5) 同上論文、97 ページ。
6) 豊見山（2003）前掲論文、22–23 ページ。
7) 同上論文、19 ページ。
8) 安里（2003）前掲論文、108 ページ。
9) 石垣（2006)、9–15 ページ。
10) 安里（1994)、53–63 ページ。
11) 豊見山（2003）前掲論文、24 ページ。
12) 同上論文、53–54 ページ。
13) 東恩納（1979)、10–12 ページ。
14) 真栄平（1984)、447–460 ページ。
15) 真栄平（2003)、149 ページ。
16) 同上論文、151–154 ページ。
17) 真栄平（1986)、255 ページ。
18) 西里（2006)。
19) 松川（1962)、18–20 ページ。
20) 吉田（1995)、121 ページ。
21)『琉球新報』2006 年 1 月 25 日。
22) 比嘉（2004)、75 ページ。
23) 同上書、99 ページ。
24) 石川（2005)、36 ページ。
25) 嘉数（2005)、42–43 ページ。
26) 大村（2005)、131 ページ。
27) 上江田（2006)。
28) 藤中（2005)、76–77 ページ。
29) 濱里・佐藤・島袋編（2005)、29–38 ページ。
30) 前利（2006)。
31)『琉球新報』2006 年 5 月 3 日。
32) 2006 年 2 月 5 日から 9 日まで行った、島袋純（琉球大学助教授）との談話内容に基づく。
33) 川勝平太の日本連邦論については、川勝（2006）を参照されたい。
34) シュマッハー（1976)、28 ページ。
35) 非武装・中立・自治を実現している島々の 1 つに、オーランド諸島を挙げることができる。オーランド諸島は北欧のバルト海にある約 6500 の島々からなる、フィンランドに属する地域である。人口は約 20600 人である。ス

38) Ibid., pp. 9-10.
39) Shuster (1998), p. 41.
40) The Committee on Energy and Natural Resources (1997) op. cit., p. 118.
41) 2003年2月18日に行った、琉球弧の住民運動に参加した高良勉とのインタビュー内容に基づく。
42) 矢崎編 (1984) 前掲書、218ページ。なお、ミクロネシア連邦憲法にも次のような非核条項がある。第13条第2節「放射性物質、有毒化学物質またはその他の有害物質は、ミクロネシア連邦国家政府の明白な承認がなければ、ミクロネシア連邦の管轄権の及ぶ範囲内において、実験し、貯蔵し、使用し、または処理することはできない」(同上書、89ページ)。
43) Leibowitz (1996), p. 30.
44) 桜井 (1981)、187ページ。
45) Wilson (1995), p. 181.
46) Leibowitz (1996) op. cit., pp. 85-86.
47) Ibid., p. 87.
48) *Pacific Daily News,* 1990.7.31.
49) *Pacific Daily News,* 1990.10.17-18.
50) *Pacific Daily News,* 1990.8.8.
51) *Pacific Daily News,* 1990.12.8.
52) *Pacific Daily News,* 1990.12.4.
53) 小林 (1994) 前掲書、82ページ。
54) 矢崎 (1999)、335ページ。
55) Ada (1993), p. 25.
56) Sanchez (1988), p. 424.
57) *Pacific Daily News,* 1994.7.13.
58) *Pacific Daily News,* 1998.8.10.
59) Stade (1998), p. 5.
60) 太平洋戦争中、日本軍がグアムを「大宮島」として軍事占領していたが、米軍が1944年7月21日に「解放」した。毎年、島の主要道路「マリンドライブ」において盛大なパレード、出し物等が繰り広げられ、日本軍統治の終了を祝している。
61) *Pacific Daily News,* 1992.7.22.
62) *The Guam Tribune,* 1992.4.24.
63) *Pacific Daily News,* 1992.8.1., *Pacific Daily News,* 1993.6.8.

第10章

1) 豊見山 (2003)、12ページ。

8）長崎（2004）、372–423ページ。
9）ガンジー（2001）、87–88ページ。
10）同上書、149ページ。
11）同上書、85ページ。
12）同上書、94ページ。
13）ガンジー（1997A）、80–81ページ。
14）琉球における平和の思想・運動・歴史に関しては、石原・仲地・ラミス（2005）を参照されたい。
15）ガンジー（1997A）前掲書、71ページ。
16）同上書、11–12ページ。
17）ガンジー（1999）、113ページ。
18）同上書、117ページ。
19）デイリー（2005）、204ページ。
20）同上書、206–210ページ。
21）外務省ホームページの太平洋島嶼国情報（http://www. mofa. go. jp/mofaj/area/pacific. html［2006年5月5日接続］）。
22）矢崎編（1984）、119–127ページ。
23）同上書、74ページ。
24）Ngiratiou（1999）p. 5.
25）パラオにおける自然保護運動、観光開発、パラオ人女性の社会的な役割の大きさに関しては、松島（2003C）を参照されたい。
26）太平洋諸島における島嶼国間のネットワークについては、松島（2004）を参照されたい。
27）ニューカレドニアのフランスによる植民地化過程、独立運動、先住民族による発展方法に関しては、松島（1995）を参照されたい。
28）戦前、戦後のミクロネシア諸島の経済活動、琉球との関係については、松島（2003D）を参照されたい。
29）太平洋島嶼国における独立過程、新植民地主義による再周辺化の動き、島嶼国の抵抗運動については、松島（2006）を参照されたい。
30）森本（1997）、246ページ。
31）The Committee on Energy and Natural Resources（1997）, p. 377.
32）Ibid., p. 119.
33）Ibid., p. 39.
34）Ibid., pp. 29-31.
35）Ibid., p. 27.
36）Ibid., p. 60.
37）Trusteeship Council（1976）, pp. 8-9.

15）同上論文、129 ページ。
16）大橋（2005）、19 ページ。
17）川上（2005）前掲論文、60 ページ。
18）新元・山田（1981）、31 ページ。
19）同上書、277 ページ。
20）同上書、300 ページ。
21）具志堅（1975）、12 ページ。
22）久米崇聖会については、2005 年 2 月 18 日に行った、具志堅以徳（久米崇聖会元理事長）、具志堅千賀子（久米崇聖会事務局長）とのインタビュー内容に基づく。
23）沖縄阮氏我華会については、2005 年 2 月 22 日に行った、真栄田世行（沖縄阮氏我華会会長）、與古田清正（沖縄阮氏我華会副会長）とのインタビュー内容に基づく。
24）阮氏記念誌編集委員会（1998）、95 ページ。
25）比嘉（2004）、192–193 ページ。
26）同上書、208 ページ。
27）琉球華僑総会については、2005 年 2 月 24 日に行った、新垣旬子（琉球華僑総会理事長）とのインタビュー内容に基づく。

第 9 章

1）川北（2000）、i ページ。
2）山本（2004A）、126 ページ。
3）同上論文、127–128 ページ。
4）山本（2004B）、98–111 ページ。
5）木畑（2000A）、258–259 ページ。
6）木畑（2000B）、273–274 ページ。
7）2006 年 2 月 5 日から 9 日まで行った、島袋純（琉球大学助教授）との談話内容に基づく。
　沖縄県教育委員会は小中高教員採用の実技試験として琉球舞踊・三線・空手（うち 1 つを選択）を受験生に課そうとしたが、大学関係者、受験生からの反対も多く、2006 年 4 月 29 日、同方針を撤回した。この一件は琉球文化のあり方を問うている。琉球舞踊等ができれば琉球の歴史、文化を体得したとはいえないだろう。たとえ教員が三線を弾けなくても、琉球の歴史文化、自然、政治経済に強い関心と拘りを持つことはできる。問題は、授業のカリキュラムの中に「琉球を学ぶ」時間を充分にもうけ、琉球独自の教科書を用意することである。琉球の独自性を踏まえた教育指導要綱に作り変える必要があると考える。

38）比屋根（1996）、117–133ページ。
39）太田（1995B）、262ページ。
40）新川（2000）、148ページ。
41）同上書、63–64ページ。

第4部

第8章

1）林（2006）。
2）琉球の詩人・高良勉の「琉球ネシアン・ひとり独立宣言」には次のような一節がある。「一九八一年一月一日に人口約一万五千人余のパラオ諸島はベラウ共和国として独立する。しかも、世界で初めての『非核憲法』を制定して植民地時代を清算しようとしているのだ。八〇年代は『太平洋諸島の独立の時代』と言われている。人口百万余の琉球ネシアが、どうして独立できない訳があろうか。まず足りないのは、精神と観念の自立と革命である。観念から変われ！　私は、ひとり独立宣言をした。次はあなた方の番である。それぞれの独立宣言を持ち寄って琉球ネシア共和国連邦を豊かにしようではないか〔松島注：パラオは1981年に自治政府を樹立したが、同国憲法の非核条項を撤廃させようとした米国により独立が妨げられ、同国の独立は1994年に大きくずれ込んだ〕」高良（1988）、118ページ。
3）前利（2004A）、198–199ページ。
4）丸山（2005）、255ページ。
5）前利（2004A）前掲論文、199ページ。
6）前利（2004B）、93ページ。
7）前利（2004A）前掲論文、194ページ。
8）琉球文化圏については、藤原書店編（2003）を参照されたい。
9）前利（2004B）前掲論文、105ページ。
10）川上（2005）、59ページ。
11）北マリアナ諸島のコモンウェルスとは次のような政治的地位である。住民は米国市民権を有するが、米連邦憲法の全てが適用されない。例えば、北マリアナ諸島から米下院議会に派遣される島の代表には議会内で発言権はあるが、投票権がない。他方、移民法、労働法に関して特別な法律を持っている。カリブ海のプエルトリコも米国のコモンウェルスである。
12）米国によるグアムを含むミクロネシア諸島に対する支配については、松島（2006）を参照されたい。
13）川上（2005）前掲論文、47ページ。
14）黒柳（2005）114–115ページ。

内容に基づく。

20）2005年8月29日に行った、神山光永（黒島公民館長）とのインタビュー内容に基づく。閉鎖系の島では外部から侵入してくる動物によって生態系が簡単に崩されてしまう。グアムにはヘビが生息していなかったが、太平洋戦争後、米艦船にまぎれ込んだヘビが島に上陸したため、鳥が激減してしまった。

21）2005年8月28日に行った、船道賢範（黒島在住、畜産家）とのインタビュー内容に基づく。

22）神山光永前掲とのインタビュー内容に基づく。

23）2005年8月28日に行った、鳩間真英（黒島小中学校校長）とのインタビュー内容に基づく。

24）沖縄県八重山支庁総務・観光振興課編（2005）、1–3ページ。

25）筆者の父親が1969年から72年まで与那国島測候所で働いていた際、筆者も同島で生活をした。毎日のように、田原川やなんた浜の海で泳ぎ、干潮の時には海の生物をとって食べた。隣近所の人とも家族のように接しながら生活した思い出がある。現在、田原川の側面はコンクリートで覆われ生活排水の川となり、その汚水はなんた浜の海に流れている。浜の近くにある祖納港にはテトラポットが数多く積まれている。

26）与那国町（2005）、5–8ページ。

27）与那国町・福山海運（2005A）、与那国町・福山海運（2005B）。2005年8月12日に行った、田里千代基（与那国町ＰＴ・特命ビジョン策定・光ケーブル推進）とのインタビュー内容に基づく。

28）「与那国島の未来を考える」（『やいま』№154、2006年）、32ページ。

29）ＷＷＦサンゴ礁保護研究センター（しらほサンゴ村）の展示内容に基づく。

30）白保村の自然との共生を目指した試みについては、2006年1月6日に行った、上村真仁（ＷＷＦサンゴ礁保護研究センター持続的地域づくりコンサルタント）とのインタビュー内容に基づく。

31）2006年1月6日に行った、宮良妙子（ＷＷＦサンゴ礁保護研究センター職員）とのインタビュー内容に基づく。

32）2006年1月6日に行った、松竹喜生子（石垣市織物事業協同組合理事長）とのインタビュー内容に基づく。

33）2006年1月6日に行った、慶納ナエ（石垣島白保在住の女性）とのインタビュー内容に基づく。

34）松島（2002A）、264–273ページ。

35）辰濃（1977）、264ページ。

36）羽地（1978）、214ページ。

37）太田（1995A）、58–59ページ。

11）安里（1999）、118 ページ。
12）同上書、118 ページ。
13）シュマッハー（1976）、83 ページ。
14）安里（1999）前掲書、158 ページ。

第7章

1）西表島における内発的発展の試みについては、2004 年 1 月 28 日に行った石垣金星（西表島の文化伝承者）、石垣昭子（西表島の染織作家）とのインタビュー内容に基づく。
2）細田（2001）、423 ページ。
3）岡部（1992）、204 ページ。
4）細田（2001）前掲論文、424–426 ページ。
5）同上論文、429 ページ。
6）同上論文、430–435 ページ。
7）同上論文、437 ページ。
8）2004 年 1 月 27 日に行った、上勢頭芳徳（竹富島喜宝蒐集院館長）とのインタビュー内容に基づく。
9）2005 年 8 月 6 日に行った、阿佐伊孫良（特定非営利活動法人たきどぅん事務局長）とのインタビュー内容に基づく。
10）上勢頭芳徳（前掲）とのインタビュー内容に基づく。
11）安里（1991）、31 ページ、111 ページ。
12）2005 年 8 月 26 日に行った、勝連文雄（波照間公民館元館長）とのインタビュー内容に基づく。
13）安仁屋・玉城・堂前（1979）、88 ページ。玉野井・金城（1978）、11–12 ページ。『琉球新報』2006 年 1 月 1 日。
14）通事（2003）、217 ページ。
15）2005 年 8 月 9 日に行った、平田清（小浜島黒ゴマ生産組合組合長）、松原浩（小浜農村基盤総合整備事業理事長）とのインタビュー内容に基づく。
16）魚垣とは、珊瑚礁の浅瀬に砂浜に沿って半円形に石を積み重ねたものである。満ち潮とともに浜の方向にやってくる魚は干潮になると魚垣の中に閉じ込められ、それを島人は捕った。石干見漁ともいい、太平洋諸島、東南アジア、九州等にも分布している。スクとは琉球料理の豆腐スクガラス（豆腐の上に塩漬け小魚がのったもの）に使われる小魚である。
17）平田清、松原浩（前掲）とのインタビュー内容に基づく。
18）2005 年 8 月 8 日に行った、慶田盛光正（小浜島民俗資料館館長）、慶田盛英子とのインタビュー内容に基づく。
19）2005 年 8 月 9 日に行った、仲盛長儀（小浜公民館元館長）とのインタビュー円の半分は金融機関への借金返済に充てられた。つまり国の振興開発費が借金返済に流用されたのである（『沖縄タイムス』2006 年 6 月 29 日）。

45）『沖縄タイムス』2006 年 7 月 3 日、4 日。

46）高橋（2001）前掲書、137 ページ。

47）『日本経済新聞』2006 年 5 月 2 日。

48）『日本経済新聞』2006 年 5 月 3 日。

49）『沖縄タイムス』2005 年 11 月 6 日。

50）『琉球新報』2006 年 4 月 18 日。

51）ガンジー（2001）、43 ページ。

52）同上書、47 ページ。

53）同上書、81 ページ。

54）例えば、県商工会議所連合会の仲《なか》井《い》真《ま》弘多《ひろかず》会長は「沖縄は発展途上。政府と事を構えない方がいい」と話した。（「Asahi. com マイタウン沖縄 2005 年 11 月 15 日」http://mytown. asahi. com/okinawa/news. php? k_id=48000157777771777 [2006 年 7 月 10 日接続]）。

また稲嶺知事が、在日米軍再編の閣議決定に盛り込まれた協議機関への不参加を表明したことに対して、県政与党や経済界の幹部は次のように述べた。「北部振興策の打ち切りなどで地元の反発は免れない。話し合いまで拒否しては八年前の大田県政の閉塞状況と同じ。政府との決定的な対立がどのような状況を招くかは、稲嶺知事が一番よく分かっているはずだ」（『沖縄タイムス』2006 年 6 月 3 日）。

55）『沖縄タイムス』2006 年 6 月 13 日。

第 3 部

第 6 章

1）内田（2002）、180–181 ページ。

2）久場（1995）、401 ページ。

3）沖縄県議会事務局議事課編（2001）、55 ページ。

4）「沖縄振興中長期展望についての検討調査」研究会（1998）、3–4 ページ。

5）山田（2003）、313–316 ページ。

6）ガルトゥング（1987）、124 ページ。内発的発展に基づく経済自立論に関しては、松島（2005）を参照されたい。

7）エイキンズ編（1987）、235 ページ。

8）西川（2001）、210 ページ。

9）内山・竹内（1997）、37–42 ページ。

10）李（2002）、39 ページ。

29）同上書、148–149 ページ。沖縄県総務部知事公室基地対策室編（2005）前掲書、43 ページ。

30）沖縄県総務部知事公室基地対策室編（2005）前掲書、34–35 ページ。基地関連収入等の基地にともなう補助金への依存度が増大している。

例えば名護市の場合、普通建設事業費（公共事業費）のうち補助事業が占める割合は、2004 年度で 85 ％に達した。同年度において 99 億 8000 万円の普通建設事業費を計上し、歳入の 35 ％を占めた。そのうち補助事業が 29.6 ％、単独事業が 5.4 ％であった。また、名護市の市債残高は 2003 年度において 237 億円にのぼり、10 年間で 80 億円以上増大した（『沖縄タイムス』2006 年 6 月 27 日）。

31）沖縄県総務部知事公室基地対策室編（2003）前掲書、152 ページ。

32）沖縄県総務部知事公室基地対策室編（2005）前掲書、22–23 ページ。沖縄振興開発金融公庫（2004）11 ページ、沖縄県庁のホームページ「労働力調査」（http://www. pref. okinawa. jp/toukeika/lfs /lfs_index. html 2006 年 7 月 10 日接続）。

33）『沖縄タイムス』2006 年 2 月 7 日。

34）『沖縄タイムス』2006 年 1 月 24 日。

35）『沖縄タイムス』2006 年 1 月 25 日。

36）『沖縄タイムス』2006 年 1 月 26 日。

37）『沖縄タイムス』2006 年 6 月 26 日。

38）沖縄県企画部統計課（2005）、1 ページ。

39）沖縄振興開発金融公庫企画調査部調査課（2004）前掲書、37 ページ。那覇防衛施設局のホームページ（http://www. naha. dfab. dfaa. go. jp/kensetsu/naha/2004kekka/kouji/maha_re_k. html［2005 年 3 月 25 日接続］）をみると、南琉球の多くの建設業者が米軍関連事業を受注していることが分かる。

40）『琉球新報』2006 年 5 月 3 日

41）高橋（2001）、70 ページ。

42）同上書、76–83 ページ。

43）同上書、79 ページ、88 ページ。

44）沖縄県企画開発部振興開発室北部振興班のホームページ（http://www. pref. okinawa. jp/shinkou/hokubuhp/seikahin/jisseki1. htm［2005 年 3 月 25 日接続］）。名護市の「ネオパークオキナワ（名護自然動植物公園）」では、約 120 種類の動物を自然に近い形でみることができる。同施設は第 3 セクターが運営していたが、1992 年に金融機関からの借金を返済できず倒産した。その後再建され、総事業費約 3 億 6000 万円をかけて、稀少野生生物の保護施設、ガイド列車、自然情報博物館が新たに整備された。総事業費の 9 割、約 3 億 3000 万円が国の補助（島田懇談会事業費）であった。約 3 億 3000 万

43）スズキ（2003)、263 ページ。
44）湧上（1998)、20–43 ページ。
45）2006 年 1 月 6 日に行った上村真仁（WWF サンゴ礁保護研究センター持続的地域づくりコンサルタント）とのインタビュー内容に基づく。
46）玉野井（1985)、97 ページ。

第 5 章

1）沖縄県総務部知事公室基地対策室編（2003)、1–2 ページ。
2）同上書、3 ページ。
3）同上書、4 ページ。
4）真栄城（1998)、115 ページ。
5）久場（1995)、248–249 ページ。
6）大来（1970)、70 ページ。
7）久場（1995)、31 ページ。
8）同上書、257 ページ。
9）同上書、57 ページ。
10）仲宗根（1970)、142 ページ。
11）真栄城（1998）前掲論文、118 ページ。
12）国場幸一郎（2006)。
13）同上論文。
14）久場（1995）前掲書、246–247 ページ。
15）沖縄県総務部知事公室基地対策室編（2005)、21 ページ。
16）同上書、33 ページ。
17）『沖縄タイムス』2006 年 1 月 10 日。
18）同上。
19）内閣府総合事務局総務部調査企画課編（2004)、73 ページ。
20）同上書、77 ページ。
21）「参議院議員糸数慶子君提出那覇防衛施設局発注の米軍基地関係公共工事に関する質問に対する答弁書（小泉純一郎内閣総理大臣から扇千景参議院議長宛)」2006 年 2 月 24 日
22）『琉球新報』2006 年 3 月 14 日。
23）沖縄県総務部知事公室基地対策室編（2005）前掲書、7–10 ページ。
24）沖縄県総務部知事公室基地対策室編（2003）前掲書、154 ページ。
25）沖縄県総務部知事公室基地対策室編（2005）前掲書、8 ページ。
26）沖縄タイムス社編（1997)、53 ページ。
27）沖縄県総務部知事公室基地対策室編（2003）前掲書、169 ページ。
28）同上書、170–171 ページ。

8）同上論文、216 ページ。
9）仲宗根（1970）前掲論文、144 ページ。
10）同上論文、145 ページ。
11）兼島（1974）、62 ページ。
12）同上書、108–109 ページ。
13）安里（2002）、165 ページ。
14）百瀬・前泊（2002）、14 ページ、21 ページ。
15）久場（1995）前掲書、553 ページ。
16）三木（1990）、27–45 ページ。
17）同上書、31 ページ。
18）同上書、59 ページ。
19）同上書、124–125 ページ。
20）琉球、太平洋諸島の政治経済と米軍基地との関係については、松島（2000）を参照されたい。
21）李（2002）、32 ページ。
22）シュマッハー（1976）、34 ページ。
23）イリイチ（1991）、46 ページ。
24）内閣府総合事務局総務部調査企画課編（2004）、13 ページ。
25）同上書、16 ページ。
26）同上書、75 ページ。
27）藤田（2002）、62 ページ。
28）内閣府総合事務局総務部調査企画課編（2004）前掲書、69 ページ。
29）藤田（2002）前掲論文、68 ページ。
30）内閣府総合事務局総務部調査企画課編（2004）前掲書、5–17 ページ。
31）沖縄県議会事務局議事課編（2001）、25 ページ。
32）同上書、27 ページ。
33）同上書、31 ページ。
34）同上書、44–45 ページ。
35）同上書、61 ページ。
36）同上書、45 ページ。
37）同上書、54 ページ。
38）久場（1995）前掲書、534 ページ。
39）内閣府総合事務局総務部調査企画課編（2004）前掲書、18 ページ。兼業者がいるため、合計は 100 %を超える。
40）久場（1995）前掲書、545 ページ。
41）同上書、392 ページ。
42）ジョージェスク＝レーゲン（1993）、354 ページ。

19）吉田（1995）前掲書、204 ページ。
20）皆村（2003）前掲書、195–199 ページ。近年、沖永良部島では化学肥料や農薬の削減に対する取り組みが活発に行われ、有機農産物の栽培への関心も高まっている。化学肥料は 1999 年度段階で 94 年度の 47 %、農薬は 68 %それぞれ削減された（皆村［2005］、159–161 ページ）。
21）吉田（1995）前掲書、165–166 ページ。
22）同上書、168 ページ。
23）新元・山田（1981）83–84 ページ、196 ページ。枝手久島の石油精製基地建設計画、徳之島の核燃料再処理工場建設計画に対する反対運動については新元・山田（1981）が詳しい。
24）吉田（1995）前掲書、53 ページ。
25）皆村（2003）前掲書、71–72 ページ。
26）同上書、86 ページ。
27）同上書、98–99 ページ。
28）鹿児島県企画部統計課（2006）、4 ページ。
29）皆村（2003）前掲書、101 ページ。
30）田島（2005）、53–54 ページ。
31）皆村（2003）前掲書、90–91 ページ。
32）鹿児島県企画部統計課（2006）前掲書、7 ページ、12 ページ。
33）皆村（2003）前掲書、3 ページ。
34）吉田（1995）前掲書、199 ページ。
35）皆村（2003）前掲書、115–118 ページ。
36）鹿児島県企画部統計課（2006）前掲書、10 ページ。
37）皆村（2003）前掲書、89 ページ。
38）皆村（2004）、79 ページ。

第 2 部

第 4 章

1）久場（1995）、551 ページ。自治労沖縄県職員労働組合編（1973）、61–62 ページ。
2）自治労沖縄県職員労働組合編（1973）前掲書、63 ページ。
3）同上書、68 ページ。
4）仲宗根（1970）、146 ページ。
5）山里（1970）、153 ページ。
6）同上論文、159 ページ。
7）伊藤（1970）、215 ページ。

記述されている。
41）沖縄県八重山支庁総務・観光振興課編（2005）、79 ページ。
42）同上書、3 ページ。
43）『八重山毎日新聞』2002 年 5 月 24 日、Yomiuri on Line 2002 年 5 月 16 日（http://www. yomiuri. co. jp/features/tax2002/articles/tx20020516_02. htm［2002 年 5 月 18 日接続］）。
44）石垣（2006）、106 ページ。
45）三木（1990）、136 ページ。
46）2005 年 8 月 9 日に行った、平田清（小浜島黒ゴマ生産組合組合長）、松原浩（小浜農村基盤総合整備事業理事長）とのインタビュー内容に基づく。

第3章

1）吉田（1995）、52 ページ。1953 年 10 月 2 日、日本政府は次のような内容の「奄美群島の復帰に伴う暫定措置に関する基本方針」を閣議決定した。「同地域の立ち遅れた状態を回復し、民政を安定するため、直接実効のある実質的施策を重点的かつ総合的に実施することを根本方針とする。〔中略〕奄美群島復興事業は、同地域の自立経済を助長する如き事業に重点をおいて計画し、これに要する経費は、現地の実情と性質を勘案し、国庫負担又国庫補助につき特例を設け、かつ金融措置も特別に講ずることを考慮する」（奄美群島振興開発基金編［1986］、6 ページ）。
2）同上書、133 ページ。
3）同上書、148–150 ページ。
4）久岡（2005）、512–513 ページ。
5）吉田（1995）前掲書、156 ページ。
6）同上書、169 ページ。
7）高橋（2005）、169 ページ。
8）皆村（2003）、23 ページ。
9）吉田（1995）前掲書、203 ページ。
10）皆村（2003）前掲書、23 ページ。
11）同上書、10 ページ。
12）同上書、21 ページ。
13）同上書、22 ページ。
14）同上書、191 ページ。
15）薗（2005）、277–278 ページ。
16）吉田（1995）前掲書、206 ページ。
17）皆村（2003）前掲書、108 ページ。
18）同上書、80 ページ。

8）三木編著（2003A）前掲書、68–84 ページ。
9）2004 年 1 月 30 日に行った、大城清三（西表島白浜在住）とのインタビュー内容に基づく。
10）2004 年 1 月 28 日に行った、石垣金星（西表島の文化伝承者）とのインタビュー内容に基づく。
11）三木編著（2003A）前掲書、104 ページ。
12）阿佐伊（2001）、302 ページ。「住吉開拓団上陸の地記念碑文」（西表島住吉公民館、2000 年 7 月）
13）通事（2001）、51 ページ。
14）竹富町史編集委員会町史編集室編（2001）、313 ページ。
15）同上書、516 ページ。
16）同上書、647–648 ページ。
17）竹富町史編集委員会町史編集室編（2003）、107–110 ページ。
18）同上書、117 ページ。
19）竹富町史編集委員会町史編集室編（2001）前掲書、678 ページ。
20）通事（2003A）、39 ページ。
21）竹富町史編集委員会町史編集室編（2003）前掲書、228 ページ。
22）2004 年 1 月 18 日に行った、池田豊吉（西表島船浮にある西表館館主）とのインタビュー内容に基づく。
23）「ねむっている宝島」（『守礼の光』1960 年 1 月号）、24 ページ。
24）竹富町史編集委員会町史編集室編（2003）前掲書、178 ページ。
25）竹富町史編集委員会町史編集室編（2001）前掲書、587 ページ。
26）竹富町史編集委員会町史編集室編（2003）前掲書、156 ページ。
27）同上書、701 ページ。
28）同上書、470 ページ。
29）同上書、486–487 ページ。
30）同上書、499 ページ。
31）同上書、515 ページ。
32）同上書、532 ページ。
33）三木（2003B）、559–560 ページ。
34）同上書、578 ページ。
35）三木（1996）、183–187 ページ。
36）兼島（1974）、92–93 ページ。
37）同上書、94 ページ。
38）『沖縄新報』2003 年 2 月 28 日。
39）同上紙。
40）石垣（2003）には、リゾート開発に反対する住民の歴史的、文化的背景が

19）2005年8月26日に行った、勝連文雄（波照間公民館元館長）、嘉良直（波照間公民館長・竹富町議会議員）とのインタビュー内容に基づく。
20）2005年8月9日に行った、仲盛長儀（小浜公民館元館長）とのインタビュー内容に基づく。
21）杉岡（1989）、52ページ。
22）『八重山毎日新聞』2004年1月1日。
23）沖縄県八重山支庁総務・観光振興課編（2005）前掲書、78ページ。
24）全日空は2006年11月より羽田・名古屋・関西・福岡と石垣とを結ぶ直行便廃止の方針を明らかにした。理由は、現空港が乗客・貨物に重量制限があり効率的ではなく、那覇と石垣間の路線を強化する方が、輸送力の強化につながると考えたためである。全日空は那覇—石垣間の路線を15便から18便に増やす予定である（『八重山毎日新聞』2006年3月9日）。
25）国建編（2002）、60–61ページ。
26）沖縄県八重山支庁総務・観光振興課編（2005）前掲書、78ページ。石垣市（2004）、2ページ。
27）石垣市（2004）前掲書4ページ、9ページ。
28）「ごみの統計」（石垣市役所のホームページ：http://www. city. ishigaki. okinawa.jp/120000/120400/Garbage/toukei/toukei.htm［2006年1月16日接続］）。
29）『八重山毎日新聞』2003年12月22日。
30）2005年8月2日に行った、後田多敦（沖縄タイムス社編集局学芸部文化担当兼論説員）とのインタビュー内容に基づく。
31）2005年9月1日に行った、上地義男（八重山毎日新聞社常務取締役編集局長兼論説委員長）とのインタビュー内容に基づく。
32）石垣市総務部広報公聴課編（2005）、11ページ。
33）『沖縄タイムス』2005年10月29日。
34）「離島地域資源活用・産業育成事業（一島一物語事業）一覧（平成17年度）」（http://www3. pref. okinawa. jp/site/contents/attach/11682/7-3（3）%20. xls［2006年7月12日接続］）。

第2章

1）福沢（1960）、109ページ。
2）竹富町史編集委員会町史編集室編（1994）、380–381ページ。
3）同上書、381–405ページ。
4）三木編著（2003A）、16–17ページ。
5）通事（2000）、9–11ページ。
6）竹富町史編集委員会町史編集室編（1997）、193ページ。
7）同上書、495ページ。

注

序　論

1）琉球における「戦後」の意味については、目取真（2005）を参照されたい。
2）日本の植民地主義に対する琉球人の抵抗については、野村（2005）を参照されたい。
3）イリイチ（1982）、18 ページ。
4）島尾（1992）、271–273 ページ。

第 1 部

第 1 章

1）武岡（1963）、135–136 ページ。
2）石垣市役所市史編集室編（1985）、55 ページ。
3）宮井（1963）、55 ページ。
4）石垣市役所市史編集室編（1985）前掲書、22 ページ。
5）山岸（1963）、38 ページ。石垣市総務部市史編集室編（1998）、37 ページ、174 ページ。
6）安里（1999）、198 ページ。
7）山岸（1963）前掲論文、42 ページ。
8）同上論文、25–26 ページ。
9）沖縄県八重山支庁総務・観光振興課編（2005）、3 ページ。
10）石垣市役所市史編集室編（1985）前掲書、82 ページ。
11）同上書、101 ページ。
12）沖縄県八重山支庁農業水産整備課（『宮良川・名蔵川事業概要』）。
13）同上書。
14）2006 年 1 月 6 日に行った、上村真仁（WWF サンゴ礁保護研究センター持続的地域づくりコンサルタント）とのインタビュー内容に基づく。
15）野池元基（1990）、24–26 ページ。WWF は轟川流域の珊瑚礁において赤土調査を年 4 回実施しているが、珊瑚の減少が確認されている。
16）同上書、30 ページ。
17）同上書、163–164 ページ。
18）沖縄県八重山支庁農業水産整備課、前掲書。

英文参考文献

Ada, J.（1993）*The State of the Colony,* Guam Government

Leibowitz, Arnold（1996）*Embattled Island-Palau's Struggle for Independence,* Praeger

Ngiratiou, Ngirarois "*Te Lienged el Merreder : Legitimacy and Accountability of Traditional Leaders in Palau*"（This Paper was presented in The First Micronesian Traditional Leaders Conference, Jul. 8,1999, Koror, Palau）, 1999.

Sanchez, Pedro（1988）*Guahan Guam-The History of Our Island,* Sanchez Publishing House

Shuster, Donald（1998）*Leadership in the Pacific Islands : Tradition and the Future,* National Centre for Development Studies The Australian National University

Stade, Ronald（1998）*Pacific Passages-World Culture and Local Politics in Guam,* Stockholm Studies in Social Anthropology

The Committee on Energy and Natural Resources（1977）*Palau Deepwater Port*（*Hearing before the Committee on Energy and Natural Resources United States Senate Ninety-Fifth Congress First Session on the Location of a Superport in the Palau District of the Trust Territory,* U. S. Government Printing Office

Trusteeship Council（1976）*Report of the United Nations Visiting Mission to the Trust Territory of the Pacific Islands,* United Nations

Wilson, L.（1995）*Speaking to Power-Gender and Politics in the Western Pacific,* Routledge

――（1999）『ミクロネシア信託統治の研究』御茶の水書房
山岸和一郎（1963）「経済構造の基礎としての交通」（大阪市立八重山学術調査隊編『八重山群島学術調査報告 1961』大阪市立八重山学術調査隊）
山里将晃（1970）「工業化」（伊藤善市・坂本二郎編『沖縄の経済開発』潮出版社）
山田誠（2004）「ポスト奄振事業と新しい島嶼開発」（鹿児島大学プロジェクト「島嶼圏開発のグランドデザイン」編『奄美と開発』南方新社）
山本正（2004A）「アイルランド問題とイギリス帝国」（秋田茂編『パクス・ブリタニカとイギリス帝国』ミネルヴァ書房）
――（2004B）「世紀転換期のアイルランド問題」（木村和男編『世紀転換期のイギリス帝国』ミネルヴァ書房）
吉田慶喜（1995）『奄美の振興開発――住民からの検証』本処あまみ庵
与那国町（2005）『与那国・自立へのビジョン――自立・自治・共生：アジアと結ぶ国境の島 YONAGUNI』与那国町
――・福山海運（2005A）『与那国「国境交流特区」――2005 年 6 月構造改革特区の提案にあたって』与那国町・福山海運
――・――（2005B）『構造改革特区に関する官民共同提案：与那国「国境交流特区」構想』与那国町・福山海運
琉球自治州の会編（2005）『琉球自治州の構想――自立をめざして』那覇出版社
林泉忠（2006）「辺境東アジア――躍動するアイデンティティー」（『沖縄タイムス』2006 年 1 月 10 日）
湧上敦夫（1998）「沖縄経済の現状と課題」（沖縄国際大学公開講座委員会編『沖縄経済の課題と展望』沖縄国際大学公開講座委員会）

——（2002B）「沖縄のグランドデザイン」（『環』⑨、藤原書店）
——（2003A）「グローバリズムの中の琉球」（別冊『環』⑥、藤原書店）
——（2003B）「グァムと結ぶ沖縄——沖縄開発庁とグァム経済開発局の比較研究」（佐藤幸男編『太平洋アイデンティティ』国際書院）
——（2003C）「パラオにおける観光開発と女性」（『国立民族学博物館調査報告』37）
——（2003D）「西太平洋諸島の経済史——海洋アジアと南洋群島の経済関係を中心にして」（川勝平太編『アジア太平洋経済圏史 1500 － 2000』藤原書店）
——（2004）「太平洋諸島・先住民族の自決・自治・自律の試み」（上村英明監修『グローバル時代の先住民族——「先住民族の一〇年」とは何だったのか』法律文化社）
——（2005）「内発的発展による経済自立」（新崎盛暉・比嘉政夫・家中茂編『地域の自立シマの力（上）』コモンズ）
——（2006）「太平洋諸島の独立、再周辺化、抵抗」（戸田真紀子編『帝国への抵抗——抑圧の導線を切断する』世界思想社）
松田良考（2004）『八重山の台湾人』南山舎
丸山邦明（2005）「軍事基地問題と奄美」（鹿児島県地方自治研究所編『奄美戦後史——揺れる奄美、変容の諸相』南方新社）
三木健（1990）『リゾート開発——沖縄からの報告』三一書房
——（1996）『沖縄の西表炭鉱史』日本経済評論社
——編著（2003A）『西表炭鉱写真集』ニライ社
——（2003B）「年次解説」（竹富町史編集委員会町史編集室編『竹富町史第十一巻資料編新聞修正』竹富町役場）
皆村武一（2003）『戦後奄美経済社会論——開発と自立のジレンマ』日本経済評論社
——（2004）「奄美研究の過去・現在・未来」（鹿児島大学プロジェクト「島嶼圏開発のグランドデザイン」編『奄美と開発』南方新社）
——（2005）「持続的・自立的社会の創造に向けて」（山田誠編『奄美の多層圏域と離島政策——島嶼圏市町村分析のフレームワーク』九州大学出版会）
宮井隆「農業概況」（大阪市立八重山学術調査隊編『八重山群島学術調査報告 1961』大阪市立八重山学術調査隊）
目取真俊（2005）『沖縄「戦後」ゼロ年』日本放送出版協会
百瀬恵夫・前泊博盛（2002）『検証「沖縄経済」——復帰後 30 年経済の現状と展望』東洋経済新報社
森本達雄（1997）「訳者あとがき」（ガンジー、マハトマ、森本達雄訳『わたしの非暴力　1』みすず書房）
矢崎幸生編（1984）『ミクロネシアの憲法集』暁印書院

ポランニー、カール（1975）吉沢英成他訳『大転換——市場社会の形成と崩壊』東洋経済新報社
——（2003）玉野井芳郎他編訳『経済の文明史』筑摩書房
——（2004）栗本慎一郎・端信行訳『経済と文明』筑摩書房
——（2005A）玉野井芳郎・栗本慎一郎訳『人間の経済Ⅰ——市場社会の虚構性』岩波書店
——（2005B）玉野井芳郎・中野忠訳『人間の経済Ⅱ——交易・貨幣および市場の出現』岩波書店
真栄城守定（1998）「米軍基地と沖縄経済」（沖縄国際大学公開講座委員会編『沖縄経済の課題と展望』沖縄国際大学公開講座委員会）
前利潔（2006）「新たな自治思想必要——奄美諸島と沖縄側にずれ」（『琉球新報』2006年6月26日）
——（2004A）「農民体質と歴史的背景——大山麟五郎説を考える」（鹿児島大学プロジェクト「島嶼圏開発のグランドデザイン」編『奄美と開発』南方新社）
——（2004B）「奄美研究の過去・現在・未来」（鹿児島大学プロジェクト「島嶼圏開発のグランドデザイン」編『奄美と開発』南方新社）
真栄平房昭（1984）「琉球にみる家臣団編成と貿易構造——『旅役』知行制の分析」（藤野保編『九州と藩政』国書刊行会）
——（1986）「近世琉球における個人貿易の構造」（『琉陽論叢』ひるぎ社）
——（2003）「琉球貿易の構造と流通ネットワーク」（豊見山和行編『琉球・沖縄の世界』吉川弘文館）
松川久仁男（1962）「施政権返還と琉球経済——即時日本復帰は混乱を招く」（『守礼の光』1962年9月号）
松島泰勝（1995）「ニューカレドニアにおける自立と共生の試み——カナク型経済発展の可能性」（佐藤幸男編『南太平洋島嶼国・地域の開発と文化変容——「持続可能な開発」論の批判的検討』名古屋大学大学院国際開発研究科）
——（1997）「島嶼交易と海洋国家——琉球列島とフィジー・ラウ諸島を事例として」（塩田光喜編『海洋島嶼国家の原像と変貌』アジア経済研究所）
——（1999）「ミクロネシアとアジア」（『外務省調査月報』1999年度/第1号）
——（2000）「島嶼の政治経済と米軍基地との関係」（『PRIME 明治学院大学国際平和研究所紀要』第13号）
——（2001A）「太平洋島嶼社会自立の可能性」（西川潤編『アジアの内発的発展』藤原書店）
——（2001B）「西太平洋島嶼貿易圏構想の可能性」（『経済と社会（沖縄経済学会機関誌）』第18号）
——（2002A）『沖縄島嶼経済史——一二世紀から現在まで』藤原書店

豊見山和行（2003）「琉球・沖縄史の世界」（豊見山和行編『琉球・沖縄史の世界』吉川弘文館）
内閣府総合事務局総務部調査企画課編（2004）『沖縄県経済の概況』内閣府総合事務局
長崎暢子（2004）「ガンディー時代」（辛島昇編『南アジア史』山川出版社）
仲宗根勇（1970）「沖縄開発の基本構想」（伊藤善市・坂本二郎編『沖縄の経済開発』潮出版社）
新元博文・山田塊也（1981）『奄美独立革命論』三一書房
西川潤（2001）『人間のための経済学』岩波書店
西里喜行（2006）「琉球・沖縄の選択肢——東アジア史の転換期再考①」（『沖縄タイムス』2006年6月13日）
野池元基（1990）『サンゴの海に生きる——石垣島・白保の暮らしと自然』農文協
野村浩也（2005）『無意識の植民地主義——日本人の米軍基地と沖縄人』御茶の水書房
羽地朝秀（1978）「羽地仕置」（『東恩納寛惇全集』第2巻、第一書房）
濱里正史・佐藤学・島袋純編（2005）『沖縄自治州——あなたはどう考える？——沖縄自治州基本法試案』沖縄自治研究会
比嘉康文（2004）『「沖縄独立」の系譜——琉球国を夢見た6人』琉球新報社
東恩納寛惇（1979）「黎明期の海外交通史」（『東恩納寛惇全集』第3巻、第一書房）
久岡学（2005）「復帰50周年を終えた奄美」（「奄美学」刊行委員会編『奄美学——その地平と彼方』南方新社）
日高旺（2005）『黒潮の文化誌』南方新社
比屋根照夫（1996）『近代沖縄の精神史』社会評論社
福沢諭吉（1960）「宮古八重山を如何せん」（『福沢諭吉全集』第11巻、岩波書店）
藤田陽子（2002）「沖縄の環境問題」（富永斉編『図でみる沖縄の経済』緑風舎）
藤中寛之（2005）「沖縄自治州の系譜」（濱里正史・佐藤学・島袋純編『沖縄自治州——あなたはどう考える？——沖縄自治州基本法試案』沖縄自治研究会）
藤原書店編集部編（2003）『琉球文化圏とは何か』（別冊『環』⑥、藤原書店）
古城利明編（2006）『リージョンの時代と島の自治——バルト海オーランド島と東シナ海沖縄島の比較研究』中央大学出版部
細田亜津子（2001）「竹富島の選択——八重山・「竹富方式」の史的変遷と再評価」（『沖縄文化研究（法政大学沖縄文化研究所紀要）』27、法政大学沖縄文化研究所）

――（2005）「復帰後の奄美の変容」（鹿児島県地方自治研究所編『奄美戦後史――揺れる奄美、変容の諸相』南方新社）
太平洋諸島フォーラム事務局（2001）『太平洋諸島フォーラム加盟島嶼国投資ガイド』太平洋諸島センター
平恒次（1974）『日本国改造試論――国家を考える』講談社
高橋明善（2001）『沖縄の基地移設と地域振興』日本経済評論社
高橋孝代（2005）「沖永良部島の戦後史から現在をみる」（鹿児島県地方自治研究所編『奄美戦後史――揺れる奄美、変容の諸相』南方新社）
高良勉（1988）『琉球弧　詩・思想・状況――闇の言葉を解き放て！』海風社
武岡輝行（1963）「村落の社会構造」（大阪市立八重山学術調査隊編『八重山群島学術調査報告 1961』大阪市立八重山学術調査隊）
竹富町史編集委員会町史編集室編（1994）『竹富町史第十一巻資料編新聞集成Ⅰ』竹富町役場
――編（1995）『竹富町史第十一巻資料編新聞集成Ⅱ』竹富町役場
――編（1997）『竹富町史第十一巻資料編新聞集成Ⅲ』竹富町役場
――編（2000）『竹富町史資料集①鉄田義司日記――船浮要塞重砲兵連隊の軌跡』竹富町役場
――編（2001）『竹富町史第十一巻資料編新聞集成Ⅳ』竹富町役場
――編（2003）『竹富町史第十一巻資料編新聞集成Ⅴ』竹富町役場
田島康弘（2005）「奄美振興開発事業と建設業」（山田誠編『奄美の多層圏域と離島政策――島嶼圏市町村分析のフレームワーク』九州大学出版会）
辰濃和男（1977）『反文明の島――りゅうきゅうねしあ紀行』朝日新聞社
玉野井芳郎・金城一雄（1978）「共同体の経済組織に関する一考察――沖縄県国頭村字奥区の『共同店』を事例として」（『沖国大商経論集』第 15 巻第 2 号）
――（1982）『地域からの思索』沖縄タイムス社
――（1985）『科学文明の負荷――等身大の生活世界の発見』論創社
デイリー、ハーマン（2005）新田功他訳『持続可能な発展の経済学』みすず書房
通事孝作（2000）「解説」（竹富町史編集委員会町史編集室編『竹富町史資料集①鉄田義司日記――船浮要塞重砲兵連隊の軌跡』竹富町役場）
――（2001）「総説」（竹富町史編集委員会町史編集室編『竹富町史第十一巻資料編新聞集成Ⅳ』竹富町役場）
――（2003A）「総説」（竹富町史編集委員会町史編集室編『竹富町史第十一巻資料編新聞集成Ⅴ』竹富町役場）
――（2003B）「産業」（創立五十周年記念誌編集委員会編『ベスマー――ふる里と共に』石垣在波照間郷友会創立五十周年記念事業期成会）

木畑洋一（2000A）「帝国からの自立」（川北稔・——編『イギリスの歴史——帝国＝コモンウェルスのあゆみ』有斐閣）
——（2000B）「新生イギリスの模索」（川北稔・——編『イギリスの歴史——帝国＝コモンウェルスのあゆみ』有斐閣）
具志堅以徳（1975）『久米至聖廟沿革概要』久米崇聖会
久場政彦（1995）『戦後沖縄経済の軌跡——脱基地・自立経済を求めて』ひるぎ社
黒柳保則（2005）「奄美群島の分離による地域の政治的再編成と政党」（鹿児島県地方自治研究所編『奄美戦後史——揺れる奄美、変容の諸相』南方新社）
阮氏記念誌編集委員会（1998）『阮氏記念誌——阮氏始祖阮国公来琉四百年記念、阮氏我華会創立十周年記念式典』阮氏我華会
国場幸一郎（2006）「沖縄基地は経済問題でもある」（『琉球新報』2006年1月27日）
国建編（2002）『ゆばなうれ——石垣市経済振興プラン調査報告書』石垣市企画開発部地域振興室
小林泉（1994）『アメリカ極秘文書と信託統治の終焉——ソロモン報告・ミクロネシアの独立』東信堂
桜井均（1981）『ミクロネシア・リポート——非核宣言の島々から』日本放送出版協会
自治労沖縄県職員労働組合編（1973）『沖縄開発と地方自治——海洋博・埋立・CTSの問題点』自治労沖縄県職員労働組合
島尾敏雄（1992）「ヤポネシアと琉球弧」（高良勉編『沖縄文学全集・評論Ⅱ』第18巻、国書刊行会）
島袋純（2005）「自治制度改革・構造改革と沖縄の自治喪失の危機」（濱里正史・佐藤学・島袋純編『沖縄自治州——あなたはどう考える？——沖縄自治州基本法試案』沖縄自治研究会）
シュマッハー、E・F（1976）斎藤志郎訳『人間復興の経済——Small is beautiful』佑学社
ジョージェスク＝レーゲン、N（1993）高橋正立・上里公他訳『エントロピー法則と経済過程』みすず書房
杉岡碩夫（1989）『新石垣空港——オールタナティブの選択』技術と人間
スズキ、デイヴィッド（2003）柴田譲治訳『生命の聖なるバランス』日本教文社
創立五十周年記念誌編集委員会編（2003）『ベスマー——ふる里と共に』石垣在波照間郷友会創立五十周年記念事業期成会
薗博明（2004）「奄美研究と開発の接点」（鹿児島大学プロジェクト「島嶼圏開発のグランドデザイン」編『奄美と開発』南方新社）

知事公室基地対策室
——編（2005）『沖縄の米軍及び自衛隊基地（統計資料集）』沖縄県総務部知事公室基地対策室
沖縄県八重山支庁総務・観光振興課編（2005）『八重山要覧（平成16年度版）』沖縄県八重山支庁
沖縄県八重山支庁農業水産整備課『宮良川・名蔵川事業概要』沖縄県八重山支庁農業水産整備課
沖縄国際大学公開講座委員会編（1998）『沖縄経済の課題と展望』沖縄国際大学公開講座委員会
沖縄振興開発金融公庫企画調査部調査課（2004）『沖縄経済ハンドブック・2004年度版』沖縄振興開発金融公庫
「沖縄振興中長期展望についての検討調査」研究会（1998）『沖縄振興中長期展望についての検討調査報告書』総合研究開発機構
沖縄タイムス社編（1997）『127万人の実験』沖縄タイムス社
嘉数学（2005）「環境循環型経済社会をめざして」（琉球自治州の会編『琉球自治州の構想——自立をめざして』那覇出版社）
鹿児島県企画部統計課（2006）『平成15年度大島郡民所得推計結果の概要』鹿児島県企画部統計課
鹿児島県地方自治研究所編（2005）『奄美戦後史——揺れる奄美、変容の諸相』南方新社
鹿児島大学プロジェクト「島嶼圏開発のグランドデザイン」編（2004）『奄美と開発』南方新社
兼島清（1974）『沖縄——開発の光と影』大日本図書
ガルトゥング、ヨハン（1987）「ニュー・エコノミックスのために——経済自立の理論と実際」（エイキンズ、ポール編著、石見尚他訳『生命系の経済学』お茶の水書房）
川勝平太（2006）『「美の国」日本をつくる——水と緑の文明論』日本経済新聞社
川上忠志（2005）「復帰運動史の中の南二島分離問題」（鹿児島県地方自治研究所編『奄美戦後史——揺れる奄美、変容の諸相』南方新社）
川北稔（2000）「帝国としてのイギリス史」（——・木畑洋一編『イギリスの歴史——帝国＝コモンウェルスのあゆみ』有斐閣）
ガンジー、マハトマ（1997A）森本達雄訳『わたしの非暴力・1』みすず書房
——（1997B）森本達雄訳『わたしの非暴力・2』みすず書房
——（1999）田畑健編、片山佳代子訳『ガンジー・自立の思想——自分の手で紡ぐ未来』地湧社
——（2001）田中敏雄訳『真の独立への道』岩波書店

経済開発』潮出版社）
——・坂本二郎編（1970）『沖縄の経済開発』潮出版社
イリイチ、イバン（1982）玉野井芳郎・栗原彬訳『シャドウ・ワーク』岩波書店
——（1999）桜井直文監訳『生きる思想——反＝教育／技術／生命』藤原書店
——（2005）デイヴィッド・ケイリー編、高島和哉訳『生きる意味——「システム」「責任」「生命」への批判』藤原書店
上江田勝行（2006）「リッチな琉球国への道——日本から独立し、油田開発を」（『琉球新報』2006年1月21日）
内田真人（2002）『現代沖縄経済論——復帰30年を迎えた沖縄への提言』沖縄タイムス社
内山節・竹内静子（1997）『思想としての労働』農文協
海勢頭豊（2005）『ラ・メール物語』ジー・ジー・エス
エイキンズ、ポール編著（1987）石見尚他訳『生命系の経済学』御茶の水書房
エントロピー学会編（2001）『「循環型社会」を問う——生命・技術・経済』藤原書店
——編（2003）『「循環型社会」を創る——技術・経済・政策の展望』藤原書店
大来佐武郎（1970）「返還に伴う経済諸問題」（伊藤善市・坂本二郎編『沖縄の経済開発』潮出版社）
大阪市立八重山学術調査隊編（1963）『八重山群島学術調査報告 1961』大阪市立八重山学術調査隊
太田朝敷（1995A）「女子教育と沖縄県」（『太田朝敷選集』中巻、第一書房）
——（1995B）「多方多面」（『太田朝敷選集』中巻、第一書房）
大橋愛由等（2005）「“阪神”の復帰運動に至る奄美出身者の慟哭」（鹿児島県地方自治研究所編『奄美戦後史——揺れる奄美、変容の諸相』南方新社）
大村博（2005）「沖縄の民意とその課題——日本社会を告発する」（琉球自治州の会編『琉球自治州の構想——自立をめざして』那覇出版社）
岡部伊都子（1992）『沖縄からの出発——わが心をみつめて』講談社
沖縄県議会事務局議事課編（2001）『新たな沖縄振興に向けた基本的な考え方（案）に関する全員協議会記録』沖縄県議会事務局
沖縄県企画開発部地域・離島振興局地域・離島課（2005）『離島関係資料』沖縄県企画開発部地域・離島振興局地域・離島課
沖縄県企画調整部企画調整室編（1981）『沖縄振興開発について（講演集）』沖縄県企画調整部企画調整室
沖縄県企画部統計課（2005）『平成17年国勢調査速報——沖縄県の人口と世帯数』沖縄県企画部統計課
沖縄県総務部知事公室基地対策室編（2003）『沖縄の米軍基地』沖縄県総務部

日本語参考文献

阿佐伊孫良 (2001)「年次解説」(竹富町史編集委員会町史編集室編『竹富町史 第十一巻資料編新聞集成Ⅳ』竹富町役場)

安里英子 (1991)『揺れる聖域――リゾート開発と島のくらし』沖縄タイムス社

―― (1999)『琉球弧の精神世界』御茶の水書房

―― (2002)『沖縄・共同体の夢――自治のルーツを訪ねて』榕樹書林

安里進 (1994)「東アジア交易圏と琉球の大型グスク・寨官」(高宮広衛他編『沖縄の歴史と文化――海上の道探究』吉川弘文館)

―― (2003)「琉球王国の形成と東アジア」(豊見山和行編『琉球・沖縄史の世界』吉川弘文館)

安仁屋政昭・玉城隆雄・堂前亮平 (1979)「共同店と村落共同体――沖縄本島北部農村地域の事例 (1)」(『南島文化』第5号)

「奄美学」刊行委員会 (2005)『奄美学――その地平と彼方』南方新社

奄美群島振興開発基金編 (1986)『三十年の歩み』奄美群島振興開発基金

新川明 (2000)『沖縄・統合と反逆』筑摩書房

李好根 (2002)「沖縄の金融市場の構造」(富永斉編『図でみる沖縄の経済』緑風舎)

石垣金星 (2003)「神々の島に舞いおりた疫病神――ユニマット西表リゾート狂想曲」(『琉球文化圏とは何か』(別冊『環』⑥) 藤原書店)

―― (2006)『西表民謡誌と工工四』西表をほりおこす会

石垣市総務部広報公聴課編 (2005)『統計いしがき (平成16年度版)』第28号、石垣市役所

石垣市総務部市史編集室編 (1998)『石垣島・村むら探訪――野底・伊原間・開拓の村むら・桴海・安良』石垣市役所

石垣市役所 (2004)『石垣市財政白書――平成16年度版』石垣市役所

石垣市役所市史編集室編 (1985)『写真記録復帰十年誌――戦後のあゆみ』石垣市役所市史編集室

石川元平 (2005)「琉球自治州の平和政策」(琉球自治州の会編『琉球自治州の構想――自立をめざして』那覇出版社)

石原昌家・仲地博・ラミス、ダグラス編 (2005)『オキナワを平和学する』法律文化社

伊藤善市 (1970)「沖縄メガロポリスの創造」(伊藤善市・坂本二郎編『沖縄の

あとがき

琉球で生まれ育った年月よりも、琉球の外で生活する歳月が長くなった。しかし、琉球に対する思いや拘りは薄まるどころか、さらに深まっている。日本の中で琉球、琉球人を常に意識しながら生きている。

琉球弧は本当に貧しいのか。開発によって「貧困な風景」が増えたが、他方で、島々を歩き、島人と話す中で、心が豊かになるのを感じることも多かった。琉球弧の本当の豊かさはまだ存在している。いまのうちに琉球弧の宝を評価し、画一的な開発の構造を指摘する必要があると考えた。

琉球弧はアジアの橋である。日本と中国、東南アジアと東アジア、アジアと太平洋諸島とをそれぞれ結びつける。米国は琉球が重要な場所にあることに着目してアジアの結節点を占拠したため、琉球は暴力の発信源となった。もし琉球弧が非武装・中立・自治の島々になれば、アジア勢力の均衡地となり、「平和の島」という全く新しい場所に生まれ変わるだろう。私は琉球弧の未来に希望をもちながら、本書をかいた。

日本とは異なる独自の歴史、文化、社会、政治経済、自然等を有するのが琉球文化圏であり、琉球弧である。琉球弧の人びとは琉球王国の記憶を共有しているが、二十一世紀の琉球弧は、王国時代のように沖縄島を中心とした秩序に拠るべきではない。基本的自治の単位である「シマ」が平等な立場で結び合う連合体の実現が望ましいであろう。琉球弧の自治論は、島嶼という環境・文明・歴史を土台とし、人びとの生き方にまで踏み込んで議論を行う必要があると考える。

新しい「琉球弧の経済学」を見つけるために、琉球弧の島々を歩いて島の方々にお話しを聞かせていただいた。また島の図書館、役場、公民館、共同売店、各種協会やNGOの方々にもお世話になった。島人から直接、話をうかがい、島の現実をみることによって、通常の経済学の教科書では教えてくれないことを発見することができた。「琉球弧の経済学」はまさに島人自身によって作られてきたという確信を持つことができた。

本書ではグアムやパラオの開発、基地問題についても論じている。グアムでは総領事館で一緒に働かせていただいた、ジョー・テノリオさんからはチャモロ人の先住民族としての気概、逞しさと優しさを教わった。パラオに住む海人（うみんちゅ）で久米島出身の国吉昌則さんからは「日本人には負けない」という琉球人の精神、パラオ人からは島嶼民がこの地球上で生きるための強《したた》かさを学んだ。

研究活動の上では、学会、研究会、講義、学習会等を通じて多くの先生、研究者、学生、地域の方々からご指導を受け、励ましの言葉を頂戴した。特に、静岡、大阪、東京、愛知、広島、神奈川、琉球等において、琉球の開発、基地、観光、自治等について学生たちと熱く議論したことが、私の琉球を考える上での肥やしになったといえる。島に帰ると常に私と会ってくれる、嘉手納安男さん、当銘明さん、東江正二郎さん、上地聡さん、与那嶺功さん、後田多敦さん、宮里護佐丸さんとの琉球の現実を巡る熱い議論からも多くのことを教わった。

二〇〇二年に琉球から静岡に移転して以来、琉球に住む両親（父・寛、母・トヨ子）は読み終えた琉球の新聞（『沖縄タイムス』『琉球新報』）を送ってくれる。束になった新聞を読むことで、琉球の切実な現実を知ることができた。全国紙と比べて琉球の新聞は明らかにその論調が異なる。琉球の日常的な話題に特化した「地方紙」としてではなく、日本とはまったく別種の現実を生きている人びとの姿を、琉球の新聞は示しているのである。日本国の一部ではあるが、日本とは大きく異なる琉球の状況を知ってもらうために、私が読み終えた新聞を学生に配り、レポートの課題にもしている。

毎日、電話で父親が琉球の動向を説明してくれる。弟（泰之）も琉球が抱える現実の厳しさを教えてくれている。琉球で生活している家族によって私は琉球と強く結ばれ、助けられてきた。妻・尋子も常に暖かい言葉で本書の執筆を支えてくれた。

このように本書の完成には数多くの方の存在なくしてはありえない。深くお礼を申し上げたい。藤原良雄社長には、前著『沖縄島嶼経済史』、シンポジウム「二十一世紀沖縄のグランドデザイン」の開催、『琉球文化圏とは何か』の際も大変お世話になった。社長とは石垣島、西表島を共に歩き、島々の「本当の豊かさ」を実感し、琉球の「平和、開発、自治」について語り合ったことがある。社長は泡盛を飲みながら琉球への熱い思いを語り、励ましの言葉をいただいた。編集者の西泰志氏、村上麻子氏からはきめ細かい、適切なアドバイス、コメント等を頂戴し、本書の完成にこぎつけることができた。藤原書店の皆様に心からの感謝の気持ちをお伝え申し上げたい。

二〇〇六年七月一六日

松島泰勝

〈附録〉　関連年表

琉球弧の歴史

旧石器時代

三万二〇〇〇年前　山下洞人が生活する。
一万八〇〇〇年前　港川人が生活する。

貝塚時代

八四〇〇年前　貝塚を中心とした集落ができ、貝塚時代始まる。
六〇八年　隋の煬帝、朱寛を琉球に使わす。
六一六年　奄美、信覚（石垣島）、球美（久米島）の使者が日本列島に往来。
六二五年　『隋書』流求国伝編纂される。
六五七年　『日本書紀』に「海見嶋」の記述。
七三三年　第一〇回遣唐使が奄美を経由して唐に行った。

日本・世界の歴史

六〇七年　小野妹子を隋に遣わす。
六一八年　隋が滅び、唐興る。
六六三年　白村江の戦いで日本軍、唐軍に敗北。
九七六年　宋、中国を統一。

古琉球時代

一一〇〇年頃　各地に按司が出現し、グスクを築き、村を支配。
一二六一年　英祖王が即位し、浦添極楽山に王陵（浦添ようどれ）を構築。
一二六四年　久米島、慶良間島、伊平屋島、英祖王に入貢。
一二六七年　奄美大島が英祖王に入貢。
一二九六年　元軍約六〇〇〇名、沖縄島に来襲。
一三五〇年　察度王即位。
一三七二年　察度王、明朝に入貢。
一三八九年　察度王、朝鮮と通好。
一三九〇年　八重山諸島が察度王に入貢。
一三九二年　閩人三十六姓、来琉と伝わる。
一四〇四年　冊封使が初めて来琉。シャム船来航し、交易を行う。
一四〇六年　尚思紹、中山王となる。
一四二〇年　尚思紹、使者をシャムに遣わす。
一四二一年　パレンバンとの交易が始まる。
一四二九年　尚巴志、沖縄島を統一。
一四三〇年　尚巴志、使者をジャワに遣わす。
一四五三年　志魯・布里の乱で首里城消失。
一四五六年　尚泰久が即位し、マラッカと通好。

一二七四年　文永の役で元軍が対馬、壱岐を侵略。
一二八一年　弘安の役で元軍と高麗軍が九州に来襲。
一三六八年　朱元璋、明を興す。
一三九二年　李氏朝鮮建国。
一四〇四年　明と日本との勘合貿易始まる。

一四五八年　護佐丸・阿麻和利の乱。「万国津梁の鐘」が首里城正殿にかかる。
一四六六年　尚徳、喜界島に遠征。
一四七〇年　金丸によるクーデター後、金丸が尚円王に即位。
一四七二年　尚円、マラッカに交易船を派遣。
一四七七年　尚真即位、朝鮮人漂流民を与那国島で救助。
一四八一年　初めて綾船が薩摩に派遣。
一四九〇年　パタニと初めて交易。
一五〇〇年　石垣島でアカハチ・ホンガワラが首里王府に抵抗したため、王府は軍隊を派遣し、支配下におく（八重山戦争）。
一五二二年　与那国島で鬼虎の乱が起こり、王府が制圧。
一五三一年　『おもろさうし』第一巻編纂。
一五三七年　尚清王が奄美を侵略し、奄美側の抵抗を受ける。
一五五六年　倭寇が来襲し、これを破る。
一五七〇年　東南アジア地域との直接交易が終わる。
一五七一年　尚元王が奄美を侵略し、王国の支配下におく。
一五九二年　豊臣秀吉の朝鮮出兵に対し、王府が兵糧米を供出。

一四九八年　ヴァスコ・ダ・ガマ、インドに達する。
一五一一年　ポルトガルがマラッカを占領。
一五七〇年　スペイン、フィリピンを征服。
一五九一年　豊臣秀吉、フィリピンに書を送り入貢を促す。
一五九二年　文禄の役。秀吉、朱印船制度を定める。
一五九七年　慶長の役。
一六〇三年　徳川家康、征夷大将軍となり江戸幕府を開く。

近世琉球時代

一六〇九年　島津氏が軍勢約三〇〇〇名で奄美大島、徳之島、沖永良部島、沖縄島に侵略、制圧。尚寧王捕虜となる。

一六一〇年　尚寧王、島津家久に従って徳川家康に会う。島津氏、琉球で検地を実施。

一六二四年　島津氏、奄美諸島を琉球王国から切り離し、サトウキビを強制耕作させるなど、過酷な支配体制を敷く。

一六三一年　島津氏、那覇に琉球在番奉行をおく。

一六三四年　幕府に慶賀使を初めて派遣（「江戸上り」はじまる）。

一六五〇年　羽地朝秀が『中山世鑑』を編集。

一七一四年　新井白石、荻生徂徠が程順則（琉球国使節）と会見。

一七一九年　玉城朝薫の組踊が始めて上演。

一七二八年　蔡温が三司官となる。

一七三四年　蔡温が農務帳を公布。

一七七一年　明和の大津波により先島諸島で一万一八五一人死亡。

一八一六年　イギリス船来航。

一八四四年　フランス軍艦来航し、通好・貿易・布教を要求、宣教師二人を残す。

一八四五年　イギリス船が八重山諸島を測量。

一八四六年　フランス船来航し、通好を要求。

一六四一年　幕府、オランダ人を長崎の出島に移す（鎖国の完成）。

一六四四年　明が滅び、清朝の中国支配始まる。

一七〇七年　スコットランド、イングランドに併合。

一七七六年　アメリカ一三州独立宣言。

一七八九年　フランス革命起こる。

一八一九年　イギリス、シンガポール領有。

一八五三年　ペリー艦隊、日本渡航の前に来琉し、首里城訪問。
一八五四年　ロシアのプチャーチン来航、琉米修好条約締結。
一八五五年　琉仏修好条約締結。
一八五九年　琉蘭修好条約締結。
一八六六年　清国から最後の冊封使来琉。
一八六七年　パリ万博に薩摩藩が琉球国勲章を出品。
一八七一年　宮古島島民五四人が台湾において殺害される。廃藩置県により、奄美諸島は鹿児島県の一部となる。家人（ヤンチュ）解放令が発出。
一八七二年　明治政府、琉球藩を設置、尚泰を藩王とし、華族にする（**「琉球処分」**～一八七九年）。日本政府、琉球藩の外交権を停止させ、外務省の管轄とする（在番奉行を廃止し、外務省出張所を設置）。王府、清国に進貢使を派遣。
一八七三年　海軍省水路寮、琉球全島の測量を開始。奄美諸島において黒糖自由売買運動が始まる。
一八七四年　琉球藩、内務省の管轄となる。台湾問題につき日清議定書調印。
一八七五年　徳之島と奄美大島において家人たちによる解放運動が始まる。

一八五四年　日米和親条約締結。
一八五七年　インド、セポイの反乱。
一八五八年　イギリス、インドを併合。
一八六八年　明治維新。
一八七四年　台湾出兵。イギリス、フィジーを植民地化。
一八七五年　トンガ、憲法制定。日本、ロシアとの間で千島・樺太を交換。
一八七六年　日朝修好条規に調印。

近代琉球時代

一八七九年　明治政府の琉球処分官・松田弘道が、三〇〇名の兵隊と一六〇余名の警察官を率いて首里城明け渡しを命じる。沖縄県をおく。

一八八〇年　県庁に会話伝習所を設置、日清間で分島・改約問題を協議。

一八八二年　第一回県費留学生が日本の諸教育機関に派遣。

一八八四年　古賀辰四郎、尖閣列島を探検。

一八八七年　中学校・師範学校で兵式訓練開始。伊藤博文総理大臣、大山巖陸軍大臣、仁礼景範海軍軍令部長等が軍事視察のため来県。

一八九二年　宮古島で人頭税廃止運動がおこる。

一八九四年　謝花昇、杣山開墾問題で奈良原繁知事と対立。

一八九六年　尖閣列島を八重山諸島に編入。軍事目的で那覇と鹿児島間に海底電信が敷設。

一八九八年　沖縄島に徴兵令施行（宮古・八重山諸島は一九〇二年より）。

一八九九年　沖縄県土地整理法公布。第一回ハワイ移民団が出発。

一九〇〇年　玉置半右衛門、南大東島の開墾開始。サトウキビ栽培のモノカルチャーが同島に拡がる。

一八八〇年　フランス、タヒチを併合。

一八八五年　第一回インド国民会議（インド国民会議派の前身）開催。

一八八六年　イギリス、ビルマを併合。

一八八七年　ヴィクトリア女王、インド皇帝となる。

一八八九年　大日本帝国憲法発布。イギリスがソロモン諸島を保護領化。

一八九四年　日清戦争。

一八九八年　アメリカがハワイ、グアム併合。

一八九九年　ドイツがミクロネシア諸島、西サモアを植民地化。東サモアが米国領化。

一九〇三年　土地整理が完了し、宮古・八重山諸島の人頭税廃止。
一九〇五年　大阪の勧業博覧会で人類館事件が発生。
宮古島の漁民がバルチック艦隊通過を石垣島の電信局に通報。
一九〇九年　特例府県制が施行され、初めて県会議員選挙が実施。
一九一一年　河上肇の「舌禍事件」（来沖講演で、琉球の独自性と非国家主義を賞賛して物議をかもす）。
一九一二年　衆議院議員選挙法施行（宮古・八重山地域は除く）。
一九一九年　衆議院議員選挙法改正（宮古・八重山地域を含め定員五人）。
一九二四年　ソテツ地獄が発生（昭和初期頃まで）。
一九三四年　沖縄県振興一五箇年計画の実施。
一九四〇年　柳宗悦らによる方言論争が始まる。
一九四四年　学童疎開船・対馬丸が米潜水艦に撃沈され、一六六一人死亡。

現代琉球時代

一九四五年　沖縄守備軍三二軍による組織的戦闘が終了。米軍政府、沖縄諮詢会を設立。石垣島において八重山自治会が結成され、一二月一五日から二三日まで住民自治による行政が行われる。

一九〇四年　日露戦争。
一九一〇年　韓国併合。朝鮮総督府の設置。
一九一二年　中華民国成立。
一九一四年　第一次世界大戦勃発。日本軍が南洋群島を領有（その後、委任統治領となる）。
一九二〇年　ガンジー、インド国民運動を指導。アイルランド自由国成立。
一九二七年　金融恐慌発生。日本軍の山東出兵始まる。
一九三一年　満州事変起こる。
一九三九年　第二次世界大戦勃発。
一九四六年　日本国憲法公布。アメリカ、ビキニ環礁で原爆実験。インドネシア独立。フィリピン独立。

一九四六年　マッカーサー、日本と南西諸島の行政分離を宣言。沖縄議会発足。奄美群島臨時北部南西諸島となり、大島支庁がおかれる。

一九四七年　沖縄民主同盟結成。奄美諸島と日本列島との間の航海が全面的に禁止。奄美共産党結成。

一九四八年　宮古島の住民が計画移民として西表島に入植。

一九五〇年　日本列島と奄美諸島との定期航路が復活。GHQが「沖縄に恒久的基地建設を始める」と発表。沖縄群島政府、沖縄群島議会が発足。

一九五一年　**サンフランシスコ講和条約が調印され、北緯二九度以南の琉球弧が米国の統治下におかれる。**沖縄群島議会が日本復帰要請決議案を採択。奄美大島日本復帰協議会が結成。

一九五二年　**琉球政府発足**。第一回立法院議員選挙の実施。琉球政府奄美地方庁が設置。

一九五三年　奄美諸島で第二六回日本復帰断食祈願群民大会開催。**奄美諸島が「日本復帰」**。土地収用令公布、土地の強制収用が実施。西表島に大富共同売店が設立。

一九五四年　米国民政府が地代の一括払い方針を提示。米軍が沖縄島で一万八〇〇〇ヘクタールを買い上げ、三五〇〇世帯を八重山諸島に移住させると発表。「奄美群島

一九四七年　インド連邦、パキスタン独立。

一九四八年　ビルマ共和国独立。大韓民国、朝鮮民主主義人民共和国成立。

一九四九年　中華人民共和国成立

一九五〇年　朝鮮戦争勃発。

一九五一年　サンフランシスコ対日講和会議。日米安全保障条約調印。

一九五四年　日米相互防衛援助協定調印。

一九五五年　米軍人による幼女暴行惨殺事件（由美子ちゃん事件）が発生。

一九五六年　プライス勧告の発表。島ぐるみ闘争が始まる。「沖縄土地を守る会総連合」結成。八重山開発期成会が開催。米陸軍が西表島で軍事演習を実施。アイゼンハワー米大統領が予算教書において「沖縄の無期限確保」を言明。

一九五七年　米陸軍、西表島・石垣島で落下傘下降演習を実施。

一九五八年　B円からドルに通貨変更。米国民政府が西表島開発計画を発表。琉球国民党結成。

一九五九年　石川市宮森小学校に米軍機が墜落（死者一七人、負傷者一二一人）。西表島開発期成会が結成。奄美群島復興特別措置法改正。

一九六〇年　アイゼンハワー大統領が南琉球訪問。沖縄県祖国復帰協議会の結成。西表調査団（林四郎団長以下四三人）が西表島を開発調査。南琉球において奄美出身者の永住が認められる。

（前ページより）復興特別措置法」公布。南琉球に住む奄美出身者に対し、臨時外国人登録を実施。アイゼンハワー米大統領が一般教書において「沖縄を無期限に管理する」と言明。

一九五五年　アジア・アフリカ会議開催。

一九五七年　マラヤ連邦独立。

一九五九年　シンガポール独立。

一九六〇年　日米新安全保障条約調印。

一九六二年　西サモア独立。アルジェリア独立。

一九六三年　キャラウェイ高等弁務官が「自治神話」演説を行う。アマミノクロウサギが天然記念物に指定。
一九六四年　「奄美群島復興特別措置法」を「奄美群島振興特別措置法」に改正。奄美空港の開港。
一九六七年　嘉手納基地から廃油が住民地区に流出。
一九六八年　初めての公選知事に屋良朝苗が選出。戦略爆撃機B52の嘉手納基地常駐化、ベトナム爆撃に向かう。
一九六九年　佐藤・ニクソン会談で一九七二年の南琉球返還が決定。奄美群島振興特別措置法が改正。
一九七〇年　コザ市で反米騒動。戦後初の国会議員選挙の実施。
一九七二年　**施政権が日本政府に返還され、沖縄県となる。**東京に沖縄開発庁が、那覇市に沖縄総合事務局が設置。沖縄振興開発金融公庫の設立。「沖縄振興開発特別措置法」、第一次沖縄振興開発計画の実施。
一九七三年　石油備蓄基地建設を巡り屋良朝苗知事と「金武湾を守る会」が対立。沖縄特別国民体育大会（若夏国体）の開催。東亜燃料が枝手久島に石油コンビナート建設を計画。
一九七四年　「奄美群島振興特別措置法」を「奄美群島振興開発特別措置法」に改正。
一九七五年　沖縄国際海洋博覧会が開催。

一九六四年　中国、原爆実験。
一九六五年　米軍の北ベトナム爆撃始まる。
一九六六年　中国で文化大革命起こる。
一九六八年　小笠原諸島返還協定調印。
一九七〇年　フィジー、トンガ独立。日米安保条約自動延長。
一九七一年　アメリカがドル防衛策を発表。中華人民共和国が国連加盟(台湾は脱退)。
一九七二年　米中共同声明。バングラデシュ独立。日中国交正常化。日米繊維協定に調印。
一九七四年　佐藤栄作元首相、ノーベル平和賞を受ける。
一九七五年　サイゴン陥落。パプア

一九七六年　徳之島町議会、核燃料再処理工場建設反対を決議。

一九七八年　一国一交通方式に基づき、車の道路右側走行が左側走行に変更。久高島のイザイホーが一二年ぶりに行われる。

一九七九年　与那国島で石油備蓄基地誘致問題が浮上。

一九八〇年　「平和をつくる沖縄百人委員会」結成。平安座島の石油備蓄基地、沖縄ターミナルから石油が流出。

一九八一年　沖縄県知事が沖縄開発庁長官に対し、「沖縄振興開発特別措置法」の一〇年延長と高率補助の継続を要請。

一九八二年　嘉手納基地周辺住民が爆音訴訟を起こす、第二次沖縄振興開発計画の実施。

一九八六年　君が代、日の丸の実施を巡り卒業式、入学式が混乱。

一九九〇年　沖縄県庁が「リゾート沖縄マスタープラン」を作成。世界のウチナーンチュ大会開催。

一九九二年　首里城復元。新石垣空港問題で、県は宮良案を提示。

一九九四年　「奄美群島振興開発特別措置法」の改正。

一九九五年　「平和の礎」完成。米兵による女子児童暴行事件の発生。大田昌秀知事、米軍基地の代理署名を拒否。日米地位協定の見直しを要求する沖縄県民総決起大会が開催され、「復帰」後最大規模の反基地集会となる。

一九七六年　ニューギニア独立。ロッキード疑獄事件起こる。

一九七八年　ソロモン諸島独立。

一九八〇年　イラン・イラク戦争勃発。ジンバブエ独立。

一九八六年　ミクロネシア連邦、マーシャル諸島独立。北マリアナ諸島、アメリカのコモンウェルスへ。ソ連のペレストロイカ始まる。

一九八八年　アフガニスタン和平協定調印で、ソ連軍の撤収。イラン・イラク戦争終結。

一九九〇年　東西ドイツが統一。

一九九一年　湾岸戦争始まる。

一九九四年　パラオ独立。

一九九六年　普天間飛行場の返還が決定。基地問題で全国初の県民投票。沖縄特別振興対策調整費が計上。
一九九八年　大田知事、海上ヘリ基地の受け入れの拒否を表明。不況打開を打ち出した稲嶺恵一氏が知事選で当選。辺野古の海上基地建設予定地でジュゴンを確認。珊瑚の白化現象が琉球弧全体に拡大。
一九九九年　稲嶺知事、海上ヘリ基地の受け入れを表明。アマミノクロウサギ、アマミヤマシギ、オオトラツグミ、ルリカケスを原告に奄美「自然の権利」訴訟が行われる。
二〇〇〇年　「琉球王国のグスク及び関連遺産群」の世界文化遺産への登録、G8サミットが沖縄島で開催。
二〇〇一年　米国同時多発テロにより観光業が大打撃をうける。長期不況で県内失業率が過去最悪の九・四%を記録。
二〇〇二年　「沖縄振興特別措置法」に基づく沖縄振興計画が実施。沖縄開発庁が内閣府沖縄担当部局に名称変更。米軍普天間飛行場の代替施設を名護市辺野古沖のリーフ上に建設決定。
二〇〇四年　鹿児島地方法務局瀬戸内出張所廃止。「改正奄美群島振興開発特別措置法」が実施。沖縄国際大学に普天間基地所属の米海兵隊ヘリコプターが墜落。西表島の大型リゾートがオープン。

一九九六年　日米安保共同宣言発表。
一九九七年　スコットランド、ウェールズの両議会開設に関する国民投票（賛成多数）。
一九九八年　北アイルランド紛争を巡る和平合意成立。
一九九九年　新しい日米防衛協力のための指針（ガイドライン）関連法が成立。
二〇〇一年　アメリカで同時多発テロ。米軍がアフガニスタンを空爆。
二〇〇三年　米軍がイラクに侵攻。

二〇〇六年　米軍再編により在沖海兵隊員八〇〇〇人のグアム移設、辺野古の新米軍基地の形態や位置、沖縄島中南部の基地削減、米軍と自衛隊との共同訓練の強化等が決定。

琉球弧の島々

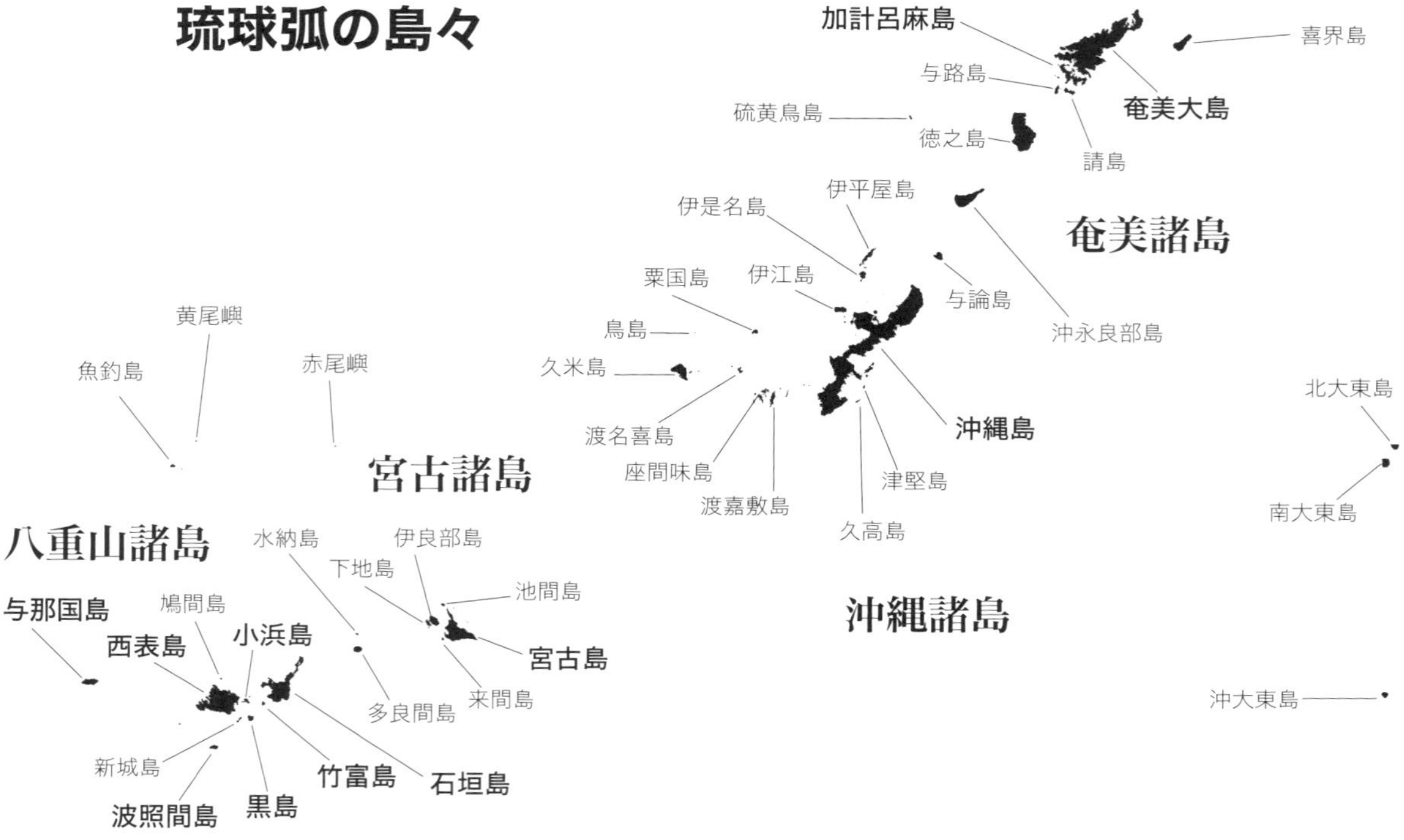
加計呂麻島
喜界島
与路島
奄美大島
硫黄鳥島
徳之島
請島
伊平屋島
伊是名島
奄美諸島
栗国島
伊江島
与論島
沖永良部島
鳥島
久米島
渡名喜島
座間味島
渡嘉敷島
沖縄島
津堅島
久高島
北大東島
南大東島
沖縄諸島
沖大東島
黄尾嶼
魚釣島
赤尾嶼
宮古諸島
八重山諸島
水納島
伊良部島
下地島
池間島
宮古島
来間島
多良間島
与那国島
鳩間島
西表島
小浜島
新城島
波照間島
黒島
竹富島
石垣島

沖縄諸島

伊平屋島
具志川島
伊是名島
屋那覇島
辺戸岬
国頭村
伊江島
古宇利島
屋我地島
大宜味村
今帰仁村
東村
水納島
瀬底島
本部町
名護湾
名護市
恩納村
宜野座村
金武町
残波岬
金武湾
伊計島
読谷村
宮城島
嘉手納町
うるま市
沖縄市
平安座島
北谷町
浜比嘉島
宜野湾市
北中城村
浦添市
津堅島
中城村
西原町
那覇市
中城湾
与那原町
南風原町
久高島
豊見城市
南城市
奥武島
糸満市
八重瀬町
喜屋武岬

アジア太平洋の中心地としての琉球

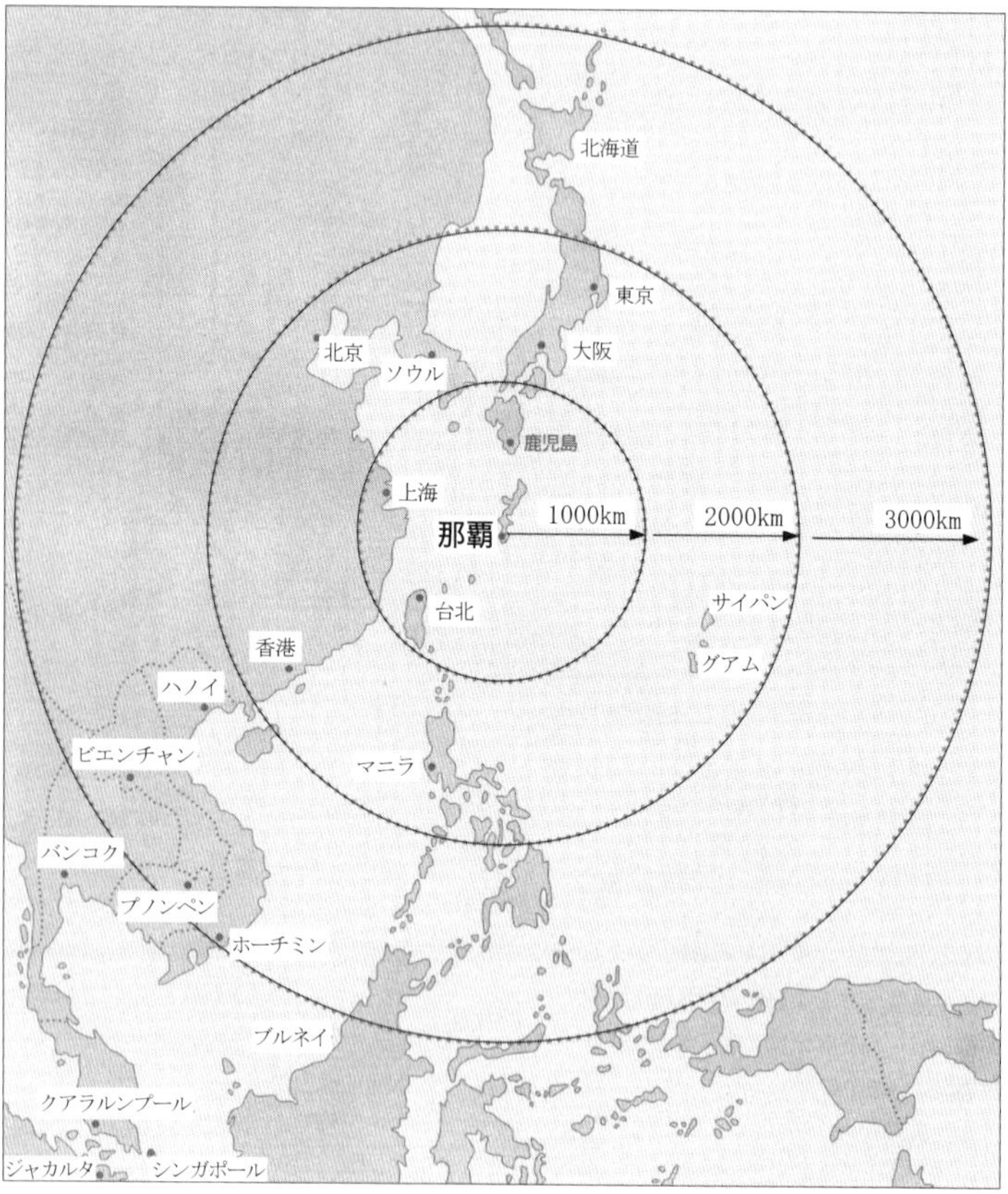

琉球王国による対外交易

（14 世紀から 16 世紀中頃）

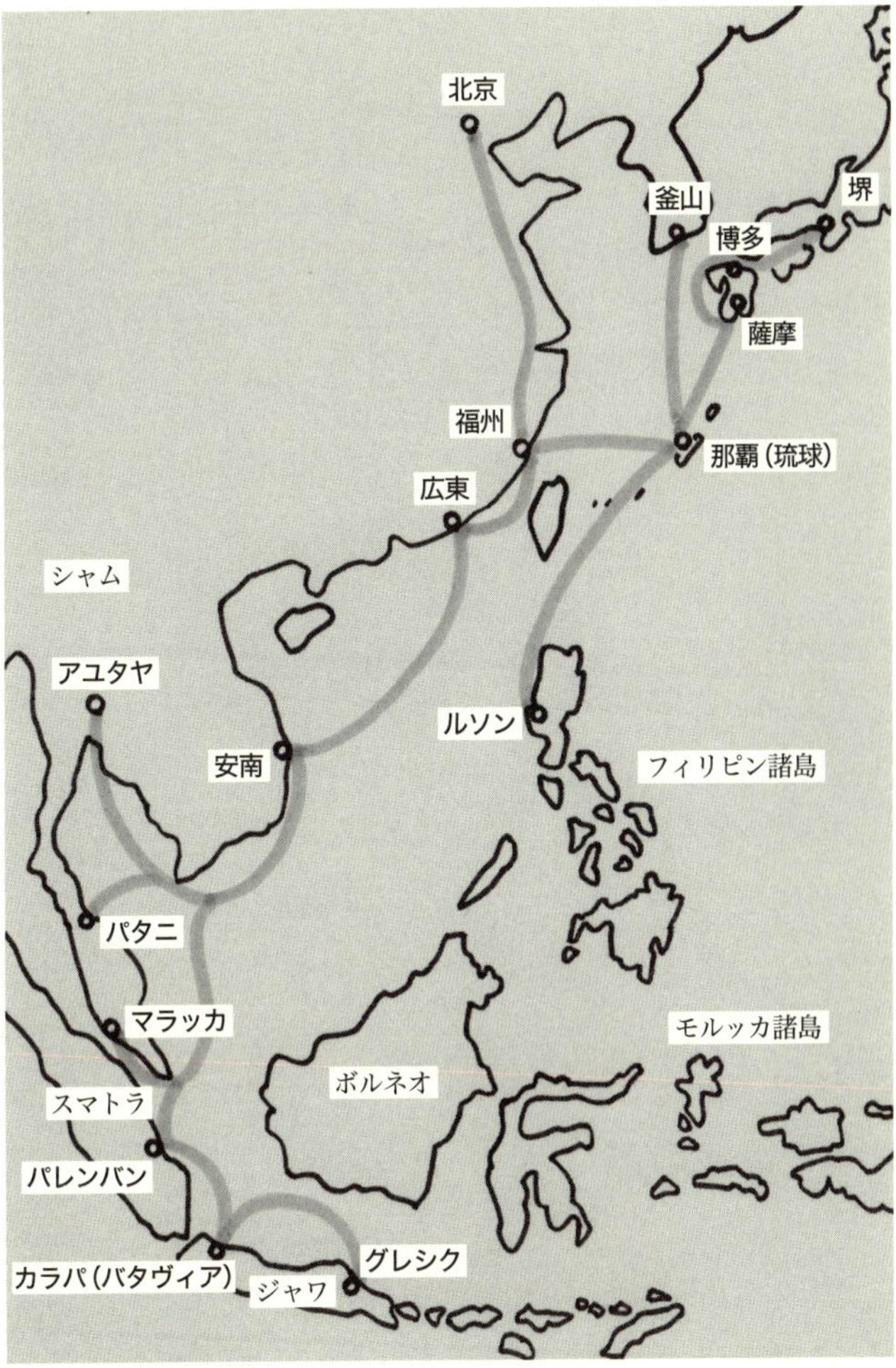

米軍基地分布図（沖縄島周辺）

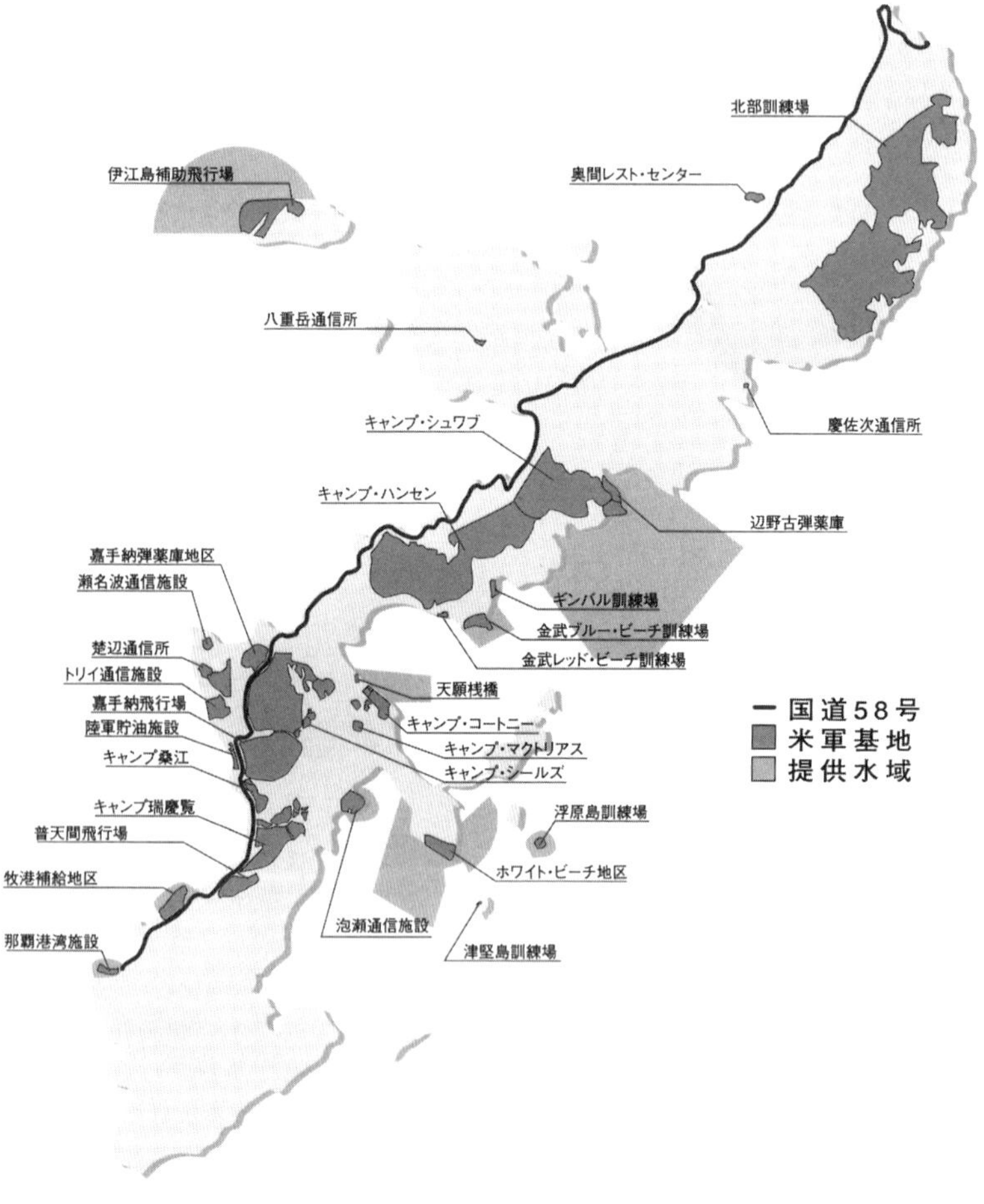
北部訓練場
奥間レスト・センター
伊江島補助飛行場
八重岳通信所
慶佐次通信所
キャンプ・シュワブ
キャンプ・ハンセン
辺野古弾薬庫
嘉手納弾薬庫地区
瀬名波通信施設
ギンバル訓練場
金武ブルー・ビーチ訓練場
金武レッド・ビーチ訓練場
楚辺通信所
トリイ通信施設
天願桟橋
嘉手納飛行場
陸軍貯油施設
キャンプ・コートニー
キャンプ・マクトリアス
キャンプ桑江
キャンプ・シールズ
キャンプ瑞慶覧
浮原島訓練場
普天間飛行場
ホワイト・ビーチ地区
牧港補給地区
泡瀬通信施設
那覇港湾施設
津堅島訓練場
国道58号
米軍基地
提供水域

琉球周辺の米軍訓練空域・水域

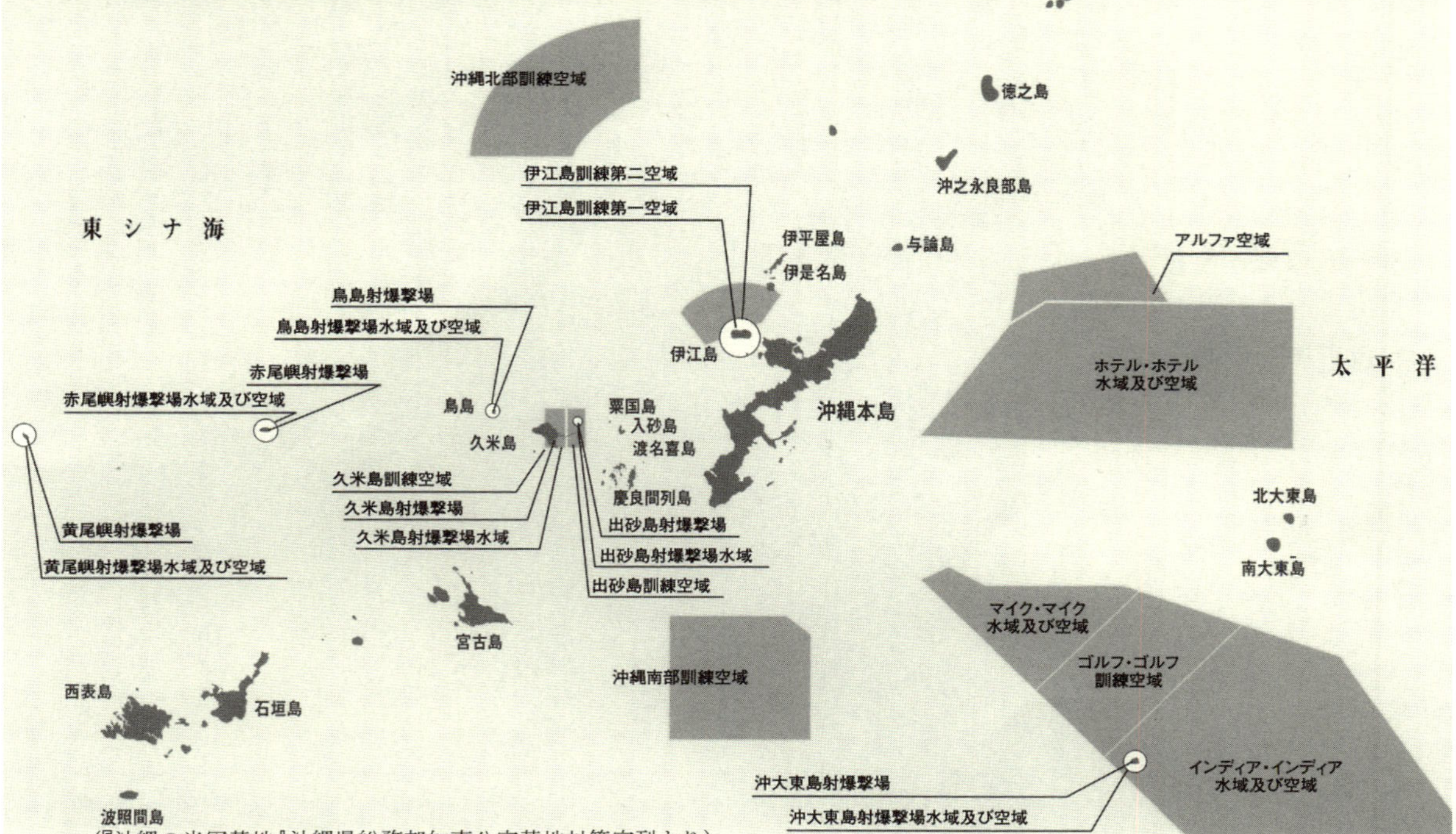

（『沖縄の米軍基地』沖縄県総務部知事公室基地対策室刊より）

第三部　島々の「経世済民」

第四部　琉球の真の自治とは何か

図表一覧

や　行

ら　行

ま　行

な　行

は　行

た　行

さ　行

か　行

索 引

＊本文に登場する人名・団体名・地名・法令・事項のうち重要なものを対象とした（注、参考文献、あとがき、附録は含まない）。
＊また、人名はゴシック体で示した。

あ 行

著者紹介

松島泰勝（まつしま・やすかつ）

1963年琉球・石垣島生まれ。石垣島、南大東島、与那国島、沖縄島にて育つ。那覇高校、早稲田大学政経学部卒業後、早稲田大学大学院経済学研究科博士課程単位取得。博士（経済学）。在ハガッニャ（グァム）日本国総領事館、在パラオ日本国大使館において専門調査員として勤務。東海大学海洋学部准教授を経て、現在、龍谷大学経済学部教授、NPO法人ゆいまーる琉球の自治代表。
単著として『沖縄島嶼経済史――12世紀から現在まで』（藤原書店、2002年）、『ミクロネシア――小さな島々の自立への挑戦』（早稲田大学出版部、2007年）、『琉球独立への道――植民地主義に抗う琉球ナショナリズム』（法律文化社、2012年）がある。編著として西川潤・松島泰勝・本浜秀彦編『島嶼沖縄の内発的発展――経済・社会・文化』（藤原書店、2010年）、松島泰勝編『民際学の展開――方法論、人権、地域、環境からの視座』（晃洋書房、2012年）。

琉　球《りゅうきゅう》の「自治《じち》」

2006年10月30日　初版第1刷発行©
2012年10月30日　初版第2刷発行

著　者　松　島　泰　勝
発行者　藤　原　良　雄
発行所　株式会社　藤　原　書　店

〒162-0041　東京都新宿区早稲田鶴巻町523
電　話　03（5272）0301
FAX　03（5272）0450
振　替　00160-4-17013

印刷・製本　図書印刷

落丁本・乱丁本はお取替えいたします
定価はカバーに表示してあります

Printed in Japan
ISBN978-4-89434-540-9

外務省〈極秘文書〉全文収録

吉田茂の自問

〈敗戦、そして報告書「日本外交の過誤」〉

小倉和夫

戦後間もなく、講和条約を前にした首相吉田茂の指示により作成された外務省極秘文書「日本外交の過誤」。十五年戦争における日本外交は間違っていたのかと問うその歴史資料を通して、戦後の「平和外交」を問う。

四六上製　三〇四頁　二四〇〇円
（二〇〇三年九月刊）
◇4-89434-352-5

今、アジア認識を問う

「アジア」はどう語られてきたか

〈近代日本のオリエンタリズム〉

子安宣邦

脱亜を志向した近代日本は、欧米への対抗の中で「アジア」を語りだす。しかし、そこで語られた「アジア」は、脱亜論の裏返し、都合のよい他者像にすぎなかった。再び「アジア」が語られる今、過去の歴史を徹底検証する。

四六上製　二八八頁　三〇〇〇円
（二〇〇三年四月刊）
◇4-89434-335-5

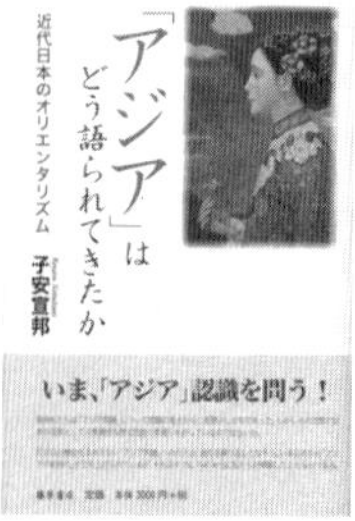

屈辱か解放か!?

ドキュメント 占領の秋 *1945*

毎日新聞編集局　玉木研二

一九四五年八月三十日、連合国軍最高司令官マッカーサーは日本に降り立った――無条件降伏した日本に対する「占領」の始まり、「戦後」の幕開けである。新聞や日記などの多彩な記録から、混乱と改革、失敗と創造、屈辱と希望の一日一日の「時代の空気」たちのぼる迫真の再現ドキュメント。

写真多数

四六並製　二四八頁　二〇〇〇円
（二〇〇五年一二月刊）
◇4-89434-491-2

琉球文化の歴史を問い直す

別冊『環』⑥ 琉球文化圏とは何か

〈対談〉**清《ちゅ》らの思想**　海勢頭豊＋岡部伊都子

〈寄稿〉高嶺朝一／来間泰男／宇井純／浦島悦子／安里英子／石垣金星／渡久地明／高江洲義英／松島泰勝／名護博／嘉手納安男／安里進／真久田正／豊見山和行／後田多敦／比嘉道子／又吉盛清／島袋まりあ／前利潔／下地和宏／石垣博孝／上勢頭芳徳／米城惠／比嘉政夫／西岡敏／波照間永吉／具志堅邦子／金城須美子／ルバース吟子／高嶺久枝／前嵩西一馬／多和田真助／川満信一／島袋純／高良勉／屋嘉比収／目取真俊／田仲康博／与那嶺功／米倉外昭／幸喜良秀／仲本瑩／宮城公子／西里喜行／比屋根照夫／伊佐眞一／石川友紀／中根学／真栄平房昭／三木健／宮城信勇／稲福日出夫／宮城晴美／由井晶子／新崎盛暉

〈シンポジウム〉岡部伊都子／川勝平太／松島泰勝／櫻井よしこ／上原美智子／我部政明／仲地博／大城常夫／高良勉

菊大並製　三九二頁　三六〇〇円
（二〇〇三年六月刊）
◇4-89434-343-6

未来をひらく初の沖縄経済通史

沖縄島嶼経済史
〔一二世紀から現在まで〕

松島泰勝

古琉球時代から現在までの沖縄経済思想史を初めて描ききる。沖縄が伝統的に持っていた「内発的発展論」と「海洋ネットワーク思想」の史的検証から、基地依存／援助依存をのりこえて沖縄が展望すべき未来を大胆に提言。

A5上製　四六四頁　**五八〇〇円**
（二〇〇二年四月刊）
◇4-89434-281-2

沖縄研究の「空白」を埋める

沖縄・一九三〇年代前後の研究

川平成雄

「ソテツ地獄」の大不況から戦時経済統制を経て、やがて戦争へと至る沖縄。その間に位置する一九三〇年前後。沖縄近代史のあらゆる矛盾が凝縮したこの激動期の実態に初めて迫り、従来の沖縄研究の「空白」を埋める必読の基礎文献。

A5上製クロス装函入　二八〇頁　**三八〇〇円**
（二〇〇四年一二月刊）
◇4-89434-428-9

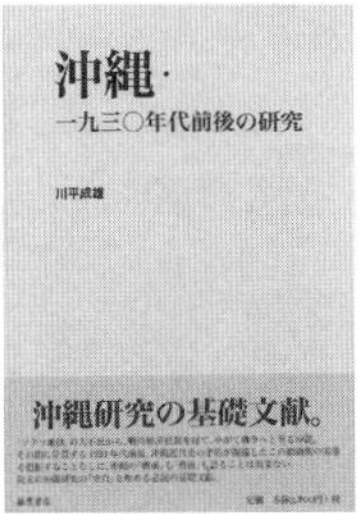

沖縄はいつまで本土の防波堤／捨石か

ドキュメント 沖縄 *1945*

毎日新聞編集局　玉木研二

三カ月に及ぶ沖縄戦と本土のさまざまな日々の断面を、この六十年間集積された証言記録・調査資料・史実などをもとに、日ごとに再現した「同時進行ドキュメント」。毎日新聞好評連載「戦後60年の原点」を緊急出版。

写真多数

四六並製　二〇〇頁　**一八〇〇円**
（二〇〇五年八月刊）
◇4-89434-470-X

沖縄から日本をひらくために

真振 *MABUI*

海勢頭豊　**写真＝市毛實**

沖縄に踏みとどまり魂（MABUI）を生きる姿が、本島や本土の多くの人々に深い感銘を与えてきた伝説のミュージシャン、初の半生の物語。喪われた日本人の心の源流である沖縄の、最も深い精神世界を語り下ろす。

＊CD付「月桃」「喜瀬武原」

B5変並製　一七六頁　**二八〇〇円**
（二〇〇三年六月刊）
◇4-89434-344-4

日中国交正常化三十周年記念出版

時は流れて㊤㊦

〔日中関係秘史五十年〕

劉　徳有

王　雅丹訳

卓越した日本語力により、毛沢東、周恩来、劉少奇、鄧小平、郭沫若ら中国指導者の通訳として戦後日中関係のハイライトシーン、舞台裏に立ち会ってきた著者が、五十年に亙るその歴史を回顧。戦後日中交流史の第一級史料。

四六上製　**各三八〇〇円**

㊤四七二頁＋口絵八頁　㊦四八〇頁

（二〇〇二年七月刊）

㊤◇4-89434-296-0　㊦◇4-89434-297-9

中国vs台湾――その歴史的深層

中台関係史

山本　勲

中台関係の行方が日本の将来を左右し、中台関係の将来は日本の動向によって決まる――中台関係を知悉する現地取材体験の豊富なジャーナリストが歴史、政治、経済的側面から「攻防の歴史」を初めて描ききる。来世紀の中台関係と東アジアの未来を展望した話題作。

四六上製　四四八頁　**四二〇〇円**

（一九九九年一月刊）

◇4-89434-118-2

最後の〝火薬庫〟の現状と展望

「東アジアの火薬庫」

中台関係と日本

丸山勝＋山本勲

人口増大、環境悪化が進行する中で海に活路を求める大陸中国と、陳水扁総統就任で民主化の新局面に達した台湾。日本の間近に残された東アジア最後の〝火薬庫〟＝中台関係の現状と展望を、二人のジャーナリストが徹底分析。日本を含めた東アジア情勢の将来を見極めるのに最適の書。

四六並製　二六四頁　**二二〇〇円**

（二〇〇一年二月刊）

◇4-89434-220-0

台湾人による初の日台交渉史

台湾の歴史

〔日台交渉の三百年〕

殷允芃編

丸山勝訳

オランダ、鄭氏、清朝、日本……外来政権に翻弄され続けてきた移民社会・台湾の歴史を、台湾人自らの手で初めて描き出す。「親日」と言われる台湾が、その歴史において日本といかなる関係を結んできたのか。知られざる台湾を知るための必携の一冊。

四六上製　四四〇頁　**三二〇〇円**

（一九九六年一二月刊）

◇4-89434-054-2

現代文明の根源を問い続けた思想家

イバン・イリイチ (1926-2002)

カトリックの司祭として嘱望されながら、1960 年代、開発主義に与する教会という制度から訣別し、以後、教育・医療・交通など産業社会に警鐘を鳴らし、多くの読者を得る。しかし、“労働”と“性”の領域に踏み込んだ結果直面したのは、もはや引き返せない段階まで浸透した経済至上主義の姿であった。

文字文化、技術、教会制度など、近代の根源を追って「歴史」に深く分け入ることを通じ、全き無力さに到達する中でなお、生きることと人と人が出会うことの可能性に対して、常に開かれていたその姿が、今われわれに語りかけるものは計り知れないほど大きい。

八〇年代のイリイチの集成

新版 生きる思想
(反=教育／技術／生命)

I・イリイチ　桜井直文監訳

コンピューター、教育依存、健康崇拝、環境危機……現代社会に噴出している全ての問題を、西欧文明全体を見通す視点からラディカルに問い続けてきたイリイチの、八〇年代末発表草稿を集成した『生きる思想』を、読者待望の新版として刊行。

四六並製　三八〇頁　二九〇〇円
(一九九一年一〇月／一九九九年四月刊)
◇4-89434-131-X

初めて語り下ろす自身の思想の集大成

生きる意味
(「システム」「責任」「生命」への批判)

I・イリイチ
D・ケイリー編　高島和哉訳

一九六〇〜七〇年代における現代産業社会への鋭い警鐘から、八〇年代以降、一転して「歴史」の仕事に沈潜したイリイチ。無力さに踏みとどまりながら、「今を生きる」ことへ——自らの仕事と思想の全てを初めて語り下ろした集大成の書。

四六上製　四六四頁　三三〇〇円
(二〇〇五年九月刊)
◇4-89434-471-8

IVAN ILLICH IN CONVERSATION
David CAYLEY

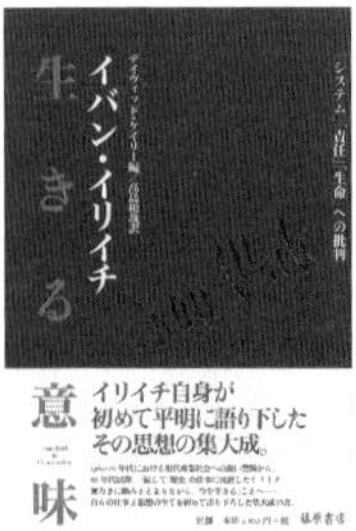